融媒体法治研究

Research On The Rule Of Law In Financial Media

● 主编　孙永鲁

新华出版社

图书在版编目（CIP）数据

融媒体法治研究 / 孙永鲁主编．—北京：新华出版社，2020.11

ISBN 978－7－5166－5501－6

Ⅰ．①融…　Ⅱ．①孙…　Ⅲ．①传媒法—研究—中国　Ⅳ．①D922.84

中国版本图书馆 CIP 数据核字（2020）第 219878 号

融媒体法治研究

主　　编：孙永鲁

责任编辑：林郁郁　　**封面设计**：赵晓旭

出版发行：新华出版社

地　　址：北京石景山区京原路 8 号　　**邮　　编**：100040

网　　址：http：//www xinhuapub. com　http：//press. xinhuanet. com

经　　销：新华书店

购书热线：010－63077122　　**中国新闻书店购书热线**：010－63072012

照　　排：涿州市彩丰文化传媒有限公司

印　　刷：三河市君旺印务有限公司

成品尺寸：170mm×240mm

印　　张：24　　**字　　数**：250 千字

版　　次：2021 年 1 月第一版　　**印　　次**：2021 年 1 月第一次印刷

书　　号：ISBN 978－7－5166－5501－6

定　　价：68.00 元

《融媒体法治研究》编委会名单

编委会成员

顾问

目 录

序

在经过几次的筛选、修订和审核后，《融媒体法治研究》终于出版了，这是国内首部关于融媒体法治研究的综合论著，和几年前出版的《新闻法治研究》可以说是姊妹篇。本书融入了作者的智慧和各位编辑辛苦的付出，是国内难得的关于全媒体、融媒体法治思考的学术集成。

融媒体是在新媒体基础上的系统性概述。新媒体是在传统媒体基础上创新、丰富和新技术型的传播载体，去中心化、互动性、即时性、开放性、移动性和多功能性成为新媒体的特点。而融媒体则是集成了新媒体的各种形式，由碎片化到整体化，由单兵种集结成多兵种，由阵地化组合成战区化，由单一功能过渡到综合功能。在目前的融媒体形态中，基本上形成了传统媒体改版升级，新媒体新技术不断创新发展的融合式发展模式。目前的媒体包括了传统媒体和新兴媒体、中央媒体和地方媒体、主流媒体和商业平台、大众化媒体和专业性媒体等媒体业态。全媒体不断发展，出现了全程媒体、全息媒体、全员媒体、全效媒体，信息无处不在、无所不及、无人不用，融媒体的发展导致舆论生态、媒体格局、传播方式发生深刻变化。2019 年 1 月 25 日上午，中共中央政治局就全媒体时代和媒体融合发展举行第十二次集体学习，并到人民日报社新媒体大厦进行调研。习近平总书记指出，推动媒体融合发展、建设全媒体成为我们面临的一项紧迫课题。要运用信息革命成果，推动媒体融合向纵深发展。推动媒体融合发展，要坚持一体化发展方向，通过流程优化、平台再造，实现各种媒介资源、生产要素有效整合，实现信息内容、技术应用、平台终端、管理手段共融互通，催化融合质变，放大一体效能，打造一批具有强大影响力、竞争力的新型主流媒体。

融媒体在社会发展中发挥了巨大的推动作用。在政治宣传方面，习近平总书记强调，建设有强大影响力、竞争力的新型主流媒体。要抓紧做好顶层设计，打造新型传播平台，建成新型主流媒体，扩大主流价值影响力版图，让党的声音传得更开、传得更广、传得更深入。主流媒体要及时提供更多真实客观、观点鲜明的信息内容，掌握舆论场主动权和主导权。在国际交流方面，许多重要的国际会议都是通过视频形式举行，这种便利的交流模式，极大地提高了国际事务的处置效率。在社会方面，融媒体的发展改变了人们的生活方式和交流方式，在出行、结算、通讯等方面提供了便利。在2020年突发的新冠肺炎流行期间，融媒体的大数据为终止疫情蔓延起到了关键的作用。在医疗、交通、教育等方面发挥了重要的作用。融媒体在各行各业的应用无处不在，已经完全融入人们的生活中。

融媒体离不开法律的约束。习近平总书记说，无论什么形式的媒体，无论网上还是网下，无论大屏还是小屏，都没有法外之地、舆论飞地。要依法加强新兴媒体管理，使我们的网络空间更加清朗。明者因时而变，知者随事而制；奉法者强则国强，奉法者弱则国弱。在开放的融媒体时代，既要利用媒体传播行使合法权利，又要维护法律的尊严。在我国现阶段，有诸多涉及新闻、媒体和传播的法律，虽然没有明确的具体法，但对所有的传播行为约束都包含在相关的法律中。所以，传播者不能无视法律，不能触碰法律的底线。既要行使传播的合法权利，又要维护法律的尊严。

融媒体法治法研究是时代的需要。融媒体法治是社会法治的组成部分，研究融媒体法治是法律学术的补充和完善。党的十八届三中全会提出了“推进法治中国建设”的目标，明确了法治建设的方向和路径。在党的十八届四中全会上，习近平总书记提出：“全面推进依法治国，总目标是建设中国特色社会主义法治体系，建设社会主义法治国家。”党的十九届五中全会把“社会主义民主法治更加健全，社会公平正义进一步彰显”作为“十四五”时期经济社会发展主要目标之一。到2035年“人民平等参与、平等发展权利得到充分保障，法治国家、法治政府、法治社会基本建成，各方面制度更加完善，国家治理体系和治理能力现代化基本实现”，到21世纪中叶“实现国家治理体系和治理能力现代化”。在习近平法治思想的指引下，坚持在法治轨道上推进国家治理体系和治理能力现代化，是实现良法善治的必由之路。坚持全面依法治国，是中国特色社会主义国家制度和国家治理体系的显著优势。法治是国家治理体系和治理能力的重要依托。实现国家治理现代化，必须推进国家治理的制度化、程序化、法治化，在宪法范围内和法治轨道上推进国家治理体系和治理能力现代化，充分实现国家和社会治理的有法可依、有法必依、执法必严、违法必究。因此融媒体法治研究在推进国家治理体系和治理能力现代化上必定起到积极的推动作用。

借此出版，衷心感谢获奖的论文作者，没有你们的思想就没有今天研究的成果，没有你们的作品就没有今天的论著。在此也感谢每一位专家学者和评委，感谢历届“中国新闻法治学术峰会”组委会的同仁，在推进社会主义法治进程上留下我们每个人的汗水、情怀和智慧。因为有了集体的凝聚力才有了今天的成绩，才能为全面依法治国做出积极地贡献。我们相信今天的努力必定换来美好的明天。

新媒体在英烈"污名化"传播及治理中的角色定位

曹小娟

【摘要】 贬损英烈名誉的言论借新媒体的东风得以广泛传播，新媒体场域丑化英烈居然形成气候，成为英烈"污名化"传播的见证者。可"败也萧何，成也萧何"，新媒体在英烈"污名化"的治理过程中也发挥着积极的作用，尤其是作为自由言论"角斗场"的新媒体，成为多方意见的辩论场，厘清了言论自由与英烈名誉保护的边界，随着"英烈条款"和《中华人民共和国英雄烈士保护法》的出台，新媒体更是成了英烈名誉保护的"护航者"。

【关键词】 新媒体；英烈"污名化"；角色定位

"颠覆"已成为新媒体场域信息传播的潮流，对英烈的"污名化"传播即被"伪真"裹挟的英烈形象颠覆性解读，对英烈的"污名化"传播触及民族情感底线，黄继光生前战友李继德呼吁"不要让战斗英雄在网络舆论中二次阵亡①"。

2018年5月1日《中华人民共和国英雄烈士保护法》（以下简称《英烈保护法》）正式实施，这是我国首部保护英烈的专门性法律。但法律实施首月，新媒体场域的英烈"污名化"传播并未"刹

① 李斌．人民日报评论员观察：守护英雄铸就的精神坐标［N］．人民日报，2015－05－13（05）．

车”：5月8日，自媒体“暴走漫画”在今日头条发布短视频中将“无痛人流”植入烈士诗句，该案已于6月15日开庭；5月21日，“拘留算什么，坐牢我都不怕”的曾某在微信圈侮辱消防烈士成为《英烈保护法》实施以来全国首例侵犯英烈名誉权民事公益诉讼案；5月24日，蒋某某在微博上发布侮辱、亵渎英烈言论被银川市检察院提起公益诉讼……这些案件有由英烈后人提出的诉讼、也有全国首例英烈保护公益诉讼，从这些“污名化”言论在新媒体平台发布后，新媒体就开始“盯梢”，案件的起诉、审理、判决落实过程，新媒体从未缺席。一方面，新媒体在英烈“污名化”案件中充当着记录者的角色，但更深层次则是扮演普法者的角色，以此唤醒民众对英烈名誉的维护意识和利益受到侵害后的维权思维。

一、英烈“污名化”的见证者：新媒体场域成英烈“污名化”温床

新媒体场域因虚拟技术而具备的匿名性、开放性和反自由化容易导致网络情绪宣泄，“乌合之众”成为现实景观，在“法不责众”的思维下、“匿名性”的盾牌下，网民抛弃“明哲保身”，进入无法明确“责任主体”的狂欢中，于是雷锋故事是虚构的、火烧邱少云违背生理学、张思德是炼鸦片被活埋的、黄继光用身体堵枪眼是真的吗？……诸如此类的言论见诸新媒体已经成为一种常态。

在“匿名化”的新媒体平台上，信息发布者缺乏责任意识，或是被某些利益所驱使，或是为了吸粉，博取关注和点击，追求轰动效应，没有猛料就自己造“猛料”，于是信马由缰地贬损英烈名誉的言论在缺乏约束的网络环境下风行。新媒体场域成了英烈“污名化”传播的温床。

“暴走漫画”调侃叶挺诗句视频发布后，网友纷纷质疑其为赢

得点击率而拿英烈开涮，随后“暴走漫画”的道歉声明以“王尼玛”的认证发布，被叶挺后人认为“连真名都不敢提”。匿名性是网友勇敢发言的保护伞，但当遭遇心理学上的本我现象时，人性阴暗的一面也会被放大到网络平台上。莫言说过：“人一旦上了网，就会变得莫名地无耻。”一部分人以思想独立的姿态，打着学术研究的名义，高唱“真相独知”颠覆英烈形象在英烈“污名化”传播中粉墨登场，洪振快将狼牙山五壮士描述成欺压百姓的“土匪”、大V@老榕煽动远离雷锋、“作业本”调侃“邱少云半面熟”……这些言论在新媒体场域的赋权、去中心化环境下肆意恶搞、调侃英烈，逐渐消解原本附着在英烈形象之上的崇高感，英烈形象被“伪真”裹挟而不断撕裂。“戏说、恶搞的做法突破了社会的道德底线和价值底线[①]”，新媒体场域以“娱乐至死”的态度，用无厘头的段子、搞笑的视频等调侃或恶搞英烈。

新媒体场域英烈“污名化”传播层出不穷的传播学解读：被“伪真”裹挟的英烈形象契合了新媒体场域的“颠覆”性、这种“颠覆”性具有“吸睛效应”可以实现聚众化的效果。

二、英烈“污名化”的辩论者：言论自由与英烈名誉保护之辩

新媒体场域形成了一个没有控制中心、由网络技术相互沟通的扁平的“辩论场”，网络空间分散化、多元化的无中心权威结构使得多种声音博弈成为可能，甚至有人认为哈贝马斯的“理性商谈模式”能够在新媒体场域得到实现。

---

① 杨军．历史虚无主义思潮最新保险形态［J］．人民论坛，2015（27）：74—76.

2018 年 5 月 17 日蒋某在新浪微博上表示："董存瑞活该炸死、黄继光活该被枪打死，因为这样是没有意义的，我看看我发这个话会不会被某《中华人民共和国英雄烈士保护法》抓住，要是把我抓了说明公民就没有言论自由了，这个国家就完了[①]。"

罗兰夫人曾言"自由，多少罪恶假汝之名而行!"新媒体场域别有用心者打着言论自由的旗号在新媒体平台上传播英烈"污名化"言论。蒋某某在新浪微博上发布侮辱英烈的言论并表示："要是把我抓了说明公民就没有言论自由了，这个国家就完了。"《世界人权宣言》第 29 条明确规定：言论自由不得侵犯他人名誉。英烈"污名化"言论能在网络空间"畅通无阻"根源在于对言论自由与英烈名誉保护的博弈。新媒体场域表达自由必须以不侵犯他人利益、社会公共利益和国家利益为前提。《英烈保护法》的第一条即将英烈名誉定位于社会公共利益和国家利益层面，因此新媒体平台的英烈"污名化"传播不仅侵犯了近亲属的利益，更是有损社会公共利益和国家利益。

在英烈"污名化"传播中出现了"被告而告"的怪象：英烈"污名化"信息发布者被网民"怒斥"时，会以网民侵犯自己的名誉权为由提起诉讼。洪振快诉郭松民和梅新育案起因是洪振快贬损"狼牙山五壮士"名誉，引起被告在网络上对其斥责，洪振快要法庭判郭松民和梅新育侵犯了他的名誉权。"污名化"英烈者通过网络贬低英烈名誉时信奉言论自由，一旦新媒体平台出现"怒斥"其行为的言论时又寄希望于名誉权维权。

---

① 吕景胜．吕景胜：[illegible]英雄烈士保护法与言论自由［EB/OL］．察网：http：//www. szhgh. com/Article/opinion/xuezhe/2018－05－31/171489. html.

三、英烈名誉权捍卫者：立法保护英烈名誉势在必行

国际范围内对英烈名誉保护采用立法保护机制和宣传机制相结合的方式。美国是世界范围内对英烈保护较早的国家，19世纪中期就将英雄保护上升到国家法律层面，2006年又制定了《尊重美国阵亡英雄法案》，禁止对英雄的不敬行为，近年来“互联网+英烈宣传”模式遍布网络，旨在捍卫英雄形象。以互联网为载体，通过网络小说、微视频、网络游戏等形式宣传国家英雄，在各种纪念英雄的网站可查询英烈事迹等。

“狼牙山五壮士”名誉权案的原告律师王立华在法庭陈述中表示：肆意践踏英烈而不受法律制裁，必将天下大乱！法律是共和国的城墙，在城墙的外围，应该是舆论和社会公众通过自发的“社会驱逐”行为对抗抹黑英雄的人①。

（一）助推者：新媒体参与《英烈保护法》在司法实践中发展和完善

董存瑞名誉权案期间，传统媒体与新媒体积极互动倡议保护英烈名誉；2016年两会后新媒体平台唱响立法保护英烈名誉的舆论强音，2017年两会期间表决通过的《民法总则》第一百八十五条被称为“英烈条款”，这是我国首次以立法形式保护英烈的名誉，“英烈条款”出台后，新媒体致力于“英烈条款”的落地实施。从《民法总则》的“英烈条款”到《英烈保护法》的出台，我国对英烈名誉保护的决心显而易见，但新媒体舆论平台一直在关注英烈

① 王立华．王立华法庭最后陈述：肆意践踏英烈而不受法律制裁，必将天下大乱！［EB/OL］．红歌会，2016－05－01，http：//www.szhgh.com/Article/cdjc/zhengqi/2016－05－01/112392.html.

"污名化"行为的司法实践中存在两大争议。

其一，什么方式的英烈"污名化"传播会受到法律制裁？我国对英烈保护采用列举式的禁止性规范，即禁止歪曲、丑化、亵渎、否定英雄烈士事迹和精神（《英烈保护法》第22条），这使得新媒体场域英烈"污名化"传播者有了侥幸之心，是否规避列举中禁止的行为，而采用未列举的"污名化"方式可以避免侵权？对英烈名誉的禁止性规范表述为以侮辱、诽谤或者其他方式（《英烈保护法》第26条），严格解读可知"或者其他方式"即非穷尽式列举，是否构成对英烈名誉权侵权的主要衡量依据应该以名誉权侵权的标准"客观社会评价排除他人侵害"，即只要认定客观社会评价遭到不正当贬低就可认定侵犯名誉权。新媒体场域的英烈"污名化"传播，如调侃、戏谑必然导致英烈客观社会评价贬损，可认定为侵害英烈名誉权行为。

其二，"非恶意"和主观过错的基准线是什么？英烈"污名化"传播者信奉"沙利文原则"，即只要出于"非恶意"可以无限地质疑。暴走漫画恶搞英烈后，暴走漫画主编强调"这段脱口秀的主题是为了调侃不合时宜的广告植入，并无任何侮辱先烈的意思[①]"。而在新媒体平台，网友神回复"1日英烈保护法实施，8号你就发这个。啥意思？搞事情吗？平台咋审的？""无任何侮辱先烈的意思"是否就不构成侵权？我国《侵权责任法》认定"行为人主观上有过错"是侵权行为构成的必要条件。美国女子在阿灵顿公墓前竖中指，遭遇网络抨击国民唾骂，就因为她挑战的是大家形成共识的历史。《梁宏达听好了！十四年的抗战史有话对你说》中表示"你

---

① 张玉．暴漫被指侮辱英烈"王尼玛"是在知法犯法？[EB/OL]．新浪网法治热点，2018－05－17，http://news.sina.com.cn/sf/news/fzrd/2018－05－17/doc－iharvfhu6179958.shtml?cre=tianyi&mod=pcpager_china&loc=12&r=9&doct=0&rfunc=54&tj=none&tr=9.

还是个中国人吗？以你的年龄你应该很清楚共和国曾经的这段历史的时代意义……[①]”可以看出无论是美国的“沙利文原则”还是我国的主观过错原则，对英烈名誉的侵害中的基准线应该是指明知或者应当预见到“污名化”信息传播会造成英烈社会评价降低的后果而依然为之。

（二）护航者：新媒体在英烈名誉保护中应发挥积极作用

新媒体是一把“双刃剑”，新媒体场域英烈“污名化”信息层出不穷，而善用新媒体为英烈保护保驾护航也是良策。

1. 新媒体宣传为英烈名誉保护保驾护航

在新媒体场域建立“互联网＋宣传”的模式有利于遏制英烈“污名化”传播现象。

（1）“互联网＋司法宣传”普及《英烈保护法》

“七五”普法要求“互联网＋司法宣传”，新媒体普法成为近年来的热点，司法领域的“两微一端”、网络普法宣传片、新媒体普法竞赛无不在彰显新媒体在司法宣传中的积极作用。“英烈条款”和《英烈保护法》是在广大网民呼声中出台的，但受众对相关法律条文的适用则比较茫然，这就需要新媒体利用其优势进行广泛的普法宣传。《英烈保护法》审议通过时国内新媒体纷纷发文《致敬英烈！英烈保护法全票通过》进行了报道，《英烈保护法》通过后新媒体全文刊登了该法规并辅以条文解读，《英烈保护法》实施后对相关的侵权案例的应对进行了详细报道，“有理有据”起到了良好

---

① 刘川枫．梁宏达听好了！十四年的抗战史有话对你说［EB/OL］．中轻法制网，2017－02－06，http：//www.lawcyol.com/a/2017/guoneixinwen_0206/4421.html.

的“普法”效果 。

“一个好判例远胜于空洞说教”，新媒体报道英烈“污名化”传播中的典型案例，为司法实践提供借鉴，积极推动同类案件审理进程。新媒体对英烈名誉权案的报道作用体现在两个方面：其一是司法工作的助手。为了把英烈名誉保护的理念贯彻人心，采用“杀一儆百”的方式，将进入诉讼程序的案例进行报道，并将审判过程和庭审结果进行发布，让类似侵权事件望而却步，起到威慑作用；其二是提升网民对英烈名誉的维权意识。媒体对这些案件的报道，以此唤醒民众对英烈名誉的维护意识和利益受到侵害后的维权思想，媒体在对案件的报道，必然是对案件所涉及英烈保护法律的普及和宣传，比单纯的维权宣传更形象生动。

(2)“互联网＋英烈宣传”捍卫英烈形象

立法给英烈保护设置了“底线”，而英烈形象的维护更多有赖于在全社会形成崇尚英雄的社会舆论。周建成在《烈士案胜诉，更觉悲凉》中提出法院对“狼牙山五壮士”名誉权案强制执行，体现出加强红色文化宣传刻不容缓。《英烈保护法》第 18 条明确鼓励和支持英烈事迹及作品创作宣传推广，第 19 条更明确播放或者刊登宣传英烈事迹和精神内容是媒体的“应然”行为。建立“互联网＋英烈宣传”进行正面意识形态宣传，如人民网从 5 月 21 日开始的《谁是英雄？今天，我们一起寻找》系列活动、5 月 27 日新华网推出的【学习进行时】《英雄，在习近平心中重逾千金》等通过在新媒体上开展英烈事迹宣传活动，在社会上形成人人熟悉英烈、人人尊崇英烈、人人捍卫英烈的舆论环境，抵制和驱逐贬损英烈名誉的言论。

2.“社会驱逐”：新媒体舆论抵制英烈“污名化”传播

新媒体应承担起对损害英烈名誉的言论进行理性的评论和谴责，其中不乏“以毒攻毒”式的谩骂，就2013年《炎黄春秋》起诉梅新育、郭松民案的判决来看，法院认为发布不利英烈名誉言论时，因伤害民族情感应预见到会遭受严词批评，故而应该负有较高容忍义务。虽然梅新育使用不文明词语有不当之处，但却是出于维护英烈形象目的，应予肯定。

2017年春节期间网络疯传梁宏达“污名化”英烈言论，在网上遭遇了“人民战争”。网民通过自媒体表达对梁宏达的声讨，引起了官方媒体注意，解放军报官方微博怒批诋毁英烈的行为。随后，公安部治安管理局官方微博公安部打四黑除四害转发军报的文章、共青团中央官方微博也进行了转发……央广军事等多家官微纷纷加入声讨梁宏达诋毁英烈的队伍，“中华雷锋网”除撰文反驳以外，还发表了“谴责声明”。自媒体、正义“大V”和官方“两微一端”在网络世界，以其独有的影响力发声，吹响正义集结号，捍卫英烈名誉。

英烈形象寄托着民族情感，对英烈的不当陈述和评价会伤害社会公众的民族感情，“狼牙山五壮士”判决书确立了一个原则：“社会公众的民族和历史情感”必须得到尊重，近年来网络上针对贬损英烈名誉的言行展开密集批评，新媒体叫响保卫英烈名誉的强音。

结语：调侃英烈的背后

本文就新媒体在英烈“污名化”传播及治理中的作用分析，仅将英烈“污名化”传播作为一种民事侵权行为看待，不涉及政治话语。但英烈“污名化”是历史虚无主义的必备手段，借助新媒体平台打着学术自由、言论自由的旗号，任由英烈“污名化”传播，如同温水煮青蛙，“伪真”会消磨我们的信仰。李良荣教授指出，对英雄形象肆意污名化，摧毁的将是几代人的集体记忆，引发的将是人们对历史的怀疑，这将大大削弱人们的民族凝聚力和向心力[①]。

新媒体作为一个具有信息沟通、话语表达、舆论监督等社会功能，同时致力于社会公共利益维护的公共空间，在英烈“污名化”传播及治理过程中，“败也萧何、成也萧何”，新媒体是英烈“污名化”传播的温床，也在英烈“污名化”治理中发挥着自己的作用。如何认识和充分利用新媒体这一资源，并对其在实际运用中扮演角色的适当定位，可以更好地发挥其作用。英烈“污名化”治理还在进行，很多方面的规定还需完善，新媒体作为见证者、辩论者和护航者，是英烈名誉权诉讼中的重要力量。

---

① 李金芳.“英雄诋毁说”的本质及应对［EB/OL］. 人民论坛网，2015－07－09http：//theory. rmlt. com. cn/2015/0709/393630. shtml.

明辨网络视频平台的安全保障义务及其违法责任
——释读“花椒直播、微博、快手发布危险性视频侵权案”的法院判决

陈雪丽

【摘要】 我国现行立法虽然尚未对网络服务提供者承担安全保障义务作出明确规定，但北京互联网法院在其新近一审审结的“花椒直播、微博、快手发布危险性视频被诉网络侵权案”判决书(2019年5月、6月)中确认网络空间属于公共场所，并与时俱进地将《侵权责任法》中安全保障义务的适用环境延拓至虚拟网络空间，这对规范网络视频平台的运营及其应负法定责任的判定具有重要意义。本文结合上述案例，探析了网络视频平台理应依法承担安全保障义务的法理依据及其违反此项义务的责任认定问题。

【关键词】 网络视频平台；危险性视频；明知或应知；安全保障义务

【中图分类号】 G206.3 D920.5

【文献标识码】 A

引　言

安全保障义务是指在一定法律关系中一方对另一方的人身、财产安全依法承担保障的义务，违反这一义务就要承担损害赔偿责任。[1]2001年安全保障义务的表述在“银河宾馆案”的法院判决书中首次被采用，之后，最高院通过的《关于审理人身损害赔偿适用

法律若干问题的解释》和《人身损害赔偿司法解释的理解与适用》相继对其作了规定和统一解释，2009年颁布的《侵权责任法》首次以法律形式对其作出规定。自此，安全保障义务作为一个明确的法律概念进入了我国侵权法体系，这是我国民法史上的重要突破。

我国《侵权责任法》第三十七条规定："宾馆、商场、银行、车站、娱乐场所等公共场所的管理人或者群众性活动的组织者，未尽到安全保障义务，造成他人损害的，应当承担侵权责任。"该规定将安全保障义务的主体界定为"宾馆、商场、银行、车站、娱乐场所等公共场所的管理人或者群众性活动的组织者"，有学者指出该界定存在不够明确且比较狭窄的不足，需要通过司法解释的途径将之扩大和明确[2]。尤其值得关注的是，在网络全面介入人们生活，虚拟网络空间成为独立于现实物理空间的人类另一活动场所的背景下，《侵权责任法》所确认的安全保障义务能否适用于涉足其中的行为主体，已引发了国内司法及传播学界、业界的相关研判和论说。学界认为，互联网服务提供商作为网络服务经营者，负有法定的保护用户合法权益的注意义务[3]；应依据《侵权责任法》将互联网服务提供者添入公共场所管理人的范畴，使之成为安全保障义务的适格主体[4]；网络平台需要依据《侵权责任法》第三十七条规定承担组织者安全保障义务[5]，等等。

2019年5月和6月，北京互联网法院相继审理了"'花椒直播'发布危险性视频被诉网络侵权案""微博发布危险性视频被诉网络侵权案"和"快手发布危险性视频被诉网络侵权案"。这三起案件的法院判决都适用了《侵权责任法》第三十七条有关未尽安全保障义务的究责规定，其适法的拓展之处不仅是"把网络纳入了公共场所"，而且还"将安全保障义务适用在网络空间，并且给这种安全保障义务设定了必要限度"[6]。本文将上述三起原告和案由相同、判决理由较为相似的案件作为考察对象，由此阐析对网络视频平台[①]课以安全保障义务的法理依据及其相关的责任认定问题。

一、案例概述

（一）基本案情

2017年11月8日，原告何小飞的独生子吴永宁[②]在湖南省长沙市天心区攀爬华远国际中心大楼拍摄危险动作视频时不慎坠落，后警方确认死亡。事件发生后，原告何小飞以“吴永宁在一如既往地拍摄并准备发布危险动作视频的过程中坠亡，和被告没有对吴永宁尽到监管义务和安全保障义务之间存在因果关系，因此被告应当对吴永宁的死亡承担侵权责任”为事由，对“花椒直播”的运营方北京密境和风科技有限公司（下称“密境和风公司”）提起诉讼请求：1. 被告赔偿原告共计6万元；2. 被告对原告赔礼道歉；3. 被告承担全部诉讼费用。

此外，原告还以相同事由，分别将新浪微博和快手平台的运营

---

① 根据服务类型，网络服务提供者包含网络接入服务者、网络内容提供者和网络平台服务者。其中，网络平台服务者还可细分成“为用户提供信息检索功能的服务者”和“为用户提供信息交流和存储平台的服务”，本文所讲的网络视频平台，属于后者，即“为用户提供信息交流和存储平台的服务者”。参考陈芳：《虚拟空间之安全保障义务研究——以互联网服务提供商的视角》，《武汉大学学报（哲学社会科学版）》2014年第1期，第69—74页。

微博是以文字、图片、视频等多媒体形式实现信息即时分享和传播互动的网络平台，而非专门传播视频的网络视频平台，但是鉴于其以“传播危险视频相关的事由”被起诉，且与另外两案具有相同的案情，本文也将其选做分析对象。

② 案外人吴永宁曾在浙江横店影视城担任过演员，于2017年以来全身心投入户外极限挑战短视频拍摄，并将其拍摄的大量徒手攀爬高楼等危险性视频在花椒直播、快手、火山小视频、奶糖短视频、内涵段子和新浪微博等网络平台发布，视频总浏览量超过3亿人次，其不仅获得了一定经济利益，还成了网络名人。

方北京微梦创科网络技术有限公司（下称“微梦公司”）、北京一笑科技发展有限公司（下称“一笑公司”）诉至法院，要求赔偿各项损失13万余元和9万余元。

2019年5月，何小飞诉密境和风公司案经北京互联网法院一审审理后，作出（2018）京0491民初2386号民事判决：被告密境和风公司赔偿原告何小飞三万元；驳回原告何小飞的其他诉讼请求。6月，北京互联网法院一审对何小飞诉微梦公司和一笑公司两案进行宣判，法院认定微梦公司和一笑公司分别已尽到了其安全保障义务，不应对吴永宁的死亡承担侵权责任，驳回原告何小飞的全部诉讼请求。

（二）裁判理由

根据法院生效判决，何小飞诉密境和风公司案的下判要点是：网络服务提供者是否需要对网络用户承担安全保障义务；被告是否构成侵权；若构成侵权，被告承担具体责任如何认定。首先，根据《侵权责任法》第三十六条和第三十七条对网络侵权责任和安全保障义务责任的规定，法院认为，网络服务提供者作为网络空间的管理者、经营者、组织者，在一定情况下对网络用户负有一定的安全保障义务。其次，花椒直播平台具有公共场所的属性，密境和风公司对吴永宁负有安全保障义务，由于其未对吴永宁尽到该义务，应对吴永宁的坠亡承担相应的责任。再次，密境和风公司未尽到安全保障义务与吴永宁坠亡不具有直接且决定性的因果关系，而且吴永宁作为一个完全民事行为能力人对自身的坠亡具有过错，因此，密境和风公司仅需对吴永宁的死亡承担次要且轻微的责任。[7]

何小飞诉微梦公司和一笑公司两案的判决要点在于：网络服务提供者是否需要对网络用户承担安全保障义务；被告是否构成侵权。两案的判决依据与前案相同，即微梦公司和一笑公司对其运营平台的用户，都负有最基本的安全保障义务。其中，微梦公司所负的安全保障义务要求其对吴永宁发布的信息进行被动审查，现有证据无法证明和推定其明知或应知吴永宁发布了危险动作视频，其在吴永宁坠亡一事上不具有过错，不应对吴永宁的死亡承担侵权责任。一笑公司对吴永宁发布的危险动作视频进行了主动审查，并在能力范围内采取了必要的安全保障措施，尽到了安全保障义务，不应对吴永宁的死亡承担侵权责任。[8]

二、网络视频平台承担安全保障义务的法理依据

网络视频平台对其用户具有安全保障义务，从表面来看，是网络服务提供者所应承担的一种新型侵权法义务，但是其法理基础以及所包含的内在价值诉求与《侵权责任法》第三十七条确立的“安全保障义务”是一脉相承的，两者系属同源。[9]

当前学界关于网络服务提供者承担安全保障义务的探讨均依托《侵权责任法》展开。一些学者就网络服务提供者是否具有公共场所的管理人或者群众性活动的组织者属性展开论述，认为“网络服务提供者以网站为平台，在相当程度上扮演着社会性场所管理人、群众性活动组织者的角色，有必要采纳传统的安全保障义务理论，以‘开启或加入交往空间者对其中的他人负有安全保障义务，应在合理限度内照顾他人权益’为网络服务提供者注意义务的基本原则”[10]，还有学者建议通过司法解释对现行《侵权责任法》中的安全保障义务进行补充解释[11]，一方面将安全保障义务的适用环境扩张至网络空间，以明确网络平台安全责任在侵权法中的地位，另一方面为法官提供清晰的网络服务提供者安全保障义务判断标准与适用原则，以减少司法实践中的认定困难。

然而，由于正式立法相对于互联网技术发展存在一定滞后性，

学界的建言在立法实践中尚未得到采纳，我国至今仍未从法律上明确网络视频平台运营方等网络服务提供者的安全保障义务。值得关注的是，本文案件的法院生效判词明确了“网络服务提供者作为网络空间的管理者、经营者、组织者，在一定情况下，对网络用户负有一定的安全保障义务”，并依据《侵权责任法》第三十七条对网络视频平台运营方可以承担安全保障义务的侵权责任，从司法实践上将安全保障义务的适用环境涵摄至虚拟网络空间。

本文案例的法院生效判决明确了“网络平台具有公共场所的社会属性”，指出：网络平台的注册和使用面向社会大众开放，参与人员具有不特定性，是具有社会活动性的虚拟空间，网民对网络空间呈现的视频、图片和文字的浏览、发布、评论、转发、点赞等行为，是具有互动性、公共性、群众性的公共空间或群众性活动，据此，网络平台的经营方具备成为负担安全保障义务民事主体的可能性[12]。北京互联网法院发布的“e案e审”文章进一步指出，网络空间与实体空间联系紧密，网络空间的行为会间接影响线下生活并引发损害，因此，当网络行为具有开启危险、引发损害等因素时，网络服务提供者作为网络平台的管理者、经营者和组织者应当对网络行为可能产生的危险进行防范，应当对网络用户负有一定的安全保障义务[13]。

三、网络视频平台承担安全保障义务的责任认定

鉴于《侵权责任法》以过错责任为其主导的究责原则，可将其第三十七条关于“未尽到安全保障义务”的责任规定明确为“宾馆、商场、银行、车站、娱乐场所等公共场所的管理人或者群众性活动的组织者”的安全保障义务责任适用过错责任原则，而非无过错原则或过错推定原则。[14]本文案例的法院判决对网络视频平台侵

犯安全保障义务的应尽责任作了认定，即“是否知道侵权行为发生而未采取必要措施”。其中，删除、屏蔽、隔离、断开链接等管制措施在技术上不难实现，但是网络平台运营方是否有义务采取这些措施并对相应的侵权行为承担责任，需要围绕“知道”规则展开评判与考量。

（一）“知道”规则的含义：明知或应知

“知道”规则是指判定行为人在主观上是否知道侵权行为存在的一种法定规则，也是判定行为人是否需要承担相应责任的重要标准。根据《信息网络传播权保护条例》（2013 年修订）、《最高人民法院关于审理侵害信息网络传播权民事纠纷案件适用法律若干问题的规定》（2013 年施行）、《中华人民共和国侵权责任法释义》[15]以及包含本文案例在内的诸多法院生效裁判和学者论述等各方文本的标示，我国现行立法、司法实践和学界普遍将“知道”一词的含义理解为“明知或应知”。

其中，明知是指明确知道却故意为之，应知是指应当知道，在涉及网络服务提供者的案件中，对明知或应知的把握不准，会加大或降低网络服务提供者的注意义务。对此，有学者建议，为了给法官的判断提供指引并限制过度的自由裁量权，需要将判断“知道”的具体考虑因素加以归纳总结，供法官参考；同时，要对这些考虑因素作具体的解释，以帮助法官正确地适用法律理讼和下判[16]。

（二）网络服务提供者“明知或应知”的判定

随着网络的快速发展，在司法实践中，判断网络服务提供者是否明知或应知相关侵权行为的案件逐渐增多且情节复杂多变，法官不仅要参考已有相关案例的判决，还需针对具体的案件，结合可靠的证据以及各种相关因素进行综合考虑。

本文案例中，一笑公司知道吴永宁发布危险动作视频并对相关内容做了删除、屏蔽、隔离等的处理，因此法院判决无须再对其是否具备明知或应知的主观状态进行判定。对于另外两家公司，法院的下判则结合可得证据展开细致考证并作了最终判定。从“类案同判”[①] 的角度来看，这对之后类似案件的判决具有较强的参考价值。

其中，密境和风公司具有营利性质，与吴永宁签订了商业合作协议并从其传播行为中分享收益。在吴永宁通过从事相关危险活动获取一定知名度之后，密境和风公司还邀请其参加花椒直播平台的宣传活动。虽然法院未获得当时推广活动所拍摄的视频内容，但根据推广活动的文案可知推广视频中吴永宁从事了将身体悬挂在楼梯处的危险挑战项目。由此，法院认定吴永宁所拍摄的视频内容大部分为高空攀爬活动，这种活动的危险性是显而易见的，可能造成的危险结果，也是可以预测的，密境和风公司对此具有应知和应注意的主观状态。

与之不同的是，微梦公司作为微博平台的运营方，没有打赏渠道，与吴永宁不存在任何经济利益往来。而且，吴永宁仅仅是数以亿计的普通微博用户之一，其账号在微博平台上并无加 V 置顶等操作，微博平台也未通过其平台上的通道收到任何对吴永宁微博账号的举报和投诉。基于此，法院判定无法证明或推定微梦公司明知或应知吴永宁发布了危险动作视频。

（三）“明知或应知”：需要采取必要措施

《侵权责任法》第三十六条规定，网络服务提供者知道网络用

① 类案同判是指法官正在审理的案件，应当与其所在法院和上一级法院已经审结的或者其他具有指导意义的同类案件裁判尺度一致。参考：邓永泉、杜国栋：《类案同判核心在于建立类案标准》，《人民法院报》2018 年 10 月 15 日第 2 版。

户利用其网络服务侵害他人民事权益，未采取必要措施的，与该网络用户承担连带责任。前文已经结合具体案例对网络服务提供者是否明知或应知的判定作了分析，在具备明知或应知主观状态下，网络服务提供者需要及时采取审查、告知、删除、屏蔽、断开链接等必要措施，而非放任、肯定甚至鼓励侵害他人民事权益的传播行为。

鉴于网络内容的海量特征，为了不增加网络服务提供者的运营成本，网络视频平台运营方对用户上传内容的审查仅需在明知或应知相关内容可能具有危险性，并可能会产生风险的情况下启动“被动式”的审查，而不必负载主动的审查义务。这主要是考虑到，与广播、电视、报刊等传统媒体相比，互联网的迅速发展开创了一个“人人都是内容发布者”的网络传播时代，不仅为普通大众开启了更为便捷的传输通道，而且还削弱并分化了传统意义上的把关人力量，使得一些几乎无法通过传统媒体传播的内容在网络空间得以迅速扩散并产生强大影响。在此情形下，如果要求网络服务提供者对用户上传的所有内容都做到主动、全面审查，即使技术上可能允许，实际操作起来也将在很大程度上增加网络服务提供者的运营成本，不利于互联网产业的长远发展和社会整体福祉。因此，对网络视频平台而言，作为用户自我审视之外的第二个层次的把关人，其运营方仅需要在明知或应知的前提下通过关键词锁定、内容过滤等技术手段对用户上传内容进行审查并采取告知、删除、屏蔽、断开链接等必要的安全保障措施。

在本文案例中，三家被告公司作为网络平台运营方，对用户都负有最基本的安全保障义务，应在明知或应知用户发布的信息可能含有违法、违规的内容时承担被动审查义务并采取必要措施。其中，一笑公司对吴永宁发布的相关内容做了删除、屏蔽、隔离等处理，阻碍了相关危险动作视频向大众传播，在某种程度上抑制了吴永宁的冒险活动并规避了相应风险的产生，因此一笑公司对吴永宁尽到了安全保障义务。此外，现有证据无法判断或推定微梦公司明知或应知吴永宁发布了危险动作视频，因此微梦公司对吴永宁发布的视频未采取审查等措施不存在主观过错。

然而，密境和风公司在对吴永宁上传危险动作视频的传播行为具有明知或应知主观状态的情形下，没有采取任何必要措施，甚至还放任、肯定了其传播行为，法院据此判定其未对吴永宁尽到安全保障义务。首先，密境和风公司以营利为目的并从吴永宁的传播行为中获取实际经济利益，判决其承担管理者安全保障义务符合收益与责任相一致原理。其次，根据危险控制理论，“从危险源中获取经济利益者也经常会被视为具有制止危险义务的人，监督控制潜在危险的义务通常也源于他对危险源的控制能力”[17]，网络服务提供者是网络平台危险源的直接开启者、维持者和控制者，由其采取措施对潜在的危险进行审核、排除具有充分的合理性。而且，作为网络平台的管理方，网络服务提供者最有可能了解网络平台的实际传播情况，也最有能力采取措施预防可能发生的危险和损害，并将危险和损害的程度降至最低。

结语及思考

一直以来，“网络服务提供者是否具有公共场所的管理人或者群众性活动的组织者属性”在学界引发了诸多讨论。本文选取的“花椒直播、微博、快手发布危险性视频被诉网络侵权案”及其法院生效判决明确了网络空间的公共属性，将具有社会属性和营利性质的网络视频平台判定为公共场所，这对今后类似案件的判决具有较强的参考价值。笔者认为，上述法院判决所指认的网络视频平台对用户负有的安全保障义务，实质上是《侵权责任法》第三十七条确立的安全保障义务在网络空间的延展适用，由此产生的责任认定问题，应依据《侵权责任法》相关规定对“网络服务提供者是否知道侵权行为发生而未采取必要措施”加以分析判定。

当前，我国网络视频用户规模已达 6.12 亿，占网民整体的 73.9%，虽然国家网信办发布的《互联网直播服务管理规定》（2016 年）、中国网络视听节目服务协会发布的《网络短视频内容审核标准细则》（2019 年）和《网络短视频平台管理规范》（2019 年），以及各大网络视频平台陆续出台的管理规则等都旨在促进网络视频节目的内容质量提升，但是，仍有一些网络视频平台通过利益引诱、默许或鼓励他人发布低俗、恶搞、荒诞、危险等背离社会核心价值观的内容，不仅悖逆公序良俗、散发不良示范效应，而且还会以各种间接乃至直接的肇因侵扰着公众的身心健康。

但是，网络空间并非法外之地，对于违背法律与道德底线的传播行为，需要监管者运用法律赋予的行政指导、行政监管、行政处罚等执法权限，加大监管力度，对构成犯罪的行为主体依法追究刑事责任[18]。此外，确保网络视频平台的健康有序发展，在监管部门发力的同时，还需网络平台服务的提供者切实履职尽责。结合《侵权责任法》《网络短视频平台管理规范》等文件的相关规定以及网络服务提供者应该且能够尽到的一般注意义务标准，网络视频平台不仅要做到完善用户身份认证措施、尽量确保内容先审后发、对内容类别和用户规模分级分类管理等事先审核工作，还要对平台上较高活跃度与关注度用户发布的内容，浏览量、点赞、评论、转发频率高、影响范围广的内容，以及打赏金额巨大的内容尽到事中监管义务，并对存在一定风险性的视频内容做到提示“危险动作、请勿模仿”或视情况对相关内容进行屏蔽、删除等事后提示和审查工作。做好上述事先审核、事中监管和事后提示三个阶段的工作，对规范网络视频平台的经营与净化网络空间至关重要，也是网络视频平台运营方对其用户尽到法定安全保障义务的应有之义。

参考文献

[1] 王辉、包章生：《论安全保障义务》，《法治研究》2010年第5期，第101—105页。

[2] 王辉、包章生：《论安全保障义务》，《法治研究》2010年第5期，第101—105页。

[3] 张新宝：《侵权责任法原理》，中国人民大学出版社2005年版，第265页。

[4] 陈芳：《虚拟空间之安全保障义务研究——以互联网服务提供商的视角》，《武汉大学学报（哲学社会科学版）》2014年第1期，第69—74页。

[5] 张新宝：《顺风车网络平台的安全保障义务与侵权责任》，《法律适用》2018年第12期，第98—104页。

[6] 赵瑜：《"国内高空挑战第一人"拍视频时坠亡 为何家属获赔3万?》，2019年5月22日，搜狐网（http：//www.sohu.com/a/315769147_120044203)，2019年5月24日查阅。

[7] 参见（2018）京0491民初2386号北京密境和风科技有限公司网络侵权责任纠纷一案民事判决书。

[8] 北京互联网法院：《微博、快手发布危险性视频被诉网络侵权 因平台已尽到安全保障义务被驳回》，2019年6月11日，北京互联网法院微信客户端。

[9] 王思源：《电商平台系统安全漏洞的法律责任分析——季海红诉苏宁易购案评析》，《法律适用》2018年第12期，第70—75页。

[10] 刘文杰：《网络服务提供者的安全保障义务》，《中外法学》2012年第2期，第395—410页。

[11] 王思源：《电商平台系统安全漏洞的法律责任分析——季海红诉苏宁易购案评析》，《法律适用》2018 年第 12 期，第 70—75 页。

[12] 参见（2018）京 0491 民初 2386 号北京密境和风科技有限公司网络侵权责任纠纷一案民事判决书。

[13] 北京互联网法院：《微博、快手发布危险性视频被诉网络侵权 因平台已尽到安全保障义务被驳回》，2019 年 6 月 11 日，北京互联网法院微信客户端。

[14] 张新宝：《顺风车网络平台的安全保障义务与侵权责任》，《法律适用》2018 年第 12 期，第 98—104 页。

[15] 王利明：《中华人民共和国侵权责任法释义》，中国法制出版社 2010 年版。

[16] 沈森宏：《论〈侵权责任法〉网络侵权“知道规则”的适用》，《法律适用（司法案例）》2018 年第 10 期，第 75—81 页。

[17] 克雷斯蒂安·冯·巴尔：《欧洲比较侵权行为法》（下），焦美华译，张新宝审校，法律出版社 2001 年版，第 269 页。

[18]《网络直播行业缘何陷“屡教不改”困境》，2017 年 5 月 12 日，新华网（http：//www. xinhuanet. com/fortune/2017—05/12/c _ 1120959146. htm），2019 年 3 月 12 日查阅。

从于欢案审视传媒法律素养

程艳芳

2017年3月24日，《南方周末》的一篇报道《刺死辱母者》，拉开了近年来较为罕见的“单篇百万级跟帖评论”序幕。在涉法案件报道中，传媒如何公正、客观地进行报道，引导正确的舆论走向，提高自身的法律素养，这正是我们需要审视的问题。在此以媒体对于欢案的报道为例进行分析。

于欢案中传媒法律素养检视

著名报人史量才曾说过，“人有人格，报有报格”。在于欢案系列报道中，有些媒体因对第一手消息源核实缺位导致报道失实，因报道呈现泛道德化倾向导致舆论偏离，因专业主义不足导致报道失衡，法律素养的缺失让传媒在案件报道时有意或无意地误导了受众，可谓“有失报格”。

一、报道角度：鲜明的道德预设立场

首发报道《刺死辱母者》以道德视角为切入，把案情直接描述为一个儿子为救被凌辱一小时之久的母亲这个叙事框架之内，道德立场直接勾起受众的情感共鸣，而这种情感共鸣便会赋予事件一种情感价值符号传播。当此文经其他媒体在“两微一端”传播之后，

由于一定程度上的刺激性信息激发了某种潜在的社会情绪，导致了网络圈群内的情绪化传播。随着于欢案的发酵，有些媒体或网民对其的关注点在于以道德视角为切入点，把一个法律事件转化成一个道德事件进行审视。在网络虚拟空间，这种舆论经过意见的聚合以及群体无意识的扩散行为助长了情感动员的舆论倾向。

二、报道内容：标签化信息报道

作为舆论发酵的“源头”，《南方周末》是于欢案的首发媒体，通过其官网《刺死辱母者》一文成为舆论热点。随后主流媒体对于其报道依然沿用“辱母”字眼，如《新京报》社论《“刀刺辱母者案”：司法要给人伦留空间》，《中国妇女报》发表评论，痛切陈词《容忍对母亲的侮辱是对全社会的侮辱》，《中国青年报》发表《刺死辱母者被判无期：请给公民战胜邪恶的法律正义》等，在二审之前，媒体报道的新闻标题停留在“辱母杀人”标签化语境。这一标签化标题促使了案件的情绪化传播，使得舆论呈一边倒的方向发展。

按标签化报道的对象来分可以分为群体标签报道、案件标签报道与地域标签报道。标签化报道即新闻传播者将具体发生的事件进行泛化传播，由一个事情、个人、群体延展到以往发生并报道过的类似事件，对新闻报道涉及的人与事件进行归类，并“贴”上大众所熟识的标签。对于欢案而言，受众接受这个事件已是由主流媒体集中报道所形成的“辱母杀人”思维定式，把复杂的司法案件简单化，使得案件演化成一件具有伦理困境的事件，而忽略了案件背后的小企业融资困难等现象。

三、报道手法：“同类人”的报道思维

一是“安全感”“代入感”刺痛公众道德情感神经。从发声内

容来看，无论在传统媒体还是网络媒体，“辱母”字眼都是引爆舆论的“燃烧剂”。媒体对于夹杂其中的“辱母情节”手段的大幅度报道引起了作为同类人的“代入情境”。“如果你的母亲受到那样的侮辱，你是否也会变成杀人犯”，类似这样的“代入式”反问有很多。“法律不能保护家人，我也会捅人”的网络戾气在舆论场中宣泄。

二是采用案件情节的道德叙事手段，审视“法理情”成为高频词。传媒在对于欢案的报道时，把案件的主要事件由司法话题勾勒出一个道德话题，在事实还不清楚时，对案件故事进行重构，报道中提到对母亲的极端侮辱手段，一定程度上冲击了人们对于伦理道德的底线。进而案件中的伦理困境和传播中的伦理困境使得于欢案成为现象级舆论，当这两者伦理困境结合在一起，便引起公众对于“法理情”的讨论，公众呼吁审视案件中的伦理情境、正视法治中的伦理命题成为舆论的共识。

传媒法律素养面临的挑战

一、新媒体环境下传媒出于对经济利益的追求，导致采访报道有失平衡

随着移动互联网技术的提高，大众传媒的传播时空环境已经发生变化，市场化背景下的媒体同时受到宣传逻辑、市场逻辑和新闻逻辑三者的制约，这三者是一个此消彼长的动态发展过程。出于经济利益的驱使和对传播调适要求的回应，媒体会把注意力集中到社会热点事件上。传统媒体由于具有新闻采访权的优势，对案件的报道可以通过采访获得第一手新闻源，但是，在新媒体环境下传统媒体可能会受到经济、社会因素的影响，对于所采写的新闻真实性有待深入考察、核实，便急于进行发表，过于追求快速性会导致客

观、公平、公正的报道原则在案件报道中有失平衡。而其他媒体由于其自身的新闻专业素质不强，可能未对新闻源所报道的内容核实真实性就进行转发。

二、记者法律专业知识结构的缺陷导致报道失准

对于热点案件的报道，记者的专业性不足导致其报道直接影响着案件的呈现力和公众的影响力。一是新闻从业者职业伦理缺陷。伯克威兹将新闻描述为“创造的可行性与制约性的产物”，[①] 案件报道中所呈现的传媒素养的缺失与新闻从业者自身固有的刻板成见与思维模式的制约息息相关。正如李普曼所言：“一个人对于并未亲身经历的事件所能产生的唯一情感，就是被他内心对那个事件的想象所激发起来的情感。”[②] 有些新闻从业者在对案件真实性不了解的情况下，将其自身的认识、情感带入到新闻报道中，随之加深公众的思维认知。

二是新闻从业人员法律素养的缺失。新闻从业人员由于其对于具体法律知识的不确定性，对于案件的调查性报道往往侧重于对感官正义的追寻，更愿意选择通过简单的对比以及“身临其境”的情景置换对案件进行评价。这样，便会把具有倾向性的观点传达给公众，使得公众对案件进行概念化的符号传播。

三、社会转型期的新闻职业伦理价值观冲突及选择

菲利普·帕特森在《媒介伦理学：问题与案例》一书中指出：“与其说伦理解决的是对与错的矛盾，不如说其解决的是价值观之

① S. 温卡塔拉曼主编：《媒体与恐怖主义》，中国传媒大学出版社 2006 年版，第 53 页。

② 沃尔特·李普曼：《公众舆论》，上海人民出版社 2002 年版，第 11 页。

间的矛盾，并决定如何在二者之间做出取舍。”[①] 新媒体时代下，社会价值观念趋于多元，在法治案件传播中，传媒的价值冲突呈现一种真空地带，也面临着多维职业伦理价值观念的交错冲突与选择困境。互联网的出现打破了由公权力社会下架构的道德体系，相较而言，代表的是一种私权利社会道德观。对于于欢案报道所呈现出的传媒素养缺失现象，在一定程度上说可以是消费主义时代的媒体选择。当下，道德情感类的报道能够满足受众既有的思维和认知，也能够引发读者共鸣。

如何提升媒体法律素养

对于现象级的于欢案而言，所折射出的法律与伦理问题值得我们思考。面对当前媒体法律素养缺失的现象，做好案件报道要解决两个关键性的问题：

一、要构建新闻自律和法治并重的制约体系

一是坚持新闻自律，平衡案件报道。其一，平衡案件报道视角，让媒体报道、受众舆论、司法机关等局中人都参与到案件博弈过程。不能过于拔高传媒在案件报道中的作用，同时还要注重其他局中人的参与行为，共同作用于整个案件报道。其二，在报道中应该实现传媒报道案件话语表达的革新，注重法治叙事的话语表达，报道对象要全面反映当事人双方的真实情况，倾听两方的声音。二是在加强新闻自律的基础上，他律的环节也必不可少。综观我国关于新闻传播方面的相关法律规定不难发现，传媒法规中规定性条款

① 菲利普·帕特森，李·威尔金斯：《媒介伦理学：问题与案例（第四版）》，李青黎译，中国人民大学出版社 2006 年版，第 3 页。

多而缺乏具体性，惩罚性条款少而过于泛化，呈现出“规定”与“惩罚”的落差，所以，要加大传媒法律规章惩罚力度，以强化法治保障。

二、要正确处理案件报道与司法的关系

改变传媒报道渲染案件的道德叙事策略，从根本上讲，需要转换传媒对待司法的思维逻辑。要正确处理案件报道和司法的关系，新闻从业者在享有充分的新闻传播权利的同时，也要保证司法案件传播的真实性。对于新闻媒体而言，从某种程度上说，其司法报道行为将密切关系到司法独立、司法公正、民意疏导与引导等诸多关键性问题。若处理不当，则极易产生媒介审判等问题。在此传播语境下，主流媒体应以新闻职业主义价值观和法治引导为双重指导，及时、客观、公正、全面地披露司法审理进展及相关案情，同时进行有理有节的新闻舆论监督，而不是舆论审判。所以，案件报道与司法的良性互动对于提高传媒的法律素养以及营造良好的法治氛围具有重要意义。

“于欢案”让我们看到了传媒案件报道存在的弊端和疏漏，也为社会法治建设敲响了一记警钟。而提升媒体法律素养，塑造媒体从业人员的自律及职业伦理，完善舆论生态环境，做到“言行合乎法而不逾矩”，对建设和谐、有序的法治社会具有重要意义。

打造自有媒体，传播司法文化

——法院微信公众号之发展思路探索

戴盈盈

【摘要】 目前，微信的用户数量已经突破了4亿，成为国内最流行的移动社交工具。政务微信是政府利用微信平台，向公众提供信息公开、政务互动、实时管理和服务的一种电子政务手段。微信因其交流的私密性、形式的丰富性以及信息不易沉没和附带的一些支付、推介等功能而成为电子政务的“新宠”。目前，法院的微信公众号主要分为订阅号和服务号，前者以推送信息为主，后者以诉讼服务为主，也有的公众号兼有二者功能。但是，目前法院的微信公众号存在不少问题：缺乏特点、自说自话、视野狭窄等，使得“粉丝”黏性不足。因此，无论是在理念上、形式上还是内容上都应当加以改进和完善，力求将法院的微信公众号打造成为一个司法公众平台，在为民服务之中以润物细无声的方式传播司法文化、树立司法理念、提升司法公信。

【关键词】 法院；微信公众号；订阅号；服务号；发展

微信是腾讯公司在2011年推出的一款即时通讯软件。它将智能手机作为用户终端，用户之间可以发送文字、图片、语音、视频等多种媒体信息，具有移动性、即时性、零资费等特点。目前，微信的用户数量已经突破了4亿，成为国内最流行的移动社交工具。在个人微信的基础之上，腾讯公司又开发了微信公众平台，通过这一平台，个人、企业和政府都可以申请微信公众号，并与用户进行信息沟通与互动。

政务微信是政府利用微信平台，向公众提供信息公开、政务互动、实时管理和服务的一种电子政务手段。根据腾讯公司统计，截至 2015 年 8 月，微信公众号数量已突破 1000 万，其中政务微信数量已破 10 万。

一、微信与网站、微博的性能比较

作为电子政务的三大平台，三者之间既有区别又有联系。网站是最早出现的，目前我国各级政府在域名“gov. cn”下的网站已超过 5 万个。网站具有信息量大、存储稳定、后台数据库与应用系统功能强、信息组织与检索技术成熟等优点；缺点在于上网以电脑为主，对网络要求高，在使用时间、空间上有一定的局限性。微博比网站更易于直接沟通。微博之微在于对文字数量要求不高，寥寥数语即可发布一个信息，时间比较灵活，移动设备也更容易携带，微博还可以随时转发。而微信不但具有基于移动终端的优势，且其交流的私密性、形式的丰富性以及信息不易沉没和附带的一些支付、推介等功能而又成为电子政务的“新宠”。详细来说，微信政务平台有以下几方面的优点：

（一）入口统一。网站及微博是将网络地址作为系统入口，将浏览器作为用户终端工具，而微信的二维码功能可以通过扫描访问，用户无须访问相应的网络地址，使用方便。

（二）多媒体互动。微信具有的语音对讲、视频通话等功能，可以提高机关办事效率，而 LBS 功能则提供了用户位置定位功能，可以更好地为用户提供诸如导航、交通、报警等服务。

（三）使用方便。微信将智能手机作为用户终端，轻便、小巧，易于携带。而且微信对于网络环境的要求不高，即便是带宽不够，流量不足的情况下，使用微信一般还是不成问题的。

（四）认证方式安全唯一。网站、微博等一些政务系统都有自己的身份认证系统，用户往往需要记住不同系统的用户和密码。为方便记忆，很多用户习惯于使用同一个用户名和密码在不同系统中注册。一方面，用户想要注册的用户名可能已经被他人抢注；另一方面，使用固定的用户名和密码也会带来安全隐患。而使用微信进入不同的电子政务系统，就可以采用微信这一统一的身份认证方式。

（五）文本价值最大化。微博上的文字生命周期一般比较短，博主精心制作的一条微博可能只能在“粉丝”主页停留几分钟便被“压沉”，而微信则具有更大的被阅读机会，实现了文本价值最大化。再者，微博中存在大量的推广应用、软文广告等无用信息，导致用户反感，而微信则以“干货”为主，锁定感兴趣的用户，进行定点投放。

二、法院推行微信公众号的意义

最高人民法院周强院长曾指出：新技术的变革导致媒体格局发生深刻改变，新媒体格局的变革使人民法院新闻宣传工作面临前所未有的新环境。各级人民法院要自觉主动地适应媒体舆论新发展、新变化对人民法院工作，特别是对人民法院新闻宣传工作提出的新要求、新期待。

加拿大媒介理论家麦克卢汉曾说过“媒介即信息”。一种新媒介的特点会改变使用者获取、接受信息的方式，进而甚至改变使用者的思维方式和生活方式。如果这些受众恰好是主流人群或是新兴人群的话，还会改变整个社会的生活方式。

媒体发展从纸媒到网媒再到手媒，其间经历的不是简单的变化，而是理念的颠覆：从依赖第三方媒介到“我”即是媒介的转变；从“沉默的大多数”到“人人皆是记者”的转变。在全民都掌握麦克风、话语权被分割的时代，倘若法院故步自封，势必难以跟上司法宣传的新形势。而拥有4亿以上用户的微信平台，大有超越微博之势，成为全新的咨询获取渠道和观点输出平台。以往将第三方纸媒作为传播载体的方式，法院无论是在发稿的时间、内容、形式上都会受到各种限制，而公众号从某种意义上将成为法院的自有媒体，法院掌握着推送内容的绝对控制权，相较此前，增强了司法宣传的主动性，也扩展延伸了法院现有的宣传格局。

司法判决甫一公布即遭到公众质疑甚至反对的现象并不在少数，这或许与法官的个人质素有关，但更多的恐怕是公众对司法缺乏信任和了解所导致的。一个国家司法的公正，必须有两个基本的制度保证：一是政治民主，二是司法民主。所谓“司法民主”，是指在提高司法人员素质的同时，必须使司法权的行使置于民众的监督之下，让民众有序参与决定案件的基本事实、性质、措施等司法过程。① 法院近些年所推行的庭审直播、裁判文书上网、法院开放日等种种创新举措，都是为了将司法活动及其结果置于阳光之下，接受大众的监督。法院开通微信公众号也是为了能够增进公众对司法的了解，进而达到提升司法公信力的目的。

三、法院推行微信公众号的现状

微信公众号主要分为三类，一是以信息发布为主的订阅号，二

---

① 陈忠林：《司法民主是司法公正的制度保证》，载2010年6月11日 http://chenzhonglin.fyfz.cn/art/637100.htm。

是以公共服务业务办理为主的服务号，三是具有支付功能的服务号。目前，法院的微信公众号主要是前二种。尽管在2014年法院系统的微信公众号已经名列政务微信的前十名，但更多的法院则是在2015年陆续开通微信公众号的。因此，大多数法院的微信公众号还处在“试运行”状态。

（一）微信订阅号平台，主要是以推送信息为主，相当于电子杂志的功能。例如重庆一中院的微信订阅号就有法院新闻、案件报道、法官心得、调研成果等版块。将案件新闻、新修订的法律法规、法院的日常工作、法官的所思所想通过微信平台与大众进行分享，实现沟通交流。意欲改变以往高高在上的形象，而致力于打造“亲民”“接地气”的形象。

（二）微信服务号平台，主要以提供诉讼服务为主。例如北京一中院的微信服务号分为司法公开、司法为民和走进法院三个版块。其中司法公开包括开庭公告、案件查询、司法拍卖、执行曝光台、裁判文书5个部分；司法为民包括诉讼指南、立案预约、诉讼档案查询、诉讼费计算、12368语音服务平台5个部分；走进法院版块中，公众则可查看法院官方网站、官方微博，还可以查看法院路线图。

值得一提的是微信立案服务以及执行曝光台。

据报道，江苏昆山法院推出了微信执行立案服务。申请执行人只需点击诉讼服务下的“执行案件立案”栏目，便进入了执行立案申请界面。在填写用户名、身份证号、联系电话等信息后，可成功注册一个账号。点击“新建案件”，可进行立案。申请人逐项填写案件基本信息，上传诉讼、委托手续、证据等申请执行材料的电子文档，上传完毕后，提交立案申请。立案庭工作人员对材料进行审核，符合条件的予以受理，不符合条件的会说明理由或者当事人补充材料。案件受理后，立案庭工作人员会在当日将案件案号、承办法官姓名及联系方式通过微信告知当事人，当事人需在 7 日内，将案件相关原件材料，交予执行法官。

而不少法院将微信公众号作为老赖曝光台的做法也值得推广。将那些失信被执行人姓名、身份证号、照片、案号、欠款金额等发布在平台上，而且该信息还可任意转发、分享至朋友圈等，起到了不错的宣传效果。

（三）兼具订阅号和服务号功能的平台。也有一些法院将订阅号和服务号整合，实现功能的二合一。例如宁波海曙法院，它的公众号即有立案、审判、执行等各个环节的服务信息，同时也通过每周推送一期电子杂志，包括法治评论、法官手记、案件快报、法律趣谈等栏目，以实现订阅功能。

四、法院微信公众号存在的问题及发展思路

（一）法院微信公众号存在的问题

在今年人民网舆情监测室发布的每周一期“全国政法系统‘双微’排行榜”中，公安机关具有压倒性优势，几乎每期排名都显著高于其他政法部门。而且，地市级公安系统的影响力和运营情况也丝毫不逊于上级公安系统。而法院除了最高法院的得分还差强人意之外，其他下级法院的得分均不是很理想。这固然与公安执法工作的主动性以及公安职能的广泛性有关，但也在一定程度上暴露了法院系统的微信公众号存在的问题。一是缺乏特点。几乎每个法院的服务号内容都大同小异，发布的内容多有重复，有些甚至就是将官网上的内容版块照搬照抄过来；没有根据微信公众号、所属地方或是法院层级特点量身定做一些有特色的服务内容。二是自说自话。不少法院微信订阅号发布的基本都是一些仅涉及法院、法官业内新

闻的文章，譬如教授骂法官、法官打人、法官被砍伤等，然后再撰文评论。并不是说这些内容不该有，而是这些内容太多了，使得公众号成了法院的“内部号”，法官自己发声、互相抱团并不能引起社会的共鸣，反而会引起反感。三是视野狭窄。与公安微信号发布的信息相比，法院在对社会事件和民众生活的关注面或是关注点上都逊色很多。“全车炫彩贴膜是不是违法?”“辨别‘隐蔽摄像头’的方法”“有支付宝的注意了，最新暴力软件瞬间清空账户”等，上述公安部门发布的信息可以看出他们的视野与角度确实很独特，令人耳目一新。

（二）法院微信公众号的发展方向

相信，法院开通微信公众号并不是简单的“跟风”之举，而是切切实实要将其打造成为一个司法公众平台，在为民服务之中以润物细无声的方式传播司法文化、树立司法理念、提升司法公信。也因此，对于目前这一平台存在的各种问题应该加以注意和改进，以保证其能够更好地发展。

1. 在理念上。法院应当登高望远，承担起其自身的社会责任。无论是服务号还是订阅号，也无论是采取哪种形式，法院的微信公众号都应当将“司法为民、沟通交流”作为出发点和立足点。这是一个开放的、公众的平台，应当关注民生、关注法律、关注裁判，而不是法律人之间打“口水仗”或是彼此间“惺惺相惜”的地方。

2. 在形式上。目前，具有支付功能的服务号主要是交警、卫生、水电气等部门发布的。例如广州公安部门开通的“广州公安”微信，市民通过关注这一微信即可办理港澳通行证再次签注、身份证办理、交通违章查询及缴纳罚款等。对于这一功能，法院也可以借鉴，当事人交纳诉讼费、被执行人交纳执行款也可以通过微信的移动支付平台实现。可以想象，或许在不久的将来，法院的微信公众号就可以将诉讼服务、消息推送、网上交费等功能“一网打尽”。

3. 在内容上。一是在诉讼服务方面，既要通过释明答疑，引导当事人正确诉讼，同时也要通过便捷及时的诉讼指南，为人民群众提供司法服务和诉讼指引。通过对平台进行模块优化和数据接口深度开发，逐步实现用户直接通过微信进行在线法律咨询、网上立案、电子送达、递交诉讼材料等功能。此外，还可以通过开发模式将互联网上的一些服务功能接入到微信，实现掌上操作。如宁波地区法院目前正在开发的“阳光司法服务平台”，可以在外网上为当事人提供案件进度查询，这一功能也可移植到微信平台上。[①] 二是在法治宣传方面，要及时发布一些新修改或修订的法律法规及司法解释，与此有关的一些浅显易懂的总结和解读也要同时跟进，避免公众的误读、误传。对于公众关注的一些法律问题，要及时收集整理，并根据问题的普遍性和区域性，可由不同层级的法院进行回应，掌握好主动权。在宣传方式上，摒弃长篇大论的论证和说教，可用精简的语言文字或是生动形象的动画或视频来增强可读性。三是在理念传播方面，要多撰写积极向上、充满正能量的原创文章。在司法评论方面，法院有着自己的优势：对司法案件的最直接评析，对司法实务的第一手感悟，对司法改革的最深切体会，对法治进程的最原始推力。[②] 同时，要做好舆情监控工作，把握好对一些涉及重大敏感及民生类案件审理及裁判的舆论导向，特别是涉案地区的三级法院，对一些恶意攻击或散播谣言的不实言论，要积极应对，注意掌握好话语权。

---

① 李义山：《互联网思维下的法院信息化——人民法院微信平台建设初探（下）》，载《人民法院报》2014年6月15日第2版。

② 李义山：《用好微信这一宣传“利器”——人民法院微信平台建设初探（上）》，载《人民法院报》2014年6月14日第2版。

新媒体时代的舆论审判
——舆论旋涡之下的权健帝国

韩晓琪

【摘要】 近日，自媒体丁香园发表的一篇题为《百亿保健帝国权健，和它阴影下的中国家庭》的文章，引起轩然大波。权健公司涉嫌虚假宣传，间接导致癌症女孩周洋去世的旧案再次重现公众视野。事件迅速发酵，迅速刷屏各大社交平台，成为媒体和社会关注的焦点。事态发展很快超出了具体事件本身，舆论关注范围逐渐从对权健的广告宣传、营销模式及违规情况扩大到了对当前社会中确切存在且亟待解决，与民生密切相关的保健品骗局、非法传销及集资、地方保护主义等问题的激烈讨论。事件目前仍在持续发酵期，结果未知。但参照2017年的现象级事件“刺死辱母案”所引起的舆论风波对最终的审判结果产生了巨大影响。权健事件对当前的保健品市场及法律体系会产生哪些化学反应值得期待。本文将以该事件为例，探讨新媒体时代舆论审判的表现、成因及展望。

【关键词】 新媒体时代；舆论审判

国内著名医疗自媒体丁香园于2018年12月25日发表的一篇文章将权健公司推上了风口浪尖。文章指出，疑因使用该公司产品而放弃正规治疗最终去世的女孩周洋，此前其形象却一直被权健公司作为治愈案例广为宣传，周洋的父亲曾多次和权健打官司，但最终败诉。26日凌晨，权健通过官微发布严正声明，称文章不实，指责其“利用从互联网搜集的不实信息，对权健进行诽谤中伤，严重侵犯权健合法权益，致使社会大众对权健品牌造成误解”。声明要求丁香医生撤稿并道歉，权健将通过法律途径维护自身权益。26日上午，丁香医生表示不会删稿，对每一个字负责，欢迎来告。同时公布了文章的撰稿手记，表示事件的判断是建立在司法判决、律师及当事人的多方印证的基础上的。

12月27日，国家市场监管总局相关负责人表示，总局正在了解权健产品相关情况，调查清楚事实后再进行下一步工作。天津市武清区已经对该事件介入调查。主流媒体相继报道，诸多新媒体意见领袖积极参与表态，促使“权健集团风波”在短时间内迅速演变成一起舆情事件。

截至目前，据相关消息，2019年1月1日，天津市公安机关对权健自然医学科技发展有限公司涉嫌组织、领导传销活动罪和虚假广告罪立案侦查。1月2日，对在权健肿瘤医院涉嫌非法行医的朱某某立案侦查。截至1月7日，已对束某某（男，51岁，权健公司实际控制人）等18名犯罪嫌疑人依法刑事拘留，对另2名犯罪嫌疑人依法取保候审，相关工作正在开展中。

一、新媒体时代的舆论审判

当前，“舆论审判”并没有明确的定义。从舆情事件传播演进的递进层次来看，它可以从对当事人及整个司法体系两个视角来看。一是人们所说的Me Too运动中的“舆论审判”，它指的是舆论在法院没有给出明确判决的情况下，给予一些当事人舆论上的“定罪”。这些人虽然不是法律意义上的违法犯罪分子，但民意却普遍认为他们做错了事情，会对他们进行言语上的攻击，如2016年的江歌案，事件一经爆出，引发公众同理心，热度持续居高不下。

舆论的发酵让受害人江歌的母亲找到出口，甚至一些主流媒体开放了专访节目，一定程度上向公众传达了真相，强大的关注度一定程度上推动了事件的妥善解决。但舆论的焦点几经变迁，由行凶者陈世峰延伸为证人刘鑫，尤其在江歌母亲公布了刘鑫的隐私信息之后，刘鑫一家遭受了激烈的舆论讨伐，道德审判在一时间占据了主流，甚至盖过了最应该受到谴责的犯罪者。这是后真相时代的典型表现，焦点的错位在一定程度上导致了事实的缺位。当时仅有部分主流媒体保持了理性，《新京报》评论中写道："朴素的正义感并非现代法治之全部。现代法治讲究真凭实据，也强调程序正义，所以即使是舆论普遍支持下的朴素正义感，最终也未必能真正抵达真相和法治。有时候，两者甚至背道而驰。"

权健事件的演进之快让人叹为观止，当前该事件仍处于调查阶段，但伴随着丁香医生的控诉，一系列文章迅速跟进，观点迭出，情绪激烈，其中不乏带有火药味的批判。诚然，事件的热度一定程度上推动了跟进调查，让我们更接近真相，权健的一些问题已经浮出水面。但另一方面，不少文章的观点和判断未必是建立在深入调查，掌握大量事实和证据的基础上作出的判断，其深度都很难和丁香医生文章的"有理有据"相比。同时，在一些评论中，情绪化表达也是互联网舆论生态的一大问题，热点一出即踊跃发言已成舆论场中一景。发言过于轻率，就难免存在道德风险。

二是通过媒体舆论影响案件的判决，即"舆论影响司法"。从2017年的刺死辱母案的审判进程可以看到，于欢由一审的无期徒刑改为有期五年，新闻舆论在一定程度上对司法活动起到了监督及公正审判的作用。但同时，如果舆论直接影响了司法，是否透露出了司法不够独立的问题呢。在权健事件中，周洋的旧案在法律审判中并没有得到让当事人及社会满意的答案，周父奔波于取证上诉中，借助大众的力量获得了更全面的信息，舆论的审判对此案的再审能够起到推动作用也未可知，与此同时，当前的事件信息尚不完整，信息的真实性也不够充分，在持续关注事件的同时，寻求一个公正理智的平衡点是十分重要的。

一方面，一定程度上说，公共事件的信息呈现得越充分，公众知情权越能得到满足，所得出的结论就越可靠，该公共事件所衍生出的价值就越丰富。可以说，真相不是等出来的，是起底出来的。另一方面，在新媒体日益发达的当今时代，新媒体作为具有巨大影响力的舆论场，各种声音混杂其中，一部分非理性表达对社会环境造成较大不利影响。舆论审判是需要时间和品质的。如果只是纠缠于表面上的细节，只是停留于残缺的信息，然后急不可耐地评论，无疑对受众不负责任。这要求执法者必须保持头脑冷静，“以事实为依据，以法律为准绳”的同时，接受舆论的监督，明确舆论与司法的界限，保持审判过程的独立，利用舆论与司法的良性互动更好地推动法治进步。

新媒体时代，网络打通了大众提交“诉状”的渠道，不再局限于时间和空间，只需要在社交媒体上编辑后发布就可以迅速地完成准备工作，如果一则信息的阅读量和转发量达到一定数字，引起一部分人的关注和评论，并且能够形成相对一致的判断与认同，那么舆论就生成了，“舆论的法庭”便能够快速完成一次“审判”。从其本身的意义及其局限性来看，“舆论审判”好坏参半，关键在于审判的度和平衡。在法治社会，我们当然要依赖正式的法律体系来解决纠纷、获得社会正义。但是，正式的法律体系并不是万能的，且不说在某些司法并不独立的国家，即便在法治体系健全的西方发达国家，法律体系也不能解决一切社会正义问题。例如，美国法律系统的一个为人诟病的问题就是，富人和穷人是不对等的。富人可以通过支付昂贵的费用请到最好的律师，从而大大增加胜诉的概率。因此，在承认法律体系的主导地位的同时，我们也要承认：要达到更广泛的社会正义，必须依靠其他替代性的机制。所谓的“舆论审判”，就是其中一种重要的替代性机制。

在“章文性侵案”中能够看到：中国的法律体系在保护性侵/性骚扰受害者方面存在相当大的不足。被多名女性指控性侵/性骚扰的章文，在接受澎湃新闻采访时公然表示：“我在法律上是不怕的。”由于法律体系的不完善、受害人的社会压力及权势的倾轧等具体的原因，许多类似事件并没有在法律体系中得到公正的处理。而通过舆论的“法庭”，那些施害者从人群中暴露出来接受审判，“舆论审判”作为道德的审判在一定程度上填补了法律审判的漏洞，推动了法律体系的完善。

在充分肯定“舆论审判”重要意义的基础上，我们也需要清楚地认识到“舆论审判”的局限性和风险。将“舆论审判”的机制和法律审判进行对比，法律体系的特点是制度化。诉讼的审判有其形式要件和规定动作：举证、辩论、裁判，每一步都有明确的规则可循。而“舆论审判”则散漫得多。事实存疑的说法有时也会被采纳，随着事件的信息逐渐完整，舆情可能会出现反转，舆情反转近年来频发，这一定程度上体现了舆论审判的不充分和不权威。同时，在事件的舆论演化过程中的观点往往诉诸情绪而非逻辑，事件的复杂性往往容易被简单的判断遮蔽。问题固然存在，但其影响并不致命。首先，大众审判即使不如法庭的严谨，但群众并且无知，特别是舆论的意见领袖往往是具有一定的高度及权威的社会人士，本身具有自己的判断力。其次，舆论审判不像刑事诉讼的背后是强大的国家公权力，它能做的判决只是降低一个人的社会声誉。并且，舆论具有很强的时效性。最后，舆论审判是有救济机制的，被“审判”的人可以发表自辩，如果成功的话，可以获得民意的理解和支持，重新恢复社会声誉。而如果有人诬告，则可能会承担法律上的代价。

法律体系不是万能的，“舆论审判”是重要的替代性正义机制；“舆论审判”不是完美的，有局限和风险，但其负面作用是有限的、可控的；面对不平等的权力结构，这场不完美的社会运动会推动社会的进步。

二、舆论审判的成因

（一）法治新闻事件的本身切中痛点

近年来舆论事件频发且愈演愈烈，“江歌案”“章文案”“于欢案”等，无一不引发了巨大的舆论关注度，除了案件当事人本身的标签切中了民生所系外，还深刻反映出了法律审判中一些社会公众深刻关注但却往往不能以完善的程序正义来妥善解决的问题。这些事件之前的一些类似案件，也许因为种种原因没有得到妥善的解决，也许正义迟到了，但不会永远缺席，典型的案件在完善程序正义中起到了非常重要的查缺补漏的作用。权健事件仅仅是纷杂的保健品市场乱象中的沧海一粟，随着“权健案”的不断深入，保健品市场乱象也被集中曝光。一些产品在销售过程中，或是把“疗效”吹得神乎其神，甚至忽悠患者放弃正规治疗；或是与消费者大套近乎、嘘寒问暖，又是“专家会诊”，又是“免费体检”，又是“免费旅游”，套路重重，让一些消费者深陷其中。老年人深陷保健品骗局，花光毕生积蓄；重症病人误信保健品，耽误治疗。而置身其中的亲人朋友苦不堪言，掀起了评论的狂潮。

（二）商业利益的驱动之下的盲目跟风

新媒体时代，新闻业进入消费市场后，应运而生的新闻消费主义在泛娱乐化兴起的互联网时代逐渐成为新闻生产和新闻叙事的主流，社会新闻成为追求轰动效应的媒体最钟爱的东西，这里的媒体不仅包括专业媒体组织，也包括自媒体、营销号等。暴力和色情、惨剧和罪行总能迅速登上头条，而煽动性、偏激的评论总能赢得大量点击率；为了抢占舆论宣传先机，媒体们往往不能有效把握住整个热点事件的关键点，而是选择那些倾向性、多数的一方发表观念。权健事件的持续发酵有赖于各家媒体转发及跟踪报道，纷纷表明自己的“态度”，但是这种态度却没有摆事实讲证据，仅仅从情理层面和当前的法律层面给出了含糊的容易博取眼球的回答。通过对保健品事件的延伸讨论，涉及政府公信力的敏感问题，这些盲目跟风和倾向性评论使舆论一度形成一边倒的局势，将司法置于社会舆论的旋涡之中。

同样的，尽管事件的发起者丁香医生对权健事件的披露引发了强大的流量关注，一定程度上推动了社会的进步。但客观地看待丁香医生，作为一个靠流量来营利的自媒体，写出博得受众眼球的10万＋的文章是它的初衷。

三、对权健事件的展望

去年年末直到现在，“权健事件”一直处在舆论风口浪尖上。在互联网时代，能引发舆论如此长时间的高度关注，说明“权健事件”真的不一般。事件之初，调查组相关负责人接受记者采访时表示，市委市政府一直对此高度关注，要求尽快查清事实，回应社会关切。“按要求，我们将根据调查结果，依法分类区别处置，合法的依法保护，违法的坚决打击，违规的取缔整治。”该负责人表示，对涉及专业领域的，调查组已邀请相关权威专家进组协助核查，此外也一直在与国家相关部委和兄弟省市积极对接，对专业技术认定等层次高、专业性强的重要工作，寻求指导帮助。“一经查实违法违规行为，将坚决打击，严格处罚，毫不手软；合法经营部分，我们也会进一步予以规范，加强监督和监管。”显然，加强监管的部分更多一些。而在丁香医生的文章里，也只是陈述了诸多令人心痛的事实，缺乏强而有效的证据为权健定罪。诚然，作为社会公众的一分子，身临其境亦能体会其危害，但据诸多法律媒体的专业解读，也仅仅列示了权健公司在非法行医、虚假宣传及营销模式方面的漏洞，并没有明确适用的保健品重刑条文。而保健品在当下作为民生所系的重要部分，没有获得足够的关注是否是值得重新审视的一点。

1月3日，权健公司在经营活动中涉嫌传销犯罪和涉嫌虚假广告犯罪，已被公安机关立案侦查，可以断定权健公司已涉嫌刑事案件。从当前权健公司已被公安机关立案侦查这一进展来看，已经意味着权健公司此前被舆论强烈质疑的虚假宣传、传销等问题并非无风起浪，而是已得到警方的初步查实。以法律手段全面彻底地查处权健公司所涉及的各种违法问题，不仅有利于充分捍卫消费者的权益，彰显对人民的健康高度负责的精神，更有可能成为保健品乱象治理的一个契机。

遗憾的是，对周洋案的审判或许并不乐观，权健卖的是保健品，在审批之初，甚至自己的包装上，从来没有强调过“我们的产品包治百病”。而周洋案的宣传其声称自身作为受害者，归咎于广告公司。而各火疗馆对产品的夸大其词，权健仅作为产品的销售者，对产品的二次销售的宣传既没有义务，也没有权利进行管辖。并且可以再次作为受害人的身份，声讨其声誉，而各大经销商作为权健的捆绑战友，并没有理由站出来指控它。

此前的保健品事件，包括鸿茅药酒和莎普爱思等，也曾引起小范围的舆论热潮，但舆论过后，他们的商业帝国，又恢复如初。一定程度上来讲，这样一家从舆论槽点到实质伤害都可谓累累的企业崛起，既是对无数受害者的二次伤害，也是对于法律和公平的嘲弄。其社会危害性，也绝不只是那些有形的“谋财害命”，而更像是一个社会黑洞，一面侵蚀着不少家庭的财产与生命，一面更是在腐蚀着从法律到监管到常识的社会肌体。权健的问题到底有多大？当然需要监管部门的严肃起底与调查。但无论如何，都不能再假装它的不存在，或者说只看到其风光的销售额，而不顾其给社会投下的巨大阴影。

舆论散布的真实性固然值得质疑，但是面对信息的真实性，“公开对质”未尝不是找寻真相的正途。这一次，权健不应该“全身而退”。权健事件因网络热议而起，但绝不会止步于此。随着调查的深入，权健公司传销的面纱被层层剥落，其背后隐藏的是一条庞大的保健品非法经营产业链，这个产业链从 20 世纪 90 年代一直延续至今。保健品乱象，牵涉甚广，民生所系，有关部门有必要给大众一个妥善的交代。

参考文献

[1] 徐媛媛．从“刺死辱母者”报道看新闻专业主义的缺失[J]．新闻研究导刊，2017，8（12）：98—98.

[2] 诸葛宏．媒介审判的特点及传播学分析［J］．青年记者，2011（12Z）：23—24.

[3] 赵娜．以“刺死辱母者案”为例分析热点舆情演变机制[J]．中国报业，2017（16）：47—48.

[4] 郭凯冬．浅析新媒体环境下的媒介审判现象［J］．新闻研究导刊，2017（18）.

[5] 邹予培，伍济海．浅谈舆论在推动法治进步中的作用［J］．决策探索（下），2018（10）：38.

[6] 仇志伟，尹童，郭昭赫，郝帅．全媒体时代网络舆论非理

性表达的法治研究［J］．企业科技与发展，2018（02）：199—200.

［7］曾德金．治理保健品市场乱象须提高违法成本［EB/OL］．［2019—01—08］．news. youth. cn/sh/201901/t20190108_11836823. htm.

［8］法制网舆情中心．“丁香”起底“权健”引发舆论风暴舆情态势呈现“一边倒”［EB/OL］．［2018—12—26］．m. sohu. com/a/284767764_776585.

［9］百家号．保健品乱象不能“缓缓而治”［EB/OL］．［2019—01—03］．

［10］良知是最大的法律．权健事件：请等等法律裁定，莫轻言舆论审判［EB/OL］．［2019—01—03］．http：//bbs. tianya. cn/post—law—814958—1. shtml.

略论网络舆论监督司法应遵守的原则

——以网络舆论意见与司法机关处理结果相冲突为视角

何　莉

【摘要】 随着我国民主、法治建设的深入，以及网络技术的广泛运用，司法机关的行为、司法文书越来越受到社会公众的关注，普通的民众也可以使用网络随意评论司法案件和评价司法机关的处理决定，可以说网络监督已经成为民众监督司法的重要手段和途径。善意的民众意见和正确的舆论监督都是促进司法公平、公正、公开必不可少的手段。然而，若网络舆论失去限制与引导，使得善意的民意监督变成恶意的攻击和诋毁，那么所谓的舆论监督势必会影响司法机关独立行使司法权，影响司法的公正。本文试图通过剖析几个经典的网络舆论监督司法的案件，分析网络舆论意见与司法机关处理结果产生冲突的原因，进而探索化解二者间冲突的方法，以实现网路舆论对司法机关进行有效的监督。

【关键词】 网络舆论；司法机关；冲突；化解

舆论是公众共同的意见，它是一种自发、自愿的行为，是公众自愿和自由地发表言论和表达意见，其背后潜藏着公众对社会价值尺度和运行方向的潜在追求和评判。[1]随着互联网的普及，普通民众可以更加方便地获取信息及发表意见。据中国互联网络信息中心（CNNIC）统计，截止到2013年7月底，我国网民总数已达5.95亿，互联网普及率为44.4%。互联网以其特有的传播优势和受众优势，已成为舆论监督的重要组成部分。

一、网络舆论倾向意见与司法机关处理结果相冲突的表现

近年来，网络媒体多次对司法机关处理的案件进行过报道，形成了网络舆论对案件的意见。网络舆论对个案的意见与司法机关对个案的处理结果并非每次都一致，时常发生冲突，司法机关在应对网络舆论监督时也时有不当，导致一些案件的处理结果引发了公众对司法机关的关注与质疑。网络舆论对某个案件的意见与司法机关对案件的处理结果冲突，一般有以下几种情形。

其一，网络舆论意见符合客观事实与法律，契合传统的民众价值观，司法机关的处理结果却值得商榷。如云南省发生的李昌奎故意杀人、强奸案，可以说是网络舆论影响司法结果的一次胜利。2009 年 5 月，李昌奎强奸了同村女子王家飞并杀死了王家飞及王的弟弟王家红。2010 年 7 月，云南省昭通市中级人民法院一审判处李昌奎死刑，立即执行。2011 年 3 月，云南省高级人民法院二审改判李昌奎死刑，缓期 2 年执行，随即引发网络舆论一片声讨，舆论坚决要求法院判处李昌奎死刑。2011 年 7 月，云南省高级人民法院迫于舆论压力，启动再审程序，同年 8 月改判李昌奎死刑。在此案中，云南省高级人民法院改判李昌奎死缓的处理决定，虽不违反法律及相关政策但其正确性、社会正义性却值得商榷。依照法律，二审法院改变一审法院的判决应当有新的事实或者证据或者有新的理由，云南省高院在没有新的理由和事实的情况下，罔顾被害人家属的权益，无端改变一审判决，偏离了司法公平、公正原则，也违背了社会正义，这样的改判缺乏说服力，难以服众。应当说此次网络舆论监督达到了较为理想的社会效果。

其二，网络舆论意见有可取之处，但司法机关处理结果更具备法律专业性，更值得认同。如2009年发生在沈阳市的夏俊峰杀害城管人员案，充分显示了网络舆论的公众参与度和法院司法的专业性。夏俊峰因摆摊和城管发生争吵，最后持刀杀死2名城管、重伤1名城管，被法院判处死刑。从一审判处夏俊峰死刑到夏俊峰被执行死刑长达4年的时间里，舆论，特别是网络舆论给予了此案非常多的关注，就在2013年9月25日夏俊峰被执行死刑前后几日内，据人民网统计有超过150万条数据，有60万网友参与讨论和10万条评论。网络舆论的主流声音是“不杀”，但最后法院还是判处夏俊峰死刑。可以说在该案中，舆论关注还是平和、理性的，但关注的焦点却偏离了案件本身，更多是关注弱势群体的谋生问题，是出于人们对弱者的人文关怀而发表的言论；一些较为专业的评论虽然谈及了案件本身存在的问题，但由于评论者本人在不熟悉案情、不了解证据的情况下仅凭片面之词就发出“夏俊峰是正当防卫”的言论，则显得非常牵强。反观，法院的三次裁判就显得更为专业，从事实、证据、法理角度，阐述了判处夏俊峰死刑的理由。法院的专业素质也赢得了社会的认同。

其三，舆论的选择性报道与案件的真实情况存在差异，引发了公众与司法机关的对立，削弱了司法权威。如2006年南京某法院审理的彭宇撞倒老人赔偿法院判处彭宇承担40%的民事责任一案。本案之所以引起网络舆论高度关注，并且出现“彭宇救人反被诬”的舆论意见，是因为法官在认定彭宇撞倒老人的事实时，运用了推理分析。如判决书写到“从常理分析，彭宇与老太太相撞的可能性较大。如果不是彭宇撞人，他完全不用送人去医院”等语句。这些带有推理性质的用语被关注此案的网络媒体迅速抓住，并以更快速、广泛的方式传播，引起了社会公众普遍的质疑和批评。在这种氛围下，舆论甚至推导出“好人没好报”“好事不能做”的负面结论，并形成了舆论共识，而“彭宇案”也成为了“社会道德滑坡”的标志性事件。实际上，判决书在做出上述推理之前，已经明确列明了彭宇撞到老人的2个重要证据，但大部分网络媒体在报道时却对这些证据只字未提。直到2012年1月，《嘹望》杂志才公布案件真相：彭宇亲口承认撞了老人；并且在二审期间双方达成和解，彭宇赔偿老人一万元，双方均不能在媒体上就本案披露相关信息和发表言论。至此，公众才知悉舆论长达数年阐述的“彭宇被诬陷”的事实错误，从该事实中推导出的“好事不能做”的舆论意见也属错误。回顾这个案件，从2006年作出一审判决到2012年发布真相，法院面对公众、舆论对判决的质疑始终三缄其口，长达数年时间均未对案件作出有价值的回应和澄清，任凭舆论通过各种方式（特别是网络）传播错误的事实和低俗的道德价值观，导致了事件不断发酵、扩散、升级。真相虽已知晓，但当因“彭宇案”带来的负面共识已经成为了社会潜规则，低俗的道德价值观被打上“法律认定”的标签时，真相已不再重要。

二、网络舆论意见与司法机关处理结果相冲突的原因

网络舆论意见与司法机关处理结果之间发生冲突的原因是多方面的，笔者认为主要存在以下四方面的原因。

其一，司法机关与网络舆论对案件事实的认定标准存在差别。二者对案件事实认定标准不一，是二者产生冲突的基本原因。司法机关对案件事实的认定，是在法律真实的基础上作出的认定，而网络舆论对事实的认定更多是基于对事实总体真实的认定。所谓的法律真实，是指司法机关在诉讼程序过程中，通过运用证据对案件真实的认定达到实体法和程序法的要求，即应当符合从法律的角度评判为是真实的标准。[2]法律真实是司法机关通过对案件证据的全面

审查，排除合理怀疑后结合办案实践经验和缜密的逻辑推断后，根据法律规定对事实作出的认定，可以说是最接近“客观真实”的认定。所谓的总体真实则是指“在具体真实的基础上，新闻报道如实地反映客观事物的运动变化过程和客观事物之间的普遍联系，揭示客观事物相互联系和发展中存在的内部规律性”。[3]网络舆论对事实的认定只要做到事实有据可查即可。相当一部分网络舆论在认定事实时，会采取选择性认定，回避对自己观点不利的事实。但这种片面的、选择性的认定事实，也符合总体真实的要求。因此，网络舆论对事实的认定标准要远远低于司法机关的认定标准。如上文提到的彭宇案，大部分网络舆论认为彭宇没有撞人的依据仅仅是法院判决书中的某一段判词。

其二，司法人员和网络舆论者在对待案件的态度上存在差异。司法人员在办理案件过程中一般保持中立态度，而网络舆论者在对待案件时往往是主观化、情绪化。司法人员有异于常人的思维模式，在办理案件时他们是超脱的，奉行理性、客观地对待案件而不加入个人情感。法律也禁止司法人员办理可能影响到他们理性与超脱的案件，因此规定了一系列的办案回避制度，防止司法人员受到情感的干扰以最大限度保证案件处理结果的公平、公正。网络舆论的报道、评论则较为主观，个人代入感极强，带有浓烈的感情因素。有些网民对新闻的评论常常带有较大的主观性，经常会有一些连新闻内容都没有细看的网民发表一些盲目的主观评论。“同情弱者”的泛道德化、“假如换了是你，会怎么怎么样”的个人代入化等态度是网络舆论认定案件事实的基本态度，这样的态度也容易在网络上形成广泛的舆论共识。看待案件、报道案件的人的观察角度、所持态度的不同，也导致对待同一案件的看法出现矛盾。

其三，司法机关的公权力与公民个体的权益存在冲突。“权力是指国家权力，即国家凭借和利用对资源的控制，而拥有使公民、法人或其他组织服从其意志的一种特殊影响力或支配力。”[4]司法机关是维护社会公平、正义的最后防线，拥有对公民权利实施处分的最终决定权。因此防止司法权滥用，监督司法权运行，是全社会一直关注的问题。网络舆论的出现则为民众提供了一种直接参与监督司法权的途径。民众通过网络了解司法机关的办案过程，以防止司法不公；通过网络舆论来监督司法权的行使，以实现司法公正，维护自身的合法权利。公众对自身合法权利追求的过程中，不可避免地会产生不适度的网络舆论，进而干扰了司法公正，并形成了一些不良的社会影响，这种现象的本质就是个体权益制衡公权力并发生冲突的表现。

其四，网络舆论某些不正确的价值观与司法机关办理案件的价值观产生冲突。媒体报道司法案件的目的在于监督司法机关严格依法办案及宣传法律，应当给社会传播正能量。但当下有的网络媒体为了“吸引眼球”“增加阅读量”，或为了追求利润最大化，往往以猎奇的态度、以“奇”“险”“怪”的方式去报道司法案件。网络媒体将司法案件当作是娱乐消息、八卦新闻来报道，完全偏离了正确的目标。司法机关依法办案的目的是追求公平正义、保障当事人权益、维护社会稳定，这个过程是严谨并严肃的。因此当网络媒体以娱乐化、消遣化的态度，以追求媒体利益的目的来报道司法案件时，必然会与司法机关办理案件的价值观产生冲突。

三、冲突化解的方法

网络舆论意见与司法机关处理结果之间的矛盾化解需要网络舆论媒体与司法机关共同努力解决。因为矛盾产生是双方原因所致，化解矛盾也必然要求双方携手。故此，笔者提出以下意见：

（一）网络舆论监督司法机关应遵循的相关原则

网络舆论已经成为监督司法机关的新型舆论监督样式，但无序的网络舆论监督不仅会影响司法权威，更会给社会带来不必要的误读，从而产生负面的社会共识，这并非网络舆论监督司法的初衷。笔者认为，网络舆论监督司法机关处理司法案件时应当遵循以下原则：

1. 舆论报道司法案件应坚持态度中立原则。网络媒体报道司法案件应当采取中立态度，不偏不倚地客观报道。因为任何带有偏向性的报道都会给社会公众提供倾向性的依据，从而引起“舆论定案”的恶果。如上文提到的夏俊峰案。夏俊峰一审被判处死刑后，因为夏俊峰是摆地摊的小商贩，而被害人是负责城市管理的城管人员，城管又是被舆论一直诟病的职业，所以网络媒体几乎全部站在同情夏俊峰的立场上报道该案，以求夏俊峰不死。这些舆论完全忽略了被夏俊峰杀害的两位城管的权利、忽略了死者家属的感受，完全违背了公平、中立原则。

2. 网络舆论媒体报道司法案件应当坚持客观全面原则。媒体不客观全面地报道司法案件有两种情况：第一种是断章取义。如在南京彭宇案的报道中，当年的媒体报道引用最多的是判决书中这样的一句话“从常理分析，彭宇与老太太相撞的可能性较大。如果不是彭宇撞人，他完全不用送人去医院”。然而，判决书原文显示，在列举这个理由之前，还有 2 个重要理由支持判决书认定的事实，但绝大部分媒体在报道时均没有提及。媒体报道时断章取义，漏发关键信息，就“越抹越黑”，问题越积越多，最后形成巨大的舆论压力，使媒体自身陷入尴尬境地。[5]第二种是张冠李戴。如在报道夏俊峰案件中，网络媒体将杀人犯崔英杰的庭审落泪照片杜撰为夏俊峰庭审落泪照片，以博取公众同情，形成夏俊峰不该死的舆论压力，迫使司法机关让步。这些不客观全面的报道会给社会公众错误的信息来源，混淆公众视线，引发舆论混乱，引发新的社会矛盾，是舆论报道应当坚决禁止并应受到惩戒的，但遗憾的是，笔者至今未看到这些断章取义、张冠李戴的媒体受到惩戒的报道。

3. 网络舆论媒体报道司法案件应当传播正能量。媒体报道司法案件的目的在于监督司法严格依法办案及宣传法律，引导公众守法、依法，并非是用猎奇的手法引发公众围观、起哄，并以此散播低俗价值观。当某一种声音被无限放大后，所形成的强势传播效果就会起到舆论导向作用。但是，由于网络媒体缺乏有效的控制和管理，致使一些舆论出现价值观的偏离，甚至和案件的实际意义背道而驰，从而给社会带来不良影响。司法机关处理案件，最终是依照法律；民众对案件的评价也应当建立在了解法律的基础上。因此，网络媒体除了坚持客观公正报道案件事实外，还应当对相关法律作出阐明，引导民众正确认识案件，正确监督司法机关办案，防止误解，这种报道应当是专业并且严谨的。然而，当下媒体在报道司法案件中，仍然以猎奇居多。如在报道南京彭宇案中，网络媒体往往采用的都是极具煽动性的标题，如“救人反被诬”“好人难做”等，这种报道虽然可以吸引眼球，暂时提高媒体的阅读量，但却偏离了案件报道的根本目的，虽满足了一时之需，却造成长远恶果。当然也有媒体秉承监督与普法的目的来报道司法案件，如媒体在报道夏俊峰案和李昌奎案时，对何为“自首”“正当防卫”等法律名词作出了明确解释并附有专业人士的解读，这样的报道才有助于民众认清案件，引导民众进行有效的监督。

（二）司法机关应当正确对待网络舆论监督

网络舆论监督是司法机关需要应对的新型的舆论监督样式，司法机关如果对此认识不深、应对不当，不但会影响司法权威，更会给社会带来不必要的误读，从而产生负面的社会共识。司法机关只有通过与传统舆论媒体的良好互动，并正确应对网络舆论才可以有效地减少社会不良信息对司法机关形象的损害，树立司法机关的良好形象，进而建立司法权威。笔者认为，司法机关应从以下三个方面进行改进。

1. 端正心态，积极面对。对于网络舆论，司法机关不能消极怠慢或者限制打压，否则很容易陷入到“塔西佗陷阱”，即“当政府失去公信力时，无论说真话还是假话，做好事还是坏事，都会被认为是说假话、做坏事而引起人们的厌恶”。[6]现阶段，司法机关并未普遍地接受网络舆论监督这一新的监督方式，也因没有重视网络媒体的话语权、没有发挥网络媒体对自身形象建设的积极作用，而遭受到公众形象受损的切肤之痛。因此，司法机关应当认清当今社会形势，端正心态，积极采取应对措施。可喜的是，最高人民法院、最高人民检察院均已开始重视并积极利用网络媒体对自身的正面宣传。如：2013 年初，最高人民检察院检察长曹建明在全国检察长会议上提出，检察机关应积极推进门户网站、检察微博的建设，增进与人民群众的沟通和联系。2013 年 7 月，《最高人民法院裁判文书上网公布暂行办法》实施，中国裁判文书网站开通，意味着今后公众可以登录这个网站查阅几乎所有的法院裁判文书。这些举措说明司法机关已经认识到网络舆论监督对司法工作的价值，改变了对网络舆论监督的抵触情绪。司法机关开始主动积极地接受网络舆论的监督，提高了司法工作的公开度和透明度。

2. 坚持司法公开原则。司法公开是指司法机关按照法律规定向案件当事人、社会公众适度披露案件信息，增加案件处理的透明度。如果司法机关没有真正落实司法公开原则，没有满足案件当事人、辩护人和社会公众对案件信息公开的要求，就极可能会引发网络舆论的混乱，甚至引起社会公众的胡乱猜测和负面评论。这种情况的发生，不但会扰乱司法机关的独立司法，还会造成不良的社会影响，降低司法机关的公信力，损害司法的权威性。因而，司法机关需要做到：首先，司法程序必须公开、透明。特别是对于一些敏感案件的处理，司法机关在案件各个阶段必须做到司法程序公开。如案件进入司法程序后，司法机关应依法告知犯罪嫌疑人、被告人所享有的各项权利；允许犯罪嫌疑人、被告人的辩护人依法介入案件，会见犯罪嫌疑人、被告人，阅读、复制相关卷宗材料；甚至可以通过司法机关自身的信息渠道定期向公众适度地通报案件的进展情况。其次，真正落实审判公开原则。审判公开原则是指人民法院在开庭审理案件时，除法律另有规定外，应该一律公开进行。通俗而言，就是庭审过程可以允许公众旁听，也可以允许新闻媒体报道。再次，公开裁判文书。裁判文书是司法机关对案件处理结果最终确认的文书，也是案件当事人、社会公众最关注的文书。公开裁判文书可以让公众查阅其关注的个案，满足公众知悉司法审判信息的愿望，有助于消除误解，提高司法公信力。

3. 坚持司法独立原则，严守公平正义的底线。司法机关的职责在于维护社会的公平、正义，因此司法机关在处理各类案件时必须严格依法，严守底线。“规范性制度的存在以及对该规范性制度的严格遵守，乃是在社会法治所必须依凭的一个不可或缺的前提条件。”[7]因此，要实现司法公正司法机关必须保持自己的独立性。司法机关处理案件过程中可以听取网络舆论意见，但不应该盲从，更不能屈从舆论意见，应当根据查实的案件事实和法律，作出自己正确的决定，并对该决定作出充分的说理。司法机关的处理决定应当成为平息社会舆论不同意见的说明书。如最高人民法院在复核夏俊峰死刑时，经过严格的证据审查和严密的理论分析后作出了核准死刑的裁定。尽管这个裁定与网络舆论意见存在冲突，但因为其有充分的事实依据并且适用法律正确、说理透彻，裁定生效后舆论并没有掀起更多的争论。

4. 有效利用新兴网络途径加强宣传力度。随着网络媒体的发展，博客、微博、微信等新兴网络途径对社会舆论的影响越来越大。[8]博客、微博和微信是当今网络环境下司法机关了解民众意愿及传播司法机关声音的新途径。因此，司法机关应当善于运用博客、微博、微信的宣传作用，做好法律政策宣传，并通过与网民积极互动，增加活跃度和关注度，取得广大网民的认同感。在面对突发事件时，司法机关应利用博客、微博、微信就社会广泛关注的案件发布权威消息，挤压谣言、传言传播的空间。在应对负面舆论甚至失实的诋毁时，司法机关掌控的博客、微博、微信应及时予以回击，公布有说服力的证据，通过多种渠道让民众了解真相，引导民众作客观分析，理性判断，引导主流舆论对有害舆论予以纠正，将危机淡化处理。

结　语

当今社会，网络舆论评论司法案件正处于一种无序的状态，如果要把网络舆论建设成为可以真正成为监督司法公平、公正和公开的重要渠道，网络舆论媒体及其从业人员应当将客观真实性作为报道司法案件的首要原则，舆论报道的事实应尽可能趋于客观真实，舆论评论应尽可能保持中立，尽可能让民众获悉案件的真实情况，为民众正确判断、评价司法案件提供条件。司法机关应当认识到司法公开的重要性，主动开展自我舆论宣传与应对措施。相信随着司法机关和网络舆论的互动与应对机制愈加成熟，网络舆论可以真正成为监督司法公正的重要渠道，成为司法机关与民众沟通的桥梁，成为民众监督司法机关的平台。

参考文献

[1] 王梅芳．舆论监督与社会正义［M］．武汉：武汉大学出版社，2005：32.

[2] 董莉．对“以事实为根据”原则中的“事实”的再认识［J］．江西社会科学，2002（8）：206.

[3] 党建．新闻真实的法律“底线”［J］．新闻世界，2010（4）：32.

[4] 赵愫简．网络评论如何帮忙不添乱［J］．传媒，2010（10）：66.

[5] 汪洋．把准时代脉搏，做好舆论引导［J］．传媒，2012（5）：35.

[6] 杨妍．“自媒体时代政府如何应对微博传播中的‘塔西佗陷阱’”［J］．中国行政管理，2012（5）：26—29.

[7] 邓正来译．法理学—法律哲学与法律方法［M］．北京：中国政法大学出版社，2001：225.

[8] 郑婧伶，徐炳全．浅议政务微博对舆论场的引导［J］．传媒，2013（2）：75.

浅析新媒体视域中舆论监督与司法独立的关系

侯大明

【摘要】 司法独立是司法公正的体制保障，是树立司法权威的必要条件，也是民主政治的必然要求。但是司法权作为一种政治公权力，必须也要受到其他部门以及社会公众和媒体的监督，才能维持其公平正义的可能性。因而，本文将以互联网技术和“互联网+”思维的广泛应用为背景，以快播案、薄熙来案等案件为例来分析网络舆论监督对司法独立性的正面意义和消极影响，进而探究促使舆论监督与法院依法独立审判之间达成平衡的途径与措施。

【关键词】 司法独立；监督权；网络舆论监督；社会公正

一、司法独立原则

司法公正的实现是以司法独立为前提，这也表明司法独立是树立司法权威的必要条件。传统意义上的司法独立是指司法机关依法独立行使审判权，不受行政机关、社会团体和个人的干涉[①]。本文将司法独立分为：司法权独立和司法机关独立两个部分。

① 王明利：《司法权改革研究》，法律出版社 2000 年版，第 83 页。

（一）司法权独立

“司法权独立”来源于西方的“分权理论”，国家是根据人们通过契约的形式组建而成的，为了保证国家机器的正常运转，就需要对各种国家权力进行制衡；而西方国家典型的分权理论就是“三权分立”，即立法权、司法权和行政权相互独立制衡。对此，我国《宪法》第 126 条规定：“人民法院依照法律规定独立行使审判权，不受行政机关、社会团体和个人的干涉”，还有第 131 条也规定了：“人民检察院依照法律规定独立行使检察权，不受行政机关、社会团体和个人的干涉。”此外，我国《人民法院组织法》《人民检察院组织法》以及《刑事诉讼法》都有着与《宪法》同样的规定，也就是说人民法院独立行使审判权，人民检察院独立行使检察权。因而，我国的司法权是独立的。

（二）司法机关独立

虽然现在在我国，司法机关要接受党的领导。并且根据《宪法》第 128 条和第 133 条规定，人民法院和人民检察院由各级人民代表大会产生，向同级人民代表大会负责并报告工作，接受人民代表大会的监督。但是，我国上下级法院，同级法院之间相互独立；上下级人民检察院是领导关系。因此，我国的司法机关的独立性表现为人民法院、人民检察院的独立。

从具体实践上来看，西方国家的司法独立实际上是法官个人的独立，而在我国体制下，司法独立包括审判独立和检察独立。本文所论及的司法独立仅以审判独立为范畴。

二、舆论监督的宪法依据

舆论监督是指“新闻媒体运用舆论的独特力量，帮助公众了解政府事务、社会事务和一切涉及公共利益的事务，并促使其沿着法制和社会生活共同准则的方向运作的一种社会行为”。[①] 舆论监督作为一种社会权力，在我国政治经济社会生活中的地位越来越突出，作用也越来越明显；对于优化推进民主政治，维持社会公平正义有着特殊的作用与影响。

我国舆论监督的宪法依据是公民的言论自由权、批评建议权和知情权。学者孙旭培曾指出：“舆论监督的实现需要两个环节：一是提供足够的舆论信息，即可以形成舆论的事实和情况，使人们对经济生活、政治生活及社会生活有充分的了解；二是在拥有信息的情况下，对各种政治、经济和社会现象及有关人进行理性的、坦率的评论。在信息日益丰富的情况下，舆论批评显得越来越重要，通过人们对普遍关心的问题进行论辩、辩驳乃至争论，即众多个体意见的充分互动，最终达到某种为一般人普遍赞同、且能在心理上产生共鸣的一致性意见，从而推动人类社会的进步。”[②] 前者以知情权为依托，后者则通过公民行使言论自由权和批评建议权得以实现。

言论自由作为公民的一项基本权利和自由，不仅在国际人权条约上有明确的规定，而且它也是现代民主国家的宪法所普遍承认和保护的一项政治权利。《世界人权宣言》第十九条写道：“人人有权享有主张和发表意见的自由；此项权利包括持有主张而不受干涉的

---

① 顾理平：《新闻法学》，北京：中国广播电视出版社 1999 年版，第 239 页。

② 孙旭培：《新闻侵权与诉讼》，人民日报出版社 1994 年版，第 37 页。

自由，和通过任何媒介和不论国界寻求，接受和传递消息和思想的自由”；而这与中国《宪法》的规定也是一致的；新中国成立以来，从《共同纲领》到以后的 1954 年、1975 年、1978 年、1982 年《宪法》，都将言论自由作为公民的一项权利写入其中。《宪法》第 35 条规定：“我国公民有言论、出版、集会、结社、游行和示威的自由。”也就是说言论自由是实现舆论监督的关键内容，通过言论自由形成反映民意的舆论，才能真正成为监督公权力的一种力量。

而在批评建议权方面，我国《宪法》第 27 条规定：“一切国家机关和国家工作人员必须依靠人民的支持，经常保持同人民的密切联系，倾听人民的意见和建议，接受人民的监督，努力为人民服务。”《宪法》第 41 条规定：“中华人民共和国公民对于任何国家机关和国家工作人员，有提出批评和建议的权利；对于任何国家机关和国家工作人员的违法失职行为，有向有关国家机关提出申诉、控告或者检举的权利……对于公民的申诉、控告或者检举，有关国家机关必须查清事实，负责处理。任何人不得压制和打击报复。”这两条是我国公民享有批评建议权利的直接法律依据；批评建议权利是实现舆论监督的必然要求。

三、网络舆论监督对司法审判的影响

据上文所述，舆论监督是由言论自由权、批评建议权和知情权发展而来，监督权体现了人民主权的宪法原则，其对国家机关和国家工作人员具有约束力。而随着互联网技术在世界范围内的普及应用，公众可以更加便捷地在互联网上公开表达对某种社会现象或问题的带有一定影响力和倾向性的共同意见。而基于互联网平台形成的网络舆论监督，有其自身的开放、自由、匿名和互动的特性。因而，其对司法公权力的监督力度更加广泛深刻，可以说任何一个案件都有可能引发网络舆论的高度关注。

（一）网络舆论监督对司法的推动

1. 社会舆论监督使司法权力运作更为公正高效

近年来，我国网络技术的发展、“互联网＋”思维的应用以及网民规模的扩大，使司法过程中存在的或被忽视的问题被呈现在阳光之下，受到社会舆论的关注与监督；这在无形当中促进了司法的公平正义。像近年来出现的几例案件，山西黑砖窑事件、云南“躲猫猫”事件、浙江温州动车事故、陕西安监局局长杨达才被揭露、国家能源局局长刘铁男被举报等，都表现了网络舆论监督对政府行政运作、司法审判和民主政治建设有着重要的促进意义。此外，像最高人民法院、最高人民检察院、中央纪委和监察部等都相继开设了举报网站，为惩治和预防贪污腐败发挥重要的作用。

在网络舆论监督推动司法运作和公开方面，案件中最为典型的应为“薄熙来案”。2013 年 8 月 22 日至 26 日，在济南市中级法院审理薄熙来案中，最大的审判庭容纳了 110 余人参加旁听，同时，该院通过了 170 多条微博、近 16 万字的图文“直播”了这场引起国内外关注的世纪审判，数亿人得以“围观”庭审实况。9 月 4 日，中国青年报社中青舆情监测室发布的第二期《中青月度舆情指数》表明，8 月份，“薄熙来案公开庭审记录”［微博］所获综合满意度最高①。有法学家指出以前类似案件审理形式化倾向比较突出，庭审往往被虚化，认定被告人有罪无罪常常不在庭审，而在侦

① 李丽：《调查显示薄熙来案庭审微博公开最令人满意》，《中国青年报》，2013 年 9 月 5 日。

查阶段。薄案法庭的对抗性表现突出，给人以耳目一新的感觉[①]。在“薄熙来案件”中，微博直播由法院主持，能够准确权威地发布法庭的诉讼材料和相关证据，打破了我国长期以来对诉讼材料不公布的做法，实现了更大程度的司法公开；这也使得在确保公民监督权的同时，维护了司法独立、公开、公正和公平的属性。

2. 实现公众知情权合宪性落实

知情权，是指公民有权了解和知悉有关社会公共领域信息以及与本人相关信息的权利。我国宪法第 2 条规定：“中华人民共和国的一切权力属于人民”，“人民依照法律规定，通过各种途径和形式，管理国家事务，管理经济文化事业，管理社会事务”。2014 年 10 月 23 日，习近平同志在党的十八届四中全会第二次全体会议上的讲话中深刻指出：“要坚持以公开促公正、树公信，构建开放、动态、透明、便民的阳光司法机制，杜绝暗箱操作，坚决遏制司法腐败。”司法信息的公开以及网络社会舆论对司法审判的监督不仅能够促使司法权力公正高效运作，而且能够满足我国公民对司法活动的知情权、参与权和表达权，向社会各界彰显了“看得见的正义”，有效提升了司法的公信力。

2016 年 1 月 7 日至 8 日，中国法院网、北京法院网全程直播“快播”案审理过程。据《新京报》报道，累计超过 100 万人观看网络直播，最高峰时段有 4 万人同时在线。海淀法院 7 日至 8 日先后发布 27 条长微博对该案庭审进行全程图文报道。截止 1 月 10 日，该话题页显示累计阅读次数达 3600 余万次[②]。2016 年 9 月 27 日，最高人民法院再发力，开通“中国庭审公开网”，与新浪视频

① 张文祥：《双重视角下的薄熙来案庭审微博直播考察》，《新闻记者》，2013 年 10 月。

② 王瑞奇等：《“快播”案直播传播效果分析》，《现代传播》2016 年第 8 期。

合作，重点推出视频直播。快播案式的网络庭审直播是一种“互联网＋”时代下的新形式，能够使众多网民成为个案司法公正的见证者，让程序正义真正成为看得见的正义；满足公众对司法信息的知情权同时，还能够激发他们对司法公开的参与热情，使司法审判更为公平公正。

（二）网络舆论监督对司法审判的负面影响

1. 强大舆论压力侵犯司法独立与权威

前文曾提到过司法独立是司法公正的前提；而司法独立作为一种基本原则，同时也是司法独立程序的集中体现。如果司法不能独立，没有能够保障法律严格公正的执行，也难以实现法治[①]。

像在药家鑫案中，“富二代”“军二代”等网络关键词强烈刺激着公众的神经，一起杀人案，还没经法院审理，网络舆论就已经喊杀声一片，二审宣判的当天上午，仅新浪微博上关注的帖子就超过了一百万条。过于强势的舆论监督就有可能主导甚至左右司法的独立判决；舆论对案件的“有罪推定”致使司法独立性的丧失，进而影响到司法的公正性。

在法院审理薄熙来案的微博直播中，有的网民发布微博说：“应该杀头！”像类似情绪化的表达言论能够迅速引起网民的心理共振，进而形成一种舆论压力，在无形之中给法院审判带来干扰。而在快播案中，王欣等四名“快播”高管意外获得多数网民的支持。像“今夜我们都是‘快播’用户”，“那些年，我们欠‘快播’一个会员”等言论在网络中迅速传播。百度百家发起的“快播对传播淫

① 陈桂明：《民事司法的公正及其制度保障》，《法学前沿》第三辑，法律出版社1999年版。

秽视频有责任吗”调查结果显示，截至1月13日，92%（83460票）的投票网民认为“快播”无须承担法律责任[①]。因而，一旦网络舆论形成一种一边倒的势力，那么，法院的独立审判就极易受到舆情的干扰和绑架。这也就需要司法机关不能迷失于舆论的旋涡中，而是应该实事求是地根据相关专业人士的意见观点，理性独立地作出公正的判决。

2. 无界限的新闻自由损害审判公正

新闻媒体虽然作为一种社会力量，对司法审判的公权力产生一种监督作用，但是它不能直接干预司法。如果传媒在监督的过程中对案件产生倾向性的传播，就会对法官产生压力，或者使法官先入为主，形成偏见，使公正审判难以实现，最终会影响到司法的独立性。我国学者贺卫方曾在其文章中指出：在因媒体批评招致的诉讼中，原告胜诉率占到了70%－80%。其中媒体审判比较典型的案例有刘涌黑社会案、张金柱交通肇事案等，这种判决侧重于对案件是非曲直和实质正义的追求，却忽视了程序正义，虽然结果能够大快人心，但它影响了法院独立审判的权力，损害了司法的权威和尊严，经不起历史的评说和实践的检验[②]。

新闻传媒如果过度干涉司法审判，就会导致“新闻审判”的现象。“新闻审判”是指新闻媒介在报道正在审理中的案件时超越法律规定，侵犯人权，影响审判独立和公正的现象[③]。像在2001年左右的刘涌黑社会犯罪案件，刘涌一审被判处死刑立即执行，二审改

---

① 百度百家：《快播对传播淫秽视频有责任吗?》，《百家争鸣》第444期，2016年1月8日。

② 梁平等：《从舆论监督到新闻法治》，《河北法学》2012年第3期。

③ 李瞻：《传播法——判例与说明》，黎明文化事业公司1992年版，第385－390页。

判死刑缓期两年执行。此判决立即引发社会强烈异议，有新闻媒体就宣布他是“黑道霸主”，是“血案累累独霸一方的黑老大”，是“犯罪团伙”和“黑帮”的“头子”，而且“铁证如山”，应该予以“彻底摧毁”[①]。这些言论迅速涌现于报纸和互联网上，惊动最高人民法院决定提审，改判刘涌死刑立即执行，迅速处决。这也就反映了新闻媒体超越司法程序，提前对正在审理的案件下定论，以其明显的倾向引导公众，形成影响法院独立审判的“民意”，使人们用新闻报道来作为衡量法院判决是否恰当的标准，最终导致司法审判在不同程度上丧失其公正性。

四、舆论监督与司法审判平衡的相关举措

舆论监督是公民行使言论自由和批评建议权利的表现形式，它可以监督司法审判的公权力，使之能够在“阳光”下公正运作；但是，舆论监督同时还需要遵循一定的职业和法律边界，不能够干预司法的独立运作。对此，可从以下几点着手加以完善。

首先，司法机关内部应该建立完善的信息发布制度，例如信息公开的网络平台，“新闻发言人制度”或“记者招待会制度”等。这样才能及时、准确、有效地回应媒体和舆论上的监督，有利于公众及时了解案件信息，减少媒体的误导与公众的误解，确保信息发布的统一真实，从而维护司法公正的权威。其次，司法机关应严格执行“公开审判制度”。法院应切实加强与新闻媒体之间的沟通与合作，建立法院与传媒之间的良性互动关系。只有给媒介以充分的自由，才可能调动媒介主体的积极性，从而形成大量的以信息为主

① 魏永征：《新闻传播法教程》，中国人民大学出版社 2016 年版，第 90 页。

要形式的公共空间[①]。在司法审判的过程中接受公众和媒体的监督，才能够取得公众的信任，巩固司法的公信力。司法机关自身也要加快司法改革进程，增强司法的独立性。严厉坚决打击司法腐败，减少司法公正对外部因素的依赖。司法部门还应加强自身队伍建设。增强法官的独立意识和抗干扰能力，确保其在面对舆论压力下能够冷静理性地作出判决，消除“新闻审判”的负面影响。

司法机关还要对媒体进行适当的规制。为维护司法审判的独立公正，从借鉴西方国家的经验模式上，我们可以对媒体规制作如下要求：(1) 审前程序阶段，基于对被告人隐私权的保护和落实无罪推定原则，媒体的报道范围仅在司法机关的调查结论、调查程序的进展状况、被告人权利保护的程序，等等。(2) 在庭审过程阶段，媒体只能对司法审判的过程做一般性的事实报道，不能添加任何带有感情色彩的评论。对于不得公开审理的案件，媒体必须遵循“法律先定”原则，不得报道传播。(3) 在审后程序阶段，媒体能够在法律许可的范围内自由进行报道评论。此外，立法机关应制定相关的法律法规，如新闻法等。制定相关的法律法规不仅能够保障新闻舆论监督的权利，优化网络舆论环境；还可以对违反法律的言论报道予以必要的限制和制裁，规范舆论环境；进而促使舆论监督和司法审判在相互促进的过程中不断完善发展。

最后，新闻媒体自身也需要自律。媒体舆论应该遵循合法、理性、平衡的原则。例如，对正在进行的司法活动做客观报道描述，避免主观性和倾向性报道，不去对案件的实体问题发表评论，避免对审判的不当干扰，影响对案件的公正审理。记者在对案件进行报道时，应该一切从实际出发，对抗辩双方的言辞都应该予以平衡的报道，展示双方平等的发言，客观公正地进行报道与评价，避免出

---

① 李金慧：《媒介报道司法审判行为的理论思考》，《河北法学》2010 年第 2 期。

现“新闻审判”的现象。此外，媒体要坚持适度原则，在行使自身舆论监督权力的同时，要遵守法律法规和法定程序；对在庭审阶段的案件不发表任何带有倾向性的评论，以维护法律的权威。媒体舆论等机构应提高自身舆论监督的水平。不仅应该倾听吸收社会各界的声音民意，还应该增强自身的专业素养，提升自己的司法素质和法律水平，在与专家、公众的对话中尽量形成理性客观的报道议题。

参考文献

[1] 孙旭培：《传媒与司法统一于社会公正》，《国际新闻界》2003 年第 2 期。

[2] 魏永征：《新闻传播法教程》，中国人民大学出版社 2016 年版。

[3] 焦洪昌：《浅议司法腐败现象与新闻监督》，《华北电力大学学报》1999 年版。

[4] 张千帆：《宪法实施靠谁?》，《比较法研究》2014 年第 4 期。

[5] 斯皮尔伯利（英）：《媒体法》，武汉大学出版社 2004 年版。

[6] 高铭暄：《宪法权利的刑法保护》，《湘潭大学学报》2006 年 11 月。

[7] 张文祥：《双重视角下的薄熙来案庭审微博直播考察》，《新闻记者》2013 年版。

[8] 王瑞奇等：《“快播”案直播传播效果分析》，《现代传播》2016 年第 8 期。

[9] 姚广宜：《微博直播庭审中的利益冲突与调整》，《当代传播》2016 年第 1 期。

[10] 梁平等：《从舆论监督到新闻法治》，《河北法学》2012 年第 3 期。

[11] 刘俊武：《快播案庭审直播应成司法新常态》，《上海金融时报》，2016.1.12。

[12] 张千帆：《宪法》，北京大学出版社 2012 年版。

[13] 焦洪昌：《宪法学》，北京大学出版社 2013 年版。

新媒体传播呼唤“新新闻伦理”

胡 钰 陆洪磊

【摘要】 新媒体浪潮对原来的媒介格局的冲击是颠覆性的。从宏观的新闻生产到微观个体的价值混乱，这种冲击和影响已经严重动摇了传统新闻行业的根基。新闻伦理作为新闻法治的重要补集，批判传统新闻伦理“过时”的内涵，继承其仍具有效力的核心价值，阐发一个新媒体语境下的“新新闻伦理”，成为了一个重要且必要的命题。本文认为，“新新闻伦理”相较于传统新闻伦理“设天花板”的做法，更强调“设置底线”，要求新闻传播主体尊重客观事实、尊重知识产权、尊重个人隐私、尊重社会公益、尊重司法公正、尊重国家利益。基于对“新新闻伦理”的阐释，本文结合实际，提出了构建“新新闻伦理”的相应措施。

【关键词】 新新闻伦理；新闻法治；新闻生产；新媒体传播

以社交媒体、网络传播为标志的新媒体的繁荣带来新闻传播活动的大发展，不论是职业记者还是个体新闻传播者，不论是职业新闻传播还是非职业新闻传播，活跃度都大幅度提升。从工具理性的角度看，这种活跃度体现了技术进步的作用；从价值理性的角度看，这种活跃度存在行为失范的隐忧。这种媒体大变革的趋势与转型期中国的多元价值观叠加，将原先的传统媒体及其奉行的传统新闻伦理逼上了“绝路”。

媒体格局的深刻变革呼唤着一种全新的新闻伦理出现。新闻伦理作为新闻法治的重要补集，发挥着无比重要的作用。如何把握新形势下新闻伦理的内涵，推动新型新闻伦理的出现，使其适应时代的发展，已成为当代中国新闻界必须面对的紧迫的历史任务。

一、新媒体传播带给传统新闻伦理的挑战

什么是传统新闻伦理？它在时下的新媒体传播环境中面临着怎样的挑战？对此，我们可以从新闻行业、新闻媒体和新闻工作者三个角度展开，进行研究分析。

从新闻行业角度分析，传统媒体的新闻生产方式是传统新闻伦理赖以生存的根基，其主要流程是专业记者通过采访和核实后进行报道，但这种生产方式正在新媒体普及的冲击下岌岌可危。个体新闻传播者的广泛出现和新媒体的同步传播，使得传统新闻生产方式的时效性、专业性受到颠覆性冲击。由美通社发布的《2016中国记者职业生存状态与工作习惯》调查报告显示，包括即时通信工具(55.2%)、门户网站（52.5%)、社交网站（50.8%）在内的数字线上渠道已经成为记者获取新闻线索最常使用的渠道与工具，近4成（39.1%）的记者已经习惯使用手机新闻客户端获取报道信息或新闻线索。在一些重大突发事件中，前往现场的记者越来越少——“埋头手机做新闻”已经越来越成为一种常态。有新闻媒体干脆直接采用其他网络平台上用户发布的信息，将其作为信息源，产生的报道也大多无甚真实性和客观性可言。尤其是微信、微博等自媒体出现之后，新闻的生产与发布趋于扁平化和碎片化，导致新闻报道的真实性、客观性、全面性等行业伦理受到了挑战。

从新闻媒体角度分析，新闻伦理更多地体现在对新闻价值的判断和报道立场的选择中。新闻职业价值、新闻自身价值、商业价值

和社会价值，都会与新闻伦理存在冲突，进而引发新闻伦理失范（马艺，2009）。然而在新媒体传播环境中，这种多元价值体系的缠斗呈现出一种全新的态势，传统媒体与新媒体之间的职业观、价值观和方法论上的矛盾愈发凸显。更加突出的问题是，新媒介技术平台的发展令传统新闻伦理无所适用。诸如 Facebook、“今日头条”等新媒体平台自称“只是一家科技公司”，拒绝对传播的内容进行负责。这些平台的崛起，不受任何媒介行规和道德规范所约束。伴随着他们在舆论场话语权中的权重越来越大，这种不受拘束的新闻传播方式会对新闻伦理产生威胁（Michael Keller，2016）。这已经不再是新闻伦理遭到漠视或者不被执行那么简单了，而是根本找不到新闻伦理的执行主体——真正传播新闻的主体早就披上了市场和技术的外衣，“有权而无责”。

从新闻从业者个体分析，记者的行为规范是新闻伦理的具体表现，在国内，新闻伦理的主要践行者是媒体的从业人员，也就是我们常说的“新闻从业者”。因为他们拥有编制，或受所在媒体管辖，一旦发生伦理失范，例如李光耀“被去世”的时效性抢发，媒体或政府马上可以追究责任。但对于个体新闻传播者或者说自媒体，却没有一套行之有效的方法可以规范或约束他们。有学者将新闻伦理视为区分记者和非记者的边界标记（Singer，J. B. 2014），但这个边界正在随着互联网的普及而变得越来越模糊。当个体新闻传播者或自媒体所具有的朴素伦理标准进入新闻生产与传播流程时，传统的新闻伦理观念将面临解体的窘境。

从全球范围看，2016 年是新媒体力量彰显、新闻传播格局与舆论生态发生重大变革的一年。牛津字典把“后真相”（post－truth）作为 2016 年的年度词汇提出，其内涵是诉诸情感与信念的信息正在超越事实影响公众认知。在新媒体传播的环境中，传统新闻伦理岌岌可危，其不仅仅关乎新闻行为失范与否，更源于伦理建构根基动摇与否。讨论传统新闻伦理将被解构、下一步如何重建的问题日益突出。

二、“新新闻伦理”的基本理念与具体含义

在传统媒体建构的新闻伦理即将“过时”的时候，适应新媒体传播环境的“新新闻伦理”在新闻传播实践中逐步显现。这种“新新闻伦理”并不是另起炉灶，而是对传统新闻伦理的批判性继承；不仅对新闻从业者形成约束，更适用于所有个体新闻传播者。

“新新闻伦理”的理念建立在这种批判继承之上。相较于作为一种行业道德约束的传统新闻伦理，“新新闻伦理”是一种基于高等媒介素养所形成的全民范围内的“共识”或“常识”，呼唤一种新闻传播活动所“应然”的理想状态。

如果说新闻法治为新闻工作设置了底线，那么传统新闻伦理则是通过一系列行业规范和行为准则为新闻工作者设置了上限“天花板”，告诉他们“该怎么做”。然而由于个体新闻传播者是一个模糊的群体，很难利用新闻法治对这一数量庞大、构成复杂的群体进行准确和具体的规制和要求，故而在这里，新闻法治的设置下限和传统新闻伦理的设置上限一定程度上都失效了。基于这点判断，“新新闻伦理”的基本理念将不再定位于设置“天花板”，训导全民“该怎么做”，而更多的是定位于“划定底线”，以此来引导全民“不该做什么”。

本文认为，“新新闻伦理”可以从个人、社会和国家三个层面构建以下“六个尊重”：

微观的个人层面，“新新闻伦理”要求尊重客观事实、尊重知识产权；中观的社会层面，“新新闻伦理”要求尊重个人隐私、尊重社会公益；宏观的国家层面，“新新闻伦理”要求尊重司法公正、

尊重国家利益。

（一）尊重客观事实

“新新闻伦理”要求在新媒体传播中“不传谣”。新媒体中的新闻传播追求“无事不变、无报不快”，一个新闻事件出来，往往是以最快速度报道、转发、传播，而且越是反常的内容越传播得快，成为一种“病毒式传播”，甚至加上情绪化的评论，带来新媒体中的谣言满天飞。这种“快传播”行为忽视了最根本的“事实第一性、新闻第二性”的新闻本源理念，忽视了任何新闻传播都需要建构在事实的基础上，也忽视了真正的新闻传播影响力是源于真实性。在新媒体中传播新闻，每个网民都是“总编室”和“把关人”，每一次新闻传播都是对传播者自我信誉的展示，要对新闻源和事实进行判断。在基于理性判断的前提下进行传播，才能真正让自己成为有公信力的“新媒体人”。

（二）尊重知识产权

“新新闻伦理”要求在新媒体传播中“不抹名”。新媒体中的新闻传播大多内容非原创，或来自传统媒体记者采写，或来自 UGC，这种现象源于新闻采写专业性和信息源有限性的门槛，也源于许多个人或机构传播者都热衷于做平台。当前新媒体新闻传播的一个突出现象是：渠道过剩，内容不足。新闻内容作为新媒体传播中的核心资源，凝结了原创者的劳动在其中，是应该予以充分尊重的。这种尊重体现在新闻作品的署名权上，即凡转发新闻内容一定要注明作者及其代表机构名称；也体现在新闻作品的收益权上，即如果点击率带来传播平台的收益，应该与内容提供者进行分享。

（三）尊重个人隐私

“新新闻伦理”要求在新媒体传播中“不传私”。在传统媒体新闻报道中，涉及不愿透露本人身份的新闻当事人，会一律进行掩饰处理；而在新媒体中的新闻传播中，由于传播者获取视频信息更加便捷，传播后的追惩性不强，随手拍的内容发出来往往涉嫌侵犯个人隐私。要维护良好的新媒体新闻传播秩序，对个人隐私的尊重应该成为道德底线和行为共识，“己所不欲，勿施于人”，这是尊重他人，也是保护自己，更是为了共建良好的新媒体新闻传播秩序。在进行新闻生产与传播的过程中，要处理好公民隐私权和知情权的关系，将个人隐私放在优先位置，不可为一时轰动损害他人的合法权利。

（四）尊重社会公益

“新新闻伦理”要求在新媒体传播中“不害群”。新闻既是公共品，也是商品。前者体现在新闻的社会服务功能上，后者体现在新闻的市场信息价值上。在传统媒体中，新闻的公共品属性很强，新闻媒体的商业价值是通过媒体影响力来体现的。而在新媒体的新闻传播中，新闻的商品属性被放大，一旦忽视了新闻的公共品属性，只强调经济效益，就会出现低俗新闻、“有偿新闻”“有偿不闻”，导致新闻传播的社会效益受损。从新闻传播的社会职能上看，新媒体一样要坚守社会效益优先的原则，将经济效益与社会效益有机结合在一起。这既是遵守新闻业基本原则的要求，也是建设更具公信力新媒体的要求。

（五）尊重司法公正

“新新闻伦理”要求在新媒体传播中“不越位”。新媒体中的新闻传播彰显了个体的声音，形成扁平化的传播体系，这种声音和传播体系在对许多涉及司法的社会事件进行评述时，会形成强大的舆论力量，造成“未审先判”“舆论审判”。在公检法尚未给当事人确定相关事实和量刑时，新媒体中的新闻讨论已经给予定性和定案，这对整个社会的司法公正会带来负面影响。新媒体中的新闻传播者在涉及司法内容时，可以充分关注，但要避免成为道德法官，应坚持“讲事实、慎定论”的原则，这是对司法体系的尊重和维护，也是理性传播与成熟传播的重要标志。

（六）尊重国家利益

“新新闻伦理”要求在新媒体传播中做到“不害国”。当今世界的新媒体舞台上，支持中国的正面声音在传播，诋毁中国的负面声音也不时出现。这种负面声音中，不乏恶意的丑化中国形象的谣言制造者。对此类新闻，新媒体中的传播者要有清醒的辨别力和牢固的思想定力，坚决不传播。国家利益不是抽象的，在新媒体的新闻传播中，具体表现在鲜明的国家立场上，表现在自觉维护国家尊严的行动上。

“六个尊重”，继承了传统媒体时代新闻伦理的核心价值，同时结合了新媒体时代“全民新闻”的特点。在全民新闻时代，硬性行业约束发挥作用有限，更有效果的是基于道德自觉的“软性约束”，让“新新闻伦理”的核心内涵内化为一种价值观，渗透到所有个体新闻传播者的行为中去。

三、“新新闻伦理”的传播与形成

诚然，要形成这种“新新闻伦理”，需要依靠长期的媒介素养训练和社会环境熏陶。我们要科学地介入伦理形成的不同阶段（王卉，2009)，从个体、社会和国家三个层面进行不同叙事主体的综合讨论，来对“新新闻伦理”的构建提出建议。

（一）加强相关理论研究，形成伦理文化

要形成新媒体传播环境中的“新新闻伦理”，首要的任务是从理论上予以清晰阐释。当前对新媒体的研究，更重视从技术、产业的视角入手，以阐释其传播规律与重大影响为重点，让社会适应新媒体时代的变化进行调整，但对新媒体的社会与文化视角、新媒体传播行为的规范、新媒体传播效果的评价还关注不够。

加强新闻伦理研究。高校以及各类研究机构深入研究其传播规律，提出完整、系统的伦理理论体系。基于传统媒体新闻传播的新闻伦理已经遇到了严峻挑战，在2016年美国大选结束后，哈佛尼曼新闻实验室总监在一篇文章中即谈道：“如今的媒体生态，每一天都在让裂痕进一步扩大。主流的媒体形态日渐衰落；个性化的社交信息流在茁壮成长，在这里独创的信息流在迅速传播；而空心化的媒体产业正在远离社交人群，正如膨胀的宇宙中，不同的星系正在彼此远离那样。”（Joshua Benton，2016）对于这种新的传播格局及其影响，政府要密切关注，设置相关课题，引导相关研究。

酝酿伦理文化。“新新闻伦理”主体不仅是新闻从业者，更是数量急剧膨胀中的个体新闻传播者。以网络空间社区为依托，以新媒体传播特征为对象，以个体新闻传播者为主体，形成明确的伦理主体和伦理意识。个体新闻传播者是传统新闻伦理的“掘墓人”，他们的出现一方面加剧了传统新闻伦理的解体，另一方面也成为“新新闻伦理”产生的土壤。网络空间的意见领袖（opinion leadership）的建设尤为重要。意见领袖凭借其专业知识、思想高度和跨越群体的优势，对他的追随者产生显著的影响（胡泳，2012）。以意见领袖为先驱，驱动“新新闻伦理”文化逐渐形成，不断影响处

于这种文化内部和边缘的行为，形成良性循环，“新新闻伦理”就得以普及开来。

（二）加强行业组织建设，形成伦理约束

“新新闻伦理”的核心不再是自上而下的规制，而是由下而上的自律，这就需要相应的行业共同体组织建设和行为共识建设来保证这一自我约束的实现。

建立行业共同体组织。这类社会组织需要综合考虑当下的媒介格局，延展覆盖的群体范围，同时具备代表性和影响力。例如中国记协成立了新闻道德委员会，但目前面对的主要是职业新闻人的群体，还需要对非职业新闻人的群体也建立相应的组织，形成基于网络空间的行为共同体。这类组织的覆盖面要大，真正覆盖到新媒体的各个群体，也要在新媒体业内真正有代表性、广泛性和影响力，能够调动政界、学界、业界与社会公众的积极性共同参与。

建立舆论约束体系。一套完整的新闻伦理的建构，离不开一个良好的约束体系。政府要鼓励和引导学界、业界、社会公众等各类多元化社会系统，对新闻传播进行积极的、主动的舆论评议，久而久之营造一个良好的舆论氛围，进而对网络空间信息的发布者和传播者形成软性的社会监督和责任管理。这虽然无法做到对个体的硬性责任追究，但可以营造出一个良好的具有道德约束能力的舆论场域，很大程度上可以抑制伦理失范。

（三）加强个体素养培养，形成伦理能力

在网络空间的伦理行为引导，不仅需要外部引导与约束，更需要的是能力建设。让更多的网络传播者明白行为边界，提升新新闻伦理能力。

加强新闻伦理教育，延长教育链条。从中小学到高校，形成完

整的媒介教育链条。“只有当受众对于自己的需要有高度成熟和全面的认知，个人化新闻较当今编辑制度的优越性才会得到体现。”（阿兰·德波顿，2015）儿童和青少年是接受新技术影响最深刻的一个人群，也是最容易接受新闻伦理观的年龄阶段。在中小学义务教育阶段中，建立媒介教育的相应课程理论体系，是目前缺失，但却十分重要。在高校的新闻人才培养中，要加大新闻伦理课程的设置，注重新闻人才伦理能力的培养。

建设新媒体中的新闻伦理讨论平台。充分发挥新媒体的传播效力，发动各方面网络意见领袖和学界、业界代表人物共同发声讨论网络空间的新闻伦理问题，积极建设微博、微信与客户端中的新闻伦理传播平台，构建起浓郁的“网络空间行为共同体”的意识，就会迅速在新媒体中形成强大而持续的自我引导力量，提升网络空间个体新闻传播者的伦理能力。

结　语

“现代社交媒体使任何人都能轻而易举地迅速与他人分享信息，因此使普通人获得了集体议程设置的力量，而这种力量过去只掌握在大出版公司和广播公司手中。确定这一新的媒体环境的影响及其长期的后果是人类目前集体进行的一场巨大实验。”（汤姆·斯丹迪奇，2015）这一实验中的重要内容是新的新闻伦理的形成。

“新新闻伦理”对传统新闻伦理的批判性继承需要日积月累，但也有可能利用一些重要契机在短时间内迅速推进。当一种符合新媒体传播环境的健康而有效的“新新闻伦理”成功构建起来，它将与新闻法治相配合，有效地规范全民的新闻传播行为，引导新兴新闻舆论场，形成融媒体新闻业的规范，成为推动社会稳定与进步的重要力量。

参考文献

[1] 马艺 张培：《多重价值的融合与冲突——新闻伦理道德失范原因的深层阐释》[J].《新闻与传播研究》2009年第2期。

[2] Michael Keller: How 'Platforms as Publishers' Could Threaten Journalistic Ethics. Editor & Publisher [J]. 2016, vol. 149 (9), p. 58.

[3] Michael Keller: How 'Platforms as Publishers' Could Threaten Journalistic Ethics. Editor & Publisher [J]. 2016, vol. 149 (9), p. 58.

[4] Jane B. Singer: Getting Past the Future: Journalism Ethics, Innovation, and a Call for 'Flexible First' [J]. Comunica o & Sociedade, 2014, Vol. 25, pp. 67—82—82.

[5] 王卉：《中国新闻传媒伦理失范成因与对策》[J].《西南民族大学学报（人文社科版）》2009年第11期.

[6] Joshua Benton（丁阳，奚应红译）：《让媒体惨败的力量可能会变得更加可怕》[OL]. http://pit.ifeng.com/a/20161111/50240701_0.shtml., 2016年11月11日.

[7] 胡泳：《我们需要什么样的网络意见领袖?》[J].《新闻记者》2012年第9期.

[8] Alain de Botton（丁维译）：《新闻的骚动》[M]. 上海译文出版社2015年版.

[9] Tom Standage（林华译）：《从莎草纸到互联网：社交媒体2000年》[M]. 中信出版社2015年版.

自媒体时代肖像权保护与舆情规制

胡晓涵

【摘要】 自媒体行业的蓬勃发展，带动了短视频、直播、公众平台等领域的爆发式增长。当前自媒体行业提供了普通民众互联网活动的主要内容。然而，科技的飞跃凸显了立法的滞后性，我国自媒体行业肖像权保护上述空缺状态，无人监管、保护意识不足，导致消极的网络舆情产生。在此背景下，大量擅自使用他人肖像的行为屡禁不止。我国亟须完善立法保护公民肖像权，务必采取措施，引导网络舆论导向，营造积极健康的网络风气。

【关键词】 自媒体；肖像权保护；网络舆情

随着互联网的普及使用，网络即时通讯软件、社交媒体平台取代了原有的短信与通话的联络方式，成为当下人们日常生活中不可或缺的组成部分。同时，大量手机软件的产生，使得图片编辑更加便捷化，简化了普通用户编辑、修改和创作图片的程序。青少年群体逐渐成为互联网用户的主力军，改变了线上聊天的沟通模式，“表情包”成为聊天必备的“构成要件”。微信、微博和哔哩哔哩等自媒体平台的推广普及，成为“追星女孩”的聚集地，对偶像的喜爱激发了窥探其隐私的好奇心，大量公众人物的隐私被媒体偷拍、曝光，大量照片在自媒体平台传播。民众普遍缺乏个人肖像权保护的意识，互联网平台上大量使用他人肖像，造成了社会整体轻视肖像权保护的消极氛围。本文旨在探究，自媒体用户不以营利为目的，使用并传播他人肖像，是否构成侵犯他人肖像权；自媒体平台是否有义务监管在平台发布传播的图片；国家应采取何种措施督导肖像权保护的网络舆情。

一、问题的提出

中国互联网信息中心（CNNIC）2019年颁布的《中国互联网络发展状况统计报告》显示：截至2019年6月，我国即时通信类应用用户规模达到8亿2470万人，网民使用率高达96.5%；网络视频应用用户约为7亿5877万人，使用率为88.8%；网络直播类用户群体已达到4亿3322万人，网民使用率为50.7%。2018年中国新媒体峰会上颁布了《2018年自媒体行业白皮书》，据统计，截至2017年我国新媒体运营行业从业人数突破300万人，自媒体行业获得投资机构超过50亿元的投资，微博头部自媒体账号平均阅读量超过2.3亿次。自媒体行业增长势头迅猛，成为互联网领域的主力军。自媒体软件的大规模普及适用，加快了信息的获取与传播，但由于立法的滞后性，在互联网领域人格权益，尤其是肖像权，并未得到充分的保护。

（一）人物肖像表情包使用

即时通信软件发展之初，聊天表情主要由软件官方设计提供，一般以动画形象为主。然而目前，表情包的适用早已超出了官方提供的范畴。表情包类型也日益多元化，由单一的动画形象衍生至明星图片、影视作品截图甚至普通公民的影像素材。《中国青年网民网络行为报告（2016—2017）》显示，聊天时使用表情符号，已经是青年网民们必不可少的输入习惯，使用次数最多的表情，总计高达75亿多次。在自媒体平台、微信公众号文章中，为增加内容趣味性、吸引读者注意博得眼球，作者常常在其内容中添加、使用表情包或趣味性图片。

大量包含人物肖像的图片被制作成表情包使用，明星图片或影视作品截图成为常用素材。葛优在电视剧作品中的片段截图，被制作成著名的“葛优躺”表情包，傅园慧在采访中展现的“洪荒之力”也在自媒体平台掀起了一阵流行的风潮，除此之外张学友、周杰、姚明等明星的图片也常常被加上台词，制作成聊天中频繁使用的表情包。制作表情包并没有身份资格限制，任何人都可以随意创作，但是如果设计使用他人带肖像的图片，虽然不以营利为目的，但也应当考虑该行为是否侵犯了肖像权人的合法权益。周杰曾借助媒体公开表达过对“尔康表情包”（以其形象为素材）的方案，认为其是一种不尊重、失身份、失尊重的行为，是一种丑恶的内心表现与低级趣味。个人擅自改动原台词并重配文字，曲解原本的意思表达，甚至是丑化他人形象。如果肖像权人因其表情包深感冒犯，其肖像权与名誉权应当受到法律保护。

（二）恶意图片创作

制作、使用趣味表情包是以娱乐为目的，但互联网上恶意涂鸦、编辑他人肖像图片以达到侮辱、丑化他人目的的现象屡见不鲜。以韩国臭名昭著的ilbe论坛为例，该网站拥有三百万用户，用户可以擅自在论坛内发布羞辱、丑化他人形象的图片与言论。今年十月，韩国女星崔雪莉自杀身亡，在中韩网友纷纷哀悼雪莉时，在该论坛上大量网友发布恶搞性质的崔雪莉图片，并配以戏谑的嘲讽和辱骂。在雪莉去世后，该论坛共出现了11095条相关帖子，其中发布了大量的恶搞性图片，对已逝之人持续羞辱。ilbe网站聚集了大量韩国极右翼分子，嘲讽韩国前总统卢武铉是该论坛的一贯传统。在卢武铉自杀身亡后，用户发布了大量的编辑修改的羞辱性突变，作为嘲讽的表达方式，借以歪曲、丑化卢武铉人格形象。整个论坛处于无人监管、“自由创作”的状态。

恶搞他人肖像图片也成为互联网上诋毁、侮辱他人的方式之一。“饭圈”是粉丝群体圈子的简称①，各个“饭圈”群体常因为各种纷争互相指责，为了维护自己的偶像，“饭圈”创造出了多种诋毁他人的争执方式，制作他人“遗照”便是其中之一。将他人照片调至黑白色调，并添加具有鲜明象征意义的素材，或在图片上增加“祭”等文字。这种常人难以理解的诋毁行为，虽然在现实中无关痛痒，但实质上已经侵犯了当事人的肖像权益。

(三)“鬼畜”视频制作

2017年作为我国“短视频”行业的发展元年，在“人人都可成为创作者”这一观念的指导下，大量自媒体运营者涌向视频制作、直播市场。《2018年自媒体行业白皮书》显示，2017年短视频独立软件行业用户已突破4.1亿人，直播用户规模达到3.29亿。其中，“鬼畜”视频成为侵犯个人肖像权的重灾区。鬼畜视频，通过重复剪辑、音画渲染等手段，来实现洗脑或者讽刺幽默的喜剧效果。鬼畜视频中大量重复地使用他人肖像，并进行后期加工处理，任何人都可能成为鬼畜视频的创作素材。著名的视频自媒体平台哔哩哔哩甚至推出了“鬼畜”专区，大量鬼畜视频被上传、下载，成为网络文化的重要表现形式。当前，我国立法中尚未涉及对鬼畜视频制作传播的规定，该领域仍处于法律的灰色地带，缺乏明确管控。

---

① “饭圈”百度百科，https://baike.baidu.com/item/饭圈/8627336?fr=aladdin，2019年12月16日最后访问。

借势于互联网的发展，侵权内容传播速度更快、传播范围更广，上述行为对肖像权人造成的影响被无限扩大，对肖像权人的损害也随之增加。科技发展日新月异，我国立法对人格权益的保护也需及时跟进，顺应当前社会发展的具体情形。互联网带来的追责困难性、多数人侵权认定困难、平带监管漏洞及法律责任等问题，都亟须我国立法者完善解决。

二、肖像权保护的缺陷及消极舆情

（一）以营利为目的的缺陷

笔者认为，在我国现行立法背景之下，着实难以认定互联网用户的侵权责任。结合前文对我国《民法通则》第一百条规定的分析，即使互联网用户出于恶意对他人肖像进行恶意篡改、污损并在社交媒体等网络平台上发布，因行为人未能从其行为中直接获取商业利益，未能符合法定的违法情形，也无法对互联网用户追究侵权责任。

并且随着互联网技术和自媒体平台的发展，行为人可以借助自媒体平台的特性，间接地从其行为中取得经济利益，同时行为人可作出“不以营利为目的”的抗辩。以微博、哔哩哔哩自媒体平台为例，创作者发布内容，其他用户访问、关注或者点赞打赏，自媒体平台以以上数据为基础，会对创作者给予返现酬劳。一条浏览量较高的创作内容，能为创作者带来更多的关注粉丝，更高的阅读量在互联网算法的影响下会提高创作者的排名，创作者之后的作品更有可能得到平台的推广。一般情况下，创作者想要提高在平台的计算排名或关注度，需要投入更多的资金竞价、购买广告推广或购买粉丝。一条高阅读量的内容可以为创作者带来万元以上的收入，一次广告竞价或推广也会耗费万元以上的投入。自媒体在经历爆发式的增长之后，内容发布者之间的竞争更为激烈，各个创作者竞争手段更是层出不穷。为博人眼球、吸引关注，创作者不惜使用夸张的标题、造谣虚假内容或者发布恶意或偷拍的图片。在互联网背景下，创作者“不以营利为目的”地发布带有他人肖像的影像资料，能够间接地为创作者带来经济利益，却又难以受到法律的追责。

社会科技的发展与网络的普及应用，使得肖像利用的方式更加多元化，营利的渠道也不再是单一的广告、实体商品，间接的获利方式加大了对行为人主观意图的取证难度，也使得侵犯肖像权的认定更为艰难。现行立法已经难以满足对肖像权保护的需求。

（二）互联网消极舆情的影响

网络舆情信息通说是指网民借助互联网，对社会公共事务，特别是社会热点焦点问题所表现出的有一定影响力、带倾向性的意见或言论。[①] 网络平台上，舆情主体以普通互联网用户为主；舆情空间是指供网络舆情活动和演化的场所。[②] 网络空间提供的整体环境，对网络舆情的发展产生重大影响。自媒体作为内容的提供者，是互联网用户访问浏览的主要对象。当下，自媒体经营者为谋求商业利益，轻视对公民肖像权的保护，随意创作发布带有公民肖像的图像与视频作品，影响了互联网用户对肖像权保护的正确认知。自媒体滥用个人肖像，使得普通用户在缺乏相关专业知识的情况下，产生滥用行为“合理合法”的主观印象，因而在个人生活中，降低对个人及他人肖像权保护的意识和警惕性。

---

① 中共中央宣传部舆情信息局，天津社会科学院舆情研究所．舆情信息汇集分析机理研究［M］．天津：学习出版社，第15—39页。

② 黄微，李瑞，孟佳林：《大数据环境下多媒体网络舆情传播要素及运行机理研究》，《国际情报工作》2015年第21期，第38页。

舆论的消极导向以及民众保护意识的缺位，导致恶意丑化、污损他人肖像、编辑传播他人肖像作为“表情包”和“鬼畜视频”的现象愈发严重。任意侵犯他人肖像权的舆论导向和网络风气，不利于我国公民个人权益的保护，对我国弘扬健康向上的社会风气产生消极作用。

三、立法保护与舆情规制

（一）肖像权保护条款

肖像权是一项重要的人格权。《中华人民共和国宪法》第三十八条规定：中华人民共和国公民的人格尊严不受侵犯。禁止用任何方式对公民进行侮辱、诽谤和诬告陷害。《民法总则》第一百一十条规定：自然人享有生命权、身体权、健康权、姓名权、肖像权、名誉权、荣誉权、隐私权、婚姻自主权等权利。《民法通则》第一百条规定：公民享有肖像权，未经本人同意，不得以营利为目的使用公民肖像。

其他下位法中也分散着相关立法规定。《侵权责任法》第二条将肖像权涵盖在该法保护范围之内。《妇女权益保障法》第四十二条进一步规定：妇女的名誉权、荣誉权、隐私权、肖像权等人格权受法律保护。禁止用侮辱、诽谤等方式损害妇女人格尊严。禁止通过大众传播媒介或者其他方式贬低损害妇女人格。未经本人同意，不得以营利为目的，通过广告、商标、展览橱窗、报纸、期刊、图书、音像制品、电子出版物、网络等形式使用妇女肖像。《广告法》第二十五条同样制定了相关立法。

最高人民法院在《最高人民法院关于确定民事侵权谨慎损害赔偿责任若干问题的解释》中同样确认了公民人格权的重要地位。第一条第二款规定，自然人因肖像权遭受非法侵害，向人民法院起诉请求赔偿精神损害时，人民法院应当受理。第三条第一款着重强调了对死者肖像权的保护。通过立法与司法的结合，我国对肖像权的保护正在逐步地完善。

（二）以营利为目的

在肖像侵权案件中，最具困扰性的问题不是过错、损害或因果关系，而是对加害行为是否构成侵权的认定问题。《中华人民共和国民法通则》第一百条规定“公民享有肖像权，未经本人同意，不得以营利为目的使用公民的肖像”。1990 年最高人民法院关于贯彻执行《民法通则》若干问题的意见（修改稿）第 158 条规定：“以营利为目的，未经公民同意利用其肖像做广告、商标、装饰橱窗等，应当认定为侵犯公民肖像权。”根据对上述条文的解释，认定某一行为侵犯他人肖像权，侵权人必须“以营利为目的”。有学者将“商业利用”总结为如下情形：（1）以他人的肖像直接做商品广告；（2）以他人的肖像直接作为商品；（3）以他人的肖像做书籍的装潢、封面；（4）将他人的肖像用于展览橱窗或其他营利性质的陈列；（5）将他人的肖像用于商品或服务的商标或者标记等。[①]

在侵权法学界，对于“以营利为目的”是否为必要构成要件的说法不一，现如今有较多学者对此采取消极的反对态度。[②] 同时，有学者指出，该立法在认定具体侵权行为的过程中存在理论与现实脱节的问题。有学者收集了 108 例肖像权侵权纠纷案例，并从中选取了较具典型意义的 24 例作为分析样本，其中，判决书将“以营利为目的”作为认定肖像权侵权责任构成要件的有 12 例，明确表

① 李林启：《人格权商业利用浅析》，《中国经贸导刊》2010 年第 14 期。
② 杨立新、尹艳：《侵害肖像权及其民事责任》，《法学研究》1998 年第 1 期。

示是否具有营利目的不影响肖像权侵权责任认定的案件有 9 例，而以其他原因认为不构成侵犯肖像权的案例有 3 例。[①]

上述现象明确展现了我国民法关于肖像权保护立法的缺陷。首先，立法和法律实践严重脱节，存在严重的不相符合情况。根据法律文本，“以营利为目的”确是侵犯他人肖像权的构成要件，在未经公民同意的情况下，擅自将他人照片用于从事营利活动才构成侵犯他人肖像权。在 2006 年李海峰案、2005 年莫少聪案、2003 年缪燕案、2002 年蓝天野案等中，法院均认定“以营利为目的”是侵犯肖像权的前提。在蓝天野案中，法院判定“被告天伦王朝饭店使用涉案剧照只是营造一个艺术氛围，并不是做广告。被告使用剧照从摆放、搁置位置及门楣灯箱上无任何文字、展示架上的文字仅是剧照《茶馆》的注释看，并非广告性质，其行为不具有直接的营利目的。基于此，被告的行为不做侵犯肖像权认定”。然而，在 2005 年北京市第一中级人民法院裁决的“刘翔案”中，法院裁定：“肖像属于权利人可依个人意志而自由决定支配的私人领域，一切违背肖像权人意志而利用其肖像的行为，都可能被视为侵权。”此时，侵权人主观上的“营利目的”不在考虑范围之内。

其次，笔者认为设定“以营利为目的”的前置条件不具合理性。“目的”是指侵权人的主观动机，是侵权人行为的主观因素。侵权人只要实施了侵权行为，其主观动机，并不应该在构成侵权行为认定的考虑范畴。不以营利为目的的情况下也有可能对他人的肖像权造成损害，例如恶意丑化、污损他人肖像并传播，未经他人同意随意陈列、复制他人肖像。即使行为人为从中取得实际经济利益，也对肖像权人造成了损害，有违肖像权保护的立法目的。王泽

① 张红：《“以营利为目的”与肖像权侵权责任认定》，《比较法研究》2012 年第 3 期，第 64 页。

鉴先生认为“构成侵权责任的行为必须以肖像权受到不法侵害为要件，而此侵害行为则主要有三种情形，肖像的做成、肖像的公开和以营利为目的使用他人肖像”。[①] 由此可见，以商业为目的的利用他人肖像仅仅是侵权的表现形式之一而非构成要件。有学者也认为，“以营利为目的”的准确定位应当是作为损害赔偿金额确定的一个因素，通过侵权人获得的非法所得来确定具体的侵权赔偿数额。[②]

基于上述两方面的考虑，在立法中将“以营利为目的”作为侵权的构成要件是违背肖像权保护目的的，限制了肖像权受合法保护的范围，不利于维护肖像权人的合法权益。同时，立法上的缺陷也导致了法律适用中的矛盾，在不同的案例中出现了相反的法律意见。上述因素，使得进一步认定互联网肖像权侵权时更为困难。

(三)《民法典》草案四审稿

2019 年 12 月 19 日颁布了我国《民法典》草案四审稿，《民法典》在原有的《民法总则》《民法通则》的基础上，有重大的立法突破。我国《民法典》草案中，特设第四编人格权编，着重保护人格权利，弥补缺位已久的法律空白。《民法典》草案人格权编第四章，已经删去了《民法通则》第一百条的条款，规定了更为全面广泛的肖像权保护。

《民法典》四审稿第一千零一十九条规定：“任何组织或个人不得以丑化、污损或者利用信息技术手段伪造等方式侵害他人的肖像权。未经肖像权人同意，不得制作、使用、公开肖像权人的肖像，法律另有规定的除外。”草案删去了“以营利为目的”的概括性描

① 王泽鉴：《人格权保护的课题与展望（三）——人格权的具体化及保护范围》，《台湾本土法学》2006 年第 87 期。

② 杨立新：《人格权法》，中国法制出版社 2005 年版，第 222 页。

述，取而代之的是“未经肖像权人同意，肖像作品权利人不得以发表、复制、发行、出租、展览等方式使用或者公开肖像权人的肖像”。第一千零二十一条进一步规定：“当事人对肖像许可合同有争议的，应当作出有利于肖像权人的解释。”

《民法典》四审稿解决了现行立法中主要的争议问题，对侵犯肖像权的情形进行了扩充，囊括了丑化、污损或利用信息技术伪造等情形。反映了目前立法草案对现实社会问题的切合性。如果《民法典》草案顺利通过实施，侵害肖像权的情形拓宽，前文所述的互联网上用户行为是否构成侵权？互联网上侵权行为结合新法又该如何认定？

（四）对自媒体经营者追责

如果《民法典》草案顺利通过，且基本保持现有的立法内容，肖像权能够得到进一步的有效保护。根据草案第一千零一十九条的规定，任何组织或个人不得以丑化、污损或者利用信息技术手段伪造等方式侵害他人的肖像权。结合前文所述当下互联网他人肖像使用现状，自媒体运营者恶意丑化、修改他人肖像以达到侮辱目的的；或未经他人同意将其肖像用于制作聊天表情图片，甚至从中获利的，都属于侵犯他人肖像权行为。在确定侵权赔偿数额时，还应当考虑互联网平台的扩散效应，传播范围远比其他方式更为广泛迅速，被侵权人将会受到更严重的损害。

自媒体运营者的侵权行为只是单一的侵权行为，利用互联网技术能够有效地追踪到图片或视频资料的最初创作者。自媒体平台也应当配合检察机关的调查、取证，通过比较发布时间、发布途径等方式，追踪溯源，追查侵权作品的第一发布者。

（五）对传播者侵权追责

在互联网上，故意或非故意地传播侵害他人肖像权内容的行为人，是否也应当承担侵权责任？在大量传播者存在的情况下，是否构成多数人侵权？

虽然目前我国立法中没有规定传播者是否违法，但笔者以为，互联网上故意传播侵害他人肖像权内容的行为人也应当承担侵权责任。内容创作者与传播者共同侵权，构成多数人侵权的情形。故意传播侵权内容者，他们侵害他人肖像权的手段与创作者相同，其行为意图与创作者无异。传播者的每一次转发、转载，都成倍地扩大了侵权内容的传播范围，对被侵权人造成难以估量的损害。仅仅处罚创作者，难以对潜在的恶意传播者造成威慑效力，无利于对肖像权人的保护。尊重立法保护公民肖像权的根本目的，恶意传播者应当受到法律制裁。在责任认定时，创作者与传播者承担连带责任，共同承担对受害人的赔偿责任。

相同的立法思想可参照《中华人民共和国刑法》第二百九十一条："明知是编造的恐怖信息而故意传播，严重扰乱社会秩序，处五年以下有期徒刑"，"编造虚假的险情、疫情、灾情、警情，在信息网络或者其他媒体上传播，或明知上述是虚假信息，故意在信息网络或其他媒体上传播，严重扰乱社会秩序的，处三年以下有期徒刑、拘役或管制"。我国《刑法》明确规定了对虚假信息恶意传播者的处罚。虽然，故意传播侵权内容尚未达到"严重扰乱社会秩序"的程度，但肖像权人有权期待受到更严格的保护。类比我国《刑法》中的立法思想和法益保护目的，明知该内容侵犯他人肖像权而故意在互联网及媒体平台上传播的，应当承担侵权责任，赔偿损害后果。

（六）自媒体平台的监管责任

《侵权责任法》第三十六条规定网络侵权责任，“网络用户利用网络服务实施侵权行为的，被侵权人有权通知网络服务提供者采取删除、屏蔽、断开链接等必要措施。网络服务提供者接到通知后未及时采取必要措施的，对损害的扩大部分与该互联网用户承担连带责任”；“网络服务提供者知道网络用户利用网络服务侵害他人民事权益，未采取必要措施的，与该网络用户承担连带责任”。由此，网络服务提供者仅仅有在知情后第一时间删除相关内容的义务，但不具有主动监督的责任。

诚然，互联网企业提供的网络媒介平台性质属于自媒体，网络用户在网络媒介平台上发布信息并不需要网络平台进行实质性审查，同时互联网数据体量庞大，数据信息鱼龙混杂，监管难度大，要求互联网平台主动监督所有发布的信息不具有可操作性。至此，只能呼吁网络服务提供者尽可能地履行监督责任，对其安全内容及时采取措施，构建一个合法有序的交流平台。自媒体平台还可以在其网站上设置提醒标示，在用户发布内容前提醒用户侵犯他人权益的风险，审慎地自由表达。

（七）追责困难

因互联网平台的特殊性加剧了侵权责任人的认定难度。对于侵权内容的创作者，尚且可以借助网络技术追踪发布者，但由于传播者数量庞大、发布速度快、难以认定传播者主观要件等因素，致使对传播者追责愈发困难。即使确定了传播者，也难以估量对被侵权人造成的损害程度，难以衡量确切的赔偿数额。

现如今公众对个人肖像权保护的意识不足，一般不会诉诸法律维护权利。在中国法律裁判文书网上检索互联网侵犯肖像权案件，笔者估计接近80%的案例都与公众人物相关，且案情主要是盗用公众人物肖像用于广告或产品经营。普通民众不会有较强的肖像权保护意识，也并不期待诉诸法律后能够等到大额赔偿，因此肖像权侵权总是草草了事。互联网侵权的特殊性加剧了普通民众的取证困难，由此互联网也成为公民肖像权保护显著薄弱的领域。

在修改立法的同时，国家还应该加强对个人权利保护的普法教育，鼓励公民积极主动地保护个人基本权利。同时，也明确告知公民侵犯他人权利的风险，约束自身，在互联网发表任何内容时都心怀警惕，不制作或传播侵犯他人权利的内容。言论自由、表达自由绝不是恶意中伤、羞辱的保护伞，公民的一言一行都应该严格地恪守在法律允许范围内。

结　语

自媒体时代，保护公民肖像权仍要依靠相关法律制度的完善升级。《民法典》草案响应了侵权法学界的呼声，专设人格权编，保护公民人格权，是我国民法修订历史上的重大突破，回归了立法本意。此举，为公民的基本人格权制定了更为严密的保护，反映出我国立法者对公民人格权的尊重与重视。草案在肖像权保护一章，修改了原有的争议性表述，拓宽了公民肖像权的保护范围，契合时代发展的需要，融合了信息技术等新的侵权情形。草案通过后，《民法典》将成为保护公民权利更为有利的依据。

以法律为基础和依据，自媒体平台应主动肩负责任，整治自媒体平台乱象，规制网络舆情，营造积极进步的良好风气，打造健康有益的互联网生态空间。同时，国家推进立法的贯彻落实，加强公民保护人格权的法律意识；网络服务提供者，积极履行责任，加强对侵权行为的自我监察，力求降低侵权行为造成的损害；自媒体运营者务必提高自觉意识，审慎行为，不参与任何侵权活动，由此才能从根本杜绝侵权行为的发生。

自媒体时代的肖像权侵权行为，是时代科技发展的新产物，我国的法律和行政管理体制尚不能及时满足需求。但是，总体而言，我国对于公民人格权的保护日渐完善，呈现积极的发展趋势，在日后会得到更为有力的保障。

全媒体时代谣言信任度影响因素及辟谣效果研究

黄瑜娜

【摘要】 谣言的产生与传播会影响社会系统的稳定运行，全媒体时代下媒介生态环境变得更为复杂多样，对谣言的控制愈发具有挑战性。本文基于2017年中国国家数据库（CNSDA）的调查数据，对影响谣言信任度的因素进行研究。结果发现，在谣言类型方面，民众较容易相信国际局势类谣言；在媒介使用方面，民众的媒介使用习惯不会影响谣言信任度，但是会影响谣言接触频率；在个人因素方面，教育程度会显著影响谣言信任度，但城乡差异的影响则不显著；在辟谣效果方面，官方媒体在辟谣政府形象类谣言上容易出现“逆火效应”，而权威专家辟谣则更有效。笔者对研究发现进行分析，从而有针对性地提出应对谣言的对策及方法，试图为全媒体时代下良好信息环境的建设建言献策。

【关键词】 全媒体时代；谣言信任度；辟谣效果

一、研究背景

互联网的飞速发展正在重塑整个传媒生态环境，媒介内容和形式不断融合变化。尤其是自习近平总书记提出“四全媒体”这一概念之后，传媒产业得到了前所未有的发展。在全媒体时代下，新旧媒体之间的界限逐渐模糊，信息传播方式实现了根本性的改变，信息流通速度也得到了质的飞跃。在这样一个全面融合的媒介环境之中，谣言作为信息传播过程中诞生的一种特殊言论，其传播规律相较于传统媒体时代开始呈现出一定的变化，不断发展的媒介形态对谣言的扩散和辟谣信息的接受带来了全新的实践性挑战。

从古至今，谣言的产生与传播大多来源于社会网络和媒介传播的复杂互动，谣言带来的影响与后果会危及社会系统的安全性与稳定性。因此，众多领域的研究学者试图从信源、传播媒介、谣言内容或是受众群体等不同层面探究谣言产生的原因以及谣言传播的规律。目前而言，已经有不少学者对谣言传播效果以及辟谣方法进行了研究，但是由于全媒体时代下媒介形式发生了较大的变化，针对谣言信任度的影响因素以及辟谣效果的研究无论从研究数量还是研究深度上看都相对不足。以往的研究多局限于单一影响因素与谣言信任度的关系，大多从受众角度出发分析谣言传播心理，对媒介依赖与谣言信任度的研究涉及较少。除此之外，也少有研究者从不同辟谣主体的视角出发研究辟谣效果。本文试图从谣言类型、媒介使用与依赖、个人因素以及不同辟谣主体出发，全方位研究影响谣言信任度的各个因素，并且通过分析不同辟谣主体对辟谣效果的影响，有针对性地提出全媒体时代下有效管理和控制谣言的对策和建议。

二、文献综述

（一）谣言的定义与特征

Postman（1946）提出谣言是凭空捏造出来的并且没有事实根据的传言，通常在人们进行人际沟通时产生，并通过一定的媒介机制进行广泛的流传。Fisher（1998）认为谣言与新闻相区别的特征在于新闻是可以得到证实的，而谣言则没有特定的依据。Bordia（2004）认为谣言和传言的区别在于，谣言的内容通常涉及一些关乎群体利益的重要话题，而传言则通常是无关紧要的闲言碎语。以往的研究者认为谣言产生的原因大致有以下几点：Allport（1947）提出事件的重要性和事件的模糊性会影响谣言的产生，并且谣言在传播的过程中会发生畸变现象；Difonzo（2004）认为个体对相关信息的匮乏是滋生谣言的关键因素；Rosnow（1988）则认为谣言诞生于人们恐惧或焦虑的情绪之中，尤其是灾难之后的谣言传播很明显就符合了这一特征；胡钰（2000）提出事件本身的反常性会加剧谣言诞生的可能性，也就是那些不符合人们心理预期的信息很容易发展成为谣言。

（二）影响谣言信任度的因素

影响受众对谣言信任度的因素来自很多方面，Peterson（1951）认为传播环境因素会影响受众对谣言的信任程度；Shibutani（1966）发现社会弱势群体相较于其他群体更容易相信谣言；随着互联网的发展，新媒体的诞生与普及扩宽了谣言传播的渠道。俞旻骁（2008）提出网络传播的匿名性会加剧谣言的传播速度；杜骏飞（2003）认为网络的虚拟环境使信息难以被充分表达，网络媒介会加重谣言的危害。在谣言的控制方面，Kapferer（1990）建议通过减轻群众的焦虑情绪，从而有效抑制谣言的产生与传播。虽然国内外学者对受众与谣言信任度之间的关系进行了一定程度的研究，但主要集中于个人因素与谣言接受度之间的关系，探讨媒介依赖与谣言信任度之间相关关系的研究较少。

（三）影响辟谣效果的因素

Nyhan（2006）通过多次辟谣实验发现了“逆火效应”，即在某些情况下，媒体的辟谣会使受众更加相信谣言；Weeks（2012）则认为电视相对于报纸更容易提高谣言的可信度。按照Fine（2007）的说法，谣言会引发群体性事件，而辟谣的有效性会影响群体事件的发生，有效的辟谣可以抑制谣言对群体活动产生的负面作用。杜骏飞（2003）采用制度性信任故障的分析视角来探讨辟谣效果，他认为媒介由于惯性思维的约束不能及时向民众传递信息，容易引发谣言的传播，并极大程度地引起社会恐慌。

三、研究过程与研究方法

（一）研究问题的提出

根据以上学者研究的不足之处，本文试图探讨影响谣言信任度以及辟谣效果的相关因素，并联系我国当前的社会语境，提出如下研究问题：

1. 研究问题1：谣言的类型是否会影响民众对谣言的信任程度？

根据问卷设计，可以将谣言分为政府形象类谣言、生活常识类谣言、经济时政类谣言以及国际局势类谣言四种类型，考察民众对不同类型谣言的信任程度。以往的研究多从社会群体特性方面考察谣言的信任程度，较少从谣言的类型出发探讨不同类型的谣言与谣言信任度之间的关系。

2. 研究问题2：媒介依赖与媒介使用是否会影响民众接触谣言的频率以及民众对谣言的信任程度？

（1）研究问题2a：媒介依赖和使用习惯是否会影响民众接触谣言的频率？

（2）研究问题2b：媒介依赖和使用习惯是否会影响民众对谣

言的信任程度？

（3）研究问题 2c：不同信息渠道的可信度是否会影响民众对谣言的信任程度？

现如今随着媒介环境的不断变化与发展，我国民众的媒介使用习惯与媒介依赖逐渐呈现出多样化的趋势，虽然仍旧有大部分民众依靠传统媒体进行信息的获取，但越来越多的民众开始选择通过互联网了解政治、经济等信息。而民众对传统媒体和新兴媒体的不同使用习惯与依赖程度是否会在一定程度上影响他们接触谣言的频率以及对谣言的信任程度，不同信息渠道的可信度是否会影响他们对谣言的信任程度等问题，依旧有待我们进一步考察。对该问题研究的核心目的是探讨互联网的应用和普及是否会对谣言的接触度和信任度产生影响，从而提出在全媒体时代下如何有效控制谣言的传播。

3. 研究问题 3：民众的个人基本情况或生活地区是否会影响其对谣言的信任程度？

（1）研究问题 3a：民众的年龄、性别、职业、学历以及收入状况是否会影响其对谣言的信任程度？

（2）研究问题 3b：城乡地区差别是否会影响民众对谣言的信任程度？

在探讨前两个问题时，笔者将民众的个人基本情况作为控制变量，排除基本因素的干扰。问题 3 则从民众的自身特质出发，探讨民众的社会经济地位及相关个人因素是否会影响其对谣言的信任程度。该问题设置最重要的部分在于探究地区差异是否会对民众的谣言信任度产生影响。农村和城市的差异化研究一直是各个学者迫切讨论的核心部分，只有明确了城乡差别，才能有针对性地对谣言进行控制。

4. 研究问题 4：不同类型的辟谣主体与辟谣效果之间的相关

程度？

在问卷设计的过程中设置了一个小型实验研究，借助框架效应分别考察经过官方媒体与权威专家辟谣之后民众对谣言的信任程度是否产生了变化？变化程度如何？哪个辟谣主体对辟谣效果的影响最为显著？由此为全媒体时代谣言的管理和控制提出根源性的解决办法。

（二）研究设计与数据收集

本文的研究数据来自中国国家调查数据库2017年4—5月进行的《网民社会意识调查（2017）》项目。[①] 本次调查以中国网民作为研究对象，共收集了2379份样本，主要为“问卷网”用户。网络调查问卷中涉及的问题包括对网民的个人情况、媒介使用习惯与依赖、对舆论议题的态度等方面的调查。其中关于谣言部分为一项小型实验设计，有三类不同的问题信息以备三组网民分别回答。笔者借助SPSS分析软件对相关数据进行回归分析。

针对第一个研究问题，在问卷设计中共提及了四种不同类型的谣言，分别是生活常识类谣言（您认为Wi-Fi信号是否会杀死精子?)、经济时政类谣言（您认为瑞士银行没有公布中国官员的存款，是因为受到中国外交部的压力吗?)、政府形象类谣言（您认为当地政府会做出抓走大批村民的行为吗?）以及国际局势类谣言(您认为乐天集团董事长会做这样的发言吗?)，笔者试图通过测量民众对四种不同类型谣言的信任度来探寻谣言的类型对谣言可信度的影响。

针对第二个研究问题，在问卷设计中设置了媒介依赖和使用习惯（您上网主要是做什么？您经常这样吗？请问您主要通过哪些渠

① 数据库来自马得勇教授主持的《网民社会意识调查》数据库。

道来获取时政类消息和评论？频率如何？您平时通过哪些方式表达自己对政治、经济、社会问题的看法?）以及信息渠道可信度（假如发生突发事件，下面这些信息渠道发布的信息您在多大程度上觉得可信?）两个分析维度，试图探讨不同的媒介接触习惯以及信息渠道可信度是否会影响民众接触谣言的频率以及对谣言的信任度。

针对第三个研究问题，在问卷设计中包含了对民众性别、年龄、职业、学历以及收入等信息的采集（您的性别、请问您的实际年龄属于哪一段、请问您生活的地区属于、您家庭的平均年收入大概多少万元、您的职业、请问您的教育程度），其中较为重要的部分在于设置了关于民众生活地区的相关问题，试图探寻城乡差别是否会对谣言的信任度产生影响。

针对第四个研究问题，问卷设计中采用了一个小型对比实验的方法。试图借助框架效应探寻不同辟谣角色与谣言可信度之间的相关性以及影响辟谣效果的相关因子。

1. 实验设计

该实验采用 2（辟谣主体：官方媒体 VS 权威精英）×2（辟谣效果：强 VS 弱）二因素组间实验设计，考察辟谣主体与辟谣效果之间的影响因素以及框架效应如何影响被试在进行信息选择时的意愿。

（1）实验被试与随机分配

首先将被试随机分为谣言组、官媒辟谣组以及权威精英辟谣组，被试的性别、年龄、职业等影响因素皆为控制变量，最终实验分组结果如表 1 所示。

表 1：各条件组的被试分配情况

		频率	百分比	有效百分比	累积百分比
有效	苹果—谣言组	957	40.2	40.2	40.2
	香蕉—官媒辟谣组	702	29.5	29.5	69.7
	葡萄—权威精英辟谣组	720	30.3	30.3	100.0
	合计	2379	100.0	100.0	—

（2）实验物选择与实验程序

本研究选择了政府形象、生活常识、经济时政以及国际局势四种类型的谣言作为研究情境，实验在招募被试时，将“您是否听说过这则新闻”作为甄别题，只有未接触过该谣言及其辟谣信息的受访者才具有成为被试的资格，以避免由上述信息接触差异给实验结果带来影响。

（3）实验条件操纵

借助框架效应进行实验设计。框架效应（Framing effect）由阿莫斯·特沃斯基（Amos Tversky）和丹尼尔·卡尼曼（Daniel Kahneman）于 1981 年首次提出，是指人们对一个客观上相同问题的不同描述导致了不同的决策判断。本实验借助框架效应这一理论基础，利用对问题的不同描述会影响民众的信息选择这一实践原理进行实验操作。在官媒辟谣组的问卷设计中提及“官方权威媒体央视《焦点访谈》、官方权威媒体人民网记者、水城县公安机关以及官方权威媒体新华网”等关键词，暗示被试官方权威媒体已经对谣言进行了辟谣；而在权威精英辟谣组的问卷设计中提及“中国研究辐射的权威研究机构——军事医学科学院某研究员、国际关系学院某教授、某网络独立媒体人以及某大学国际关系教授”等关键词，暗示被试权威专家已经对谣言进行了辟谣。随后，被试需要根据自己的判断，选择是否依旧相信该谣言（1＝相信，2＝不相信，3＝不确定）。

（4）实验缺陷与不足

该实验采用了传统的“自填式调查”方法，以人为操控的方式传播谣言或制造特定语境来刺激被试，然后利用问卷调查的方式来获取数据，最后通过回归分析来判断影响谣言信任度的因素。但是该方法存在两个缺点：一是实验环境与现实环境存在一些差异。现实中影响谣言传播环境的因素相对较多，但是实验设计中则显得较为单一。二是被试自填式情况与现实情况存在差异。通过被试自填问卷来获取数据容易受到认知偏差和利己动机等因素的限制。

四、研究结果与变量分析

（一）不同类型的谣言与谣言可信度的相关性

首先对不同类型谣言信任度进行描述性统计（1＝信任，2＝不信任，3＝不知道）。表2可以看出，四种类型的谣言中信任程度最高的是国际局势类谣言，均值为1.97，其次是政府形象类谣言，均值为2.09，对生活常识类谣言信任度最低，均值为2.38。根据频数统计显示可以发现，在生活常识方面，只有3.8％的民众相信谣言，而在国际局势方面，有15％的民众相信谣言。也就是说，民众对于那些较为敏感且不易接触的信息可能更倾向于相信，也可能由于民众自身对不同国家的心理预设使得其对国际局势信息的判断产生一定的偏差。

表 2：民众对不同类型谣言信任描述性统计

	您认为 Wi-Fi 信号是否会杀死精子？	您认为瑞士银行没有公布中国官员的存款，是因为受到中国外交部的压力吗？	您认为当地政府会做出抓走大批村民的行为吗？	您认为乐天集团董事长会做这样的发言吗？
N	968	968	968	968
均值	2.38	2.30	2.09	1.97
中值	2.00	3.00	2.00	2.00
方差	.423	.671	.697	.713

(二) 媒介使用和依赖与谣言接触频率以及谣言可信度的相关性

根据问题 2a，笔者以不同媒介接触类型和不同谣言类型进行多项 logistic 回归分析。表 3 结果发现，习惯使用报纸和杂志获得信息的民众与四种类型的谣言接触度都有显著性负相关关系；习惯使用门户网站、自媒体获得信息的民众与谣言接触度呈现显著性正相关关系。但值得注意的是，习惯使用网络专业论坛（如天涯社区）的民众对谣言接触却呈现负相关关系。

表 3：媒介接触与谣言类型多项 logistic 回归

	购买报纸		阅读杂志		自媒体		专业论坛		门户网站	
	Sig	B	Sig	B	Sig	B	Sig	B	Sig	B
Wi-Fi 杀精于无形，您之前听说过这则消息吗？	.04	−.49	.02	−.43	.01	.43	.01	−.64	—	—

瑞士银行将公开中国官员在瑞士银行的存款信息。中国外交部则对瑞士银行的这种做法表示抗议。请问您之前听说过这则消息吗?	.03	—.37	.03	—.40	—	—	—	—	—	—
当地村民找当地政府讨个公道却遭到冷遇,还强行抓走村民四五十名。请问您之前听说过这则消息吗?	.01	—.46	.01	—.51	.02	.40	.00	—.68	.02	.37
韩国的《环球新闻眼》采访乐天集团董事长辛东彬发表辱华言论,请问您听说过这则消息吗?	.01	—.50	—	—	—	—	—	—	.01	—.51

根据问题 2b,笔者以是否信任谣言为因变量,以媒介依赖与不同信息渠道可信度为自变量,建立多元 logistic 回归模型,探讨相关因素对谣言信任度的影响。回归分析的结果表明,传统媒体的媒介使用习惯对民众的谣言信任度不具有显著性影响。但值得注意的是,虽然大多数研究者认为网络媒体容易滋生网络谣言,但研究显示网络媒体的使用(如专业论坛、门户网站和自媒体)并没有促使人们更多地信任谣言。

根据问题 2c,笔者对不同信息渠道可信度以及谣言信任度进行了 Pearson 相关性检验,根据表 4 的数据显示,在不同信息渠道可信度方面,认为网络自媒体(微信公众号、微博)、国外媒体以及朋友圈等信源可靠的民众与谣言可信度之间有显著的相关性,而认为官媒、地方性商业媒体以及网站自采媒体等信源可信度高的民众与谣言可信度之间没有显著性关系。其中,认为网络名人、微信公众号及微博等自媒体信息来源可靠的民众相信谣言的概率大于其他民众，但认为权威门户网站可信度较高的民众偏向于更不相信谣言。

表 4：不同信息渠道可信度与谣言信任度 Pearson 相关性检验

		您认为 Wi-Fi 信号是否会杀死精子？	您认为瑞士银行没有公布中国官员的存款，是因为受到中国外交部的压力吗？	您认为当地政府会做出抓走大批村民的行为吗？	您认为乐天集团董事长会做这样的发言吗？
央视、新华社、人民日报等官方媒体	显著性（双侧）	.653	.800	.202	.139
南方都市报、新京报、华西都市报等地方性商业媒体	显著性（双侧）	.586	.057	.054	.399
网络名人、权威专家的微信公众号、知名微博等自媒体	显著性（双侧）	.000	.000	.000	.223
新浪财经、新浪体育等网站自采媒体	显著性（双侧）	.458	.012	.151	.977
BBC、纽约时报等国外媒体	显著性（双侧）	.012	.144	.029	.265
朋友圈、熟人等小圈子分享的消息	显著性（双侧）	.000	.016	.693	.808

除此之外，在控制了性别、年龄、教育程度以及媒介使用因素之后，对政府信息可信度与政府形象类谣言进行二元 logistic 回归分析。表 5 结果发现，认为政府所提供的信息完全不可信的民众对于政府形象类谣言更偏向于相信，也就是说，政府传播信息的可信度对民众谣言的信任度有显著性影响，民众对政府机构发布的信息

越信任，对各种谣言的信任程度就越低，政府在信息传播方面的权威性与可信度有助于消除各种谣言的影响。

表 5：政府信息可信度与政府形象类谣言二元 logistic 回归

您认为当地政府会做出抓走大批村民的行为吗？	B	标准误	Wald	df	显著水平
会	.625	.265	5.548	1	.018
不会	—.520	.194	7.195	1	.007

（三）民众个人因素以及生活地区与谣言信任程度之间的相关性

根据问题 3a 和 3b，笔者对民众性别、收入、职业、教育程度等因素与谣言信任度进行了多项 logistic 回归检验，发现在生活常识类和经济时政类谣言方面，民众个人情况与民众对谣言的信任度没有显著性关系；在政府形象类谣言方面，年龄越小越相信谣言，学历越高，越不相信谣言；在国际局势类谣言方面，男性比女性更相信谣言，也可能是由于问题设置本身以韩国乐天集团为参照对象所产生的误差。根据问题 3b，表 7 结果发现特大城市的居民与农村居民对于谣言的信任度仅在生活常识类谣言方面存在显著性差异，对于其他类型的谣言并没有显著性差异。以往的研究结果显示，农村居民处于结构性弱势地位，可能更容易受误导性消息的影响，但研究结果表明，他们并没有更相信谣言。

表 6：民众个人情况与谣言信任度多项 logistic 回归检验

	您认为当地政府会做出抓走大批村民的行为吗？		您认为乐天集团董事长会做这样的发言吗？	
	B	Sig.	B	Sig.

性别	男	.529	.001	−.157	.07
	女	.323	.039	−.415	.07
年龄	<18	1.146	.040	.709	.150
	>18	1.127	.038	.950	.047
教育	<高中	−.829	.012	−.153	.460
	>高中	−.278	.161	−.074	.606
年收入	<10 万	−.671	.172	.459	.530
	>10 万	−.798	.135	.488	.508

表 7：生活地区与不同类型谣言信任度线性回归分析

		您认为 Wi-Fi 信号是否会杀死精子？	您认为瑞士银行没有公布中国官员的存款，是因为受到中国外交部的压力吗？	您认为当地政府会做出抓走大批村民的行为吗？	您认为乐天集团董事长会做这样的发言吗？
请问您生活的地区属于	R	.013	.002	.01.	001
	F	12.73	2.07	.98	.653
	df	1	1	1	1
	Sig.	.000	.151	.322	.419

(四) 不同类型的辟谣主体与辟谣效果之间的相关性

首先，在随机分配后的 3 个实验条件组中，性别的男女比例（df=1，P>0.05）和平均年龄（F=1.358，P>0.05）均无显著性差异，可见本实验对于被试进行的实验条件随机分配是有效的。

笔者对 3 个实验组的数据进行了均值检验，根据表 8 可以明显发现官媒辟谣组和权威精英辟谣组对辟谣效果的影响是不一致的。在国际局势类谣言方面，经过官媒和权威精英辟谣后选择相信谣言的民众数量减少；在生活常识类谣言方面，经过官媒和权威精英辟谣后，民众的反应都出现“逆火效应”，即官媒对谣言进行反驳后民众更加相信谣言；在政府形象类以及经济时政类谣言方面，官媒辟谣出现“逆火效应”，而权威精英辟谣则效果较好。

表 8：各条件组的被试均值检验

		您认为 Wi-Fi 信号是否会杀死精子？	您认为瑞士银行没有公布中国官员的存款，是因为受到中国外交部的压力吗？	您认为当地政府会做出抓走大批村民的行为吗？	您认为乐天集团董事长会做这样的发言吗？
均值	谣言组	2.38	2.30	2.09	1.97
	官媒辟谣组	2.33	2.26	2.08	2.08
	权威精英辟谣组	2.36	2.31	2.10	2.10

除此之外，根据表 9 研究结果发现，大多数回答者在经过专家辟谣之后，都选择了不相信谣言，也就是说，网络时代民众更倾向于接受权威专家的辟谣。在全媒体时代下，大多数民众认为部分专家不受政府的影响，话语的可信度更高。因此，全媒体时代下官媒的话语公信力如何有效提高则有待我们去思考和解决了。

表 9：权威精英辟谣组 T 检验

	检验值 = 2					
	t	df	Sig.（双侧）	均值差值	差分的 95% 下限	置信区间 上限
您认为 Wi-Fi 信号是否会杀死精子？	14.803	716	.000	.356	.31	.40

您认为瑞士银行没有公布中国官员的存款，是因为受到中国外交部的压力吗？	10.747	716	.000	.307	.25	.36
您认为当地政府会做出抓走大批村民的行为吗？	2.817	716	.005	.084	.03	.14
您认为乐天集团董事长会做这样的发言吗？	3.249	716	.001	.096	.04	.15

五、结论与建议

笔者对上述的研究结果进行分析，并有针对性地提出了相关的对策和建议。

（一）媒介融合创造多元化视角，提升优质信息的传播力

研究发现民众对国际局势类谣言更偏向于相信，一是由于信息不完全性导致民众对不确定的内容产生一定的距离感，容易造成理解偏差；二是由于民众受国家意识形态的影响对其他国家的形象有一定的心理预设。但是伴随着全媒体时代的来临，民众了解信息的渠道愈发多元化，看待事情的态度则会变得更为客观和全面。全媒体时代下媒介融合的趋势可以拓展受众获取信息的广度和深度，有助于形成有序的媒介信息环境。

（二）重视网络媒体的监管与治理，巩固传统媒体的舆论引导力

全媒体时代下信息传播的媒介生态发生了深刻的变化，使得信息传播渠道更为多元化。以往民众大多依靠电视、报刊等传统媒介

进行信息获取，但现在网络媒介逐渐占据了人们的日常生活。网络媒介环境在方便人们接收和发布信息的同时，随之带来的“群体趋同”和“沉默的螺旋”效应也加速了谣言的产生与传播。因此，要想从源头上抑制谣言的传播就必须加强网络舆情的规制，净化网络信息环境，使其成为人们进行信息交流与传播的安全通道。

（三）提高全民综合素质水平，加强民众对谣言的辨识力

研究结果显示，虽然城乡差异不会对谣言信任度产生显著性影响，但是民众的受教育程度以及年龄对谣言信任度的影响十分显著，因此提高全民的综合素质水平则显得格外重要。尤其是社会弱势群体，这类群体的社会安全感和抗风险能力较弱，对外界的刺激就会表现得异常敏感，很容易受到各种谣言的负面影响。因此，加强民众对谣言的辨识能力，有针对性地加强舆论宣传引导，及时公布真实信息，有助于降低

（四）坚持新闻报道的真实性，扩大主流媒体的话语影响力

研究发现官媒在辟谣政府形象类谣言方面很容易产生“逆火效应”，该现象的出现在很大程度上削弱了主流媒体的话语影响力。官方媒体作为权威信息机构，向民众公开地发布和传递信息，人们对权威信息的信任程度，会影响其对谣言的信任度。当大众媒体被国家意识形态高度控制时，民众会对官方信息存在一定的怀疑。因此，主流媒体应该坚守新闻道德底线，坚持新闻报道的真实性，维护其在公众面前的公信力，从而提高辟谣效果，抑制谣言的传播。

参考文献

［1］Allport，G. W. &Postman，L.（1946）. An Analysis of Rumor. Public Opinion Quarterly，10（4），501－517.

[2] Bordia, P. & Difonzo, N. (2004). Problem Solving in Social Interactions on the Internet: Rumor as Social Cognition. Social Psychology Quarterly, 87 (1), 33—49.

[3] Fisher, D. R. (1998). Rumoring Theory and the Internet. Social Science Computer Review, 16 (2), 158—168.

[4] Kapferer (1990). Rumors: Uses, Interpretatio. Transaction Publishers, 50—63.

[5] Nyhan, B., Reifler, J. &Ubel, P. The Hazards of Correcting Myths about Health Care Reform. Medical Care, vol. 51, no. 2, 2013. pp. 127 —132.

[6] Peterson W. &Gist N. (1951). Rumor and Public Opinion. American Journal of Sociology, 57, 159—167.

[7] Rosnow, R. L. (1988). Rumor as Communication: A contextualist Approach. Journal of Communication, 38 (1), 10—27.

[8] Shibutani, T1. (1966). Improvised News: A Socio—logical Study of Rumor. Indianapolis: Bobbs—Merrill.

[9] Weeks, B. E. The Roles of Personal Relevance, Anxiety, and Source Medium in Understanding Belief and Transmission of Rumors in the News. Master Dissertation, University of Minnesota. 2010. pp. 97.

[10] 杜骏飞：《流言止于传媒的公信——透析“非典型肺炎事件”中的传媒危机》，《新闻记者》2003 年第 3 期。

[11] 胡泳：《谣言作为一种社会抗议》，《传播与社会学刊》2009 年第 9 期。

[12] 景军：《艾滋病谣言的社会渊源：道德恐慌与信任危机》，《社会科学》2006 年第 8 期。

[13] 李蕾：《迎接全媒体时代》，《新闻与写作》2011年第5期。

[14] 邢彦辉、丁咪：《群体性事件网络谣言形成传播及控制》，《中国记者》2010年第9期。

[15] 周裕琼：《当代中国社会的网络谣言研究》，商务印书馆出版社2012年版，第36页。

网络言论自留地？从暴恐谣言看自媒体诚信建设

解天伟

【摘要】 由于准入门槛相对较低、监管措施尚不完善，自媒体平台为暴恐谣言的传播提供了温床，这给人民生活和社会秩序造成极大损害。就暴恐谣言内容的表现形式而言，总体上可以分为杜撰和歪曲两种，即“真暴恐事件、假信息”与“假暴恐事件、假信息”。事后救济的方式并不能够完全适应新媒体时代下整治暴恐谣言的需求。应促进媒体诚信建设，保障新闻法治；加强自媒体平台审核机制；即时播报暴恐的有关信息，定期公开暴恐谣言查处状况；区分暴恐谣言中行政违法与刑事犯罪的界限，让违法自媒体主体的审判有据可依。

【关键词】 暴恐信息；谣言；自媒体；诚信建设

传播简易快捷的自媒体，当下已经成为互联网时代下信息传播新的节点。暴恐谣言更是因为其政治敏锐性强，具有强烈的刺激性而给人民生活和社会秩序造成极大威胁。目前审核监督较为宽松的自媒体，俨然成为暴恐谣言传播的新阵地。但是自媒体不能成为网络言论的“自留地”，打击暴恐谣言，完善自媒体相关法律规范，推动自媒体诚信建设，已然成为当下强烈的现实需求。

一、"互联网＋暴恐谣言"

"暴恐"一词最早出现于王牧教授《关于暴力恐怖犯罪的几个基本问题》一文中，是基于恐怖主义犯罪的典型行为方式所进行的犯罪学意义上的犯罪类型概括。[①]强调犯罪行为出于政治目的与宗教极端主义，采取通过暴力行径进行恐怖主义犯罪的犯罪类型。由此可知，暴恐谣言则是通过杜撰、歪曲、煽动等方式散布谣言，传播不实暴恐信息的行为。

随着互联网技术的发展与普及，以报纸、杂志、广播、电视为代表的传统媒体，正面临着以网络媒体、微博、微信和移动终端为代表的新媒体、自媒体越来越多的冲击。[②]从定义上讲，自媒体指的是向不特定的大多数或者特定的单个人，传递规范性及非规范性信息的新媒体的总称。[③]由于自媒体大多采取"采集、编撰、发送"一体化的传播模式，其方便快捷、成本低、传播广的效果也为不法分子所利用。虽然《互联网信息服务管理办法》第十五条规定"互联网信息服务提供者不得制作、复制、发布、传播散布谣言，扰乱社会秩序，破坏社会稳定的信息"；对于自媒体平台也有国家互联网信息办公室于2014年发布的《即时通信工具公众信息服务发展管理暂行规定》，其中第六条明确要求即时通信工具服务使用者通过真实身份信息认证后注册账号，但使用虚假身份信息、盗用他人身份信息注册等行为仍数见不鲜。总体来说，自媒体审核门槛

---

① 高巍："暴恐犯罪的刑法规制"，载《法学杂志》2014年第11期，第13—20页。

② 宋全成："论自媒体的特征、挑战及其综合管制问题"，载《南京社会科学》2015年第3期，第112—120页。

③ 魏葳："朋友圈能成为中国自媒体时代第一媒体吗——朋友圈：通往自媒体时代的高铁"，载《新闻研究导刊》2015年第10期，第3—4页，第92页。

总体仍旧相对较低，注册后也并未对其真正使用者加以确认及监督，也就为“互联网＋暴恐谣言”传播模式的形成提供了余地。

暴恐谣言通过语言暴力、制造恐慌等形式产生公共影响，从而寻求心理刺激或者企图实现某种政治目的。自媒体在互联网上散布不实暴恐信息，对民众造成严重心理压力，在社会上形成恐慌气氛，产生严重的不安全感甚至对政府的不信任感，危害公共安全与社会秩序，具有严重的社会危害性。

2016年2月，国家互联网信息办公室启动了“打击暴恐音视频、清理涉恐违法有害信息专项行动”。如果我们将恐怖主义视为瘟疫，网络暴恐信息则是其爆发的“幕后推手”。[①] 对于暴恐谣言，我们更应当严加管控。这不仅仅是加强自媒体诚信建设，维护新闻法治的要求，更是维护人民人身、财产权益，保障社会秩序的迫切需求。

二、暴恐谣言的表现形式

自媒体散布的暴恐谣言，虽然可能寄生于微信、贴吧、微博客等多种互联网自媒体平台中，在造谣内容上也存在着暴力行为、恐怖主义及民族分裂等不同种类。但就暴恐谣言内容的表现形式而言，总体上可以分为杜撰和歪曲两种，即“真暴恐事件、假信息”与“假暴恐事件、假信息”。

（1）杜撰

即无中生有、完全通过捏造的手段散布暴恐谣言。例如2017

① 印波：“《网络暴恐信息筛查标准》创制的必要性及初步设想——以暴恐有害信息举报状况为出发点”，载《中国行政管理》2017年第4期，第119－124页。

年4月向某青在朋友圈编造并散布“武陵山某手机城外发生暴恐事件”，称编造并散布暴恐谣言只是觉得好玩，依法被行政拘留10日。自“9·11事件”以来，世界各国都普遍加强了对于暴恐信息的打击和防范。杜撰的暴恐谣言不仅给司法资源带来巨大压力，更有可能惑乱人心，甚至产生恐慌事件，损害社会稳定。

（2）歪曲

在自媒体针对暴恐事件的再次传播中，歪曲的报道导致消息不实。例如胡某编造、故意传播虚假恐怖信息案（2014）新刑初字第979号：2014年新疆莎车县暴力恐怖事件发生后，胡某在不了解真实情况下，散布“暴徒组织向首府发动恐怖袭击的可能性增大”的暴恐谣言，犯编造、故意传播虚假恐怖信息罪，判处有期徒刑六个月。[①] 歪曲暴恐事件的报道事实，不仅极有可能与官方的信息造成混淆，影响暴恐事件的整治效果，严重的甚至可能影响政府的公信力，造成不必要的舆论动荡。

三、自媒体传播暴恐谣言规律性分析

自媒体散布暴恐谣言，往往出于不同的主观目的。分析暴恐谣言形成的原因及特征，掌握其传播的主要方式及途径，了解暴恐谣言管理现状，亦有利于我们对于自媒体暴恐谣言传播问题进行有针对性的治理。

---

① 北大法宝：“参见胡某编造、故意传播虚假恐怖信息案”，http://www.pkulaw.cn/case_es/pfnl_1970324855948769.html? match=Exact，2017年11月11日最后访问。

（一）暴恐谣言的“节点传播”

在互联网时代，个体可以直接通过自媒体平台参与信息传播，形成了一个扁平的网状结构传播系统。每个个体都是这个网络中的节点，其既是信息的接受者，也是信息的生产者，同时也是信息的消费者。[①]因此在暴恐谣言传播中，自媒体成了网络中的“发声者”。自媒体生产的暴恐谣言，成为互联网中的信息节点，通过向不特定的对象辐射传播扩散，进而引发社会恐慌。

另外，互联网使得每个节点信息的传播与再传播成了可能。传播者和受传者具有平等地位，二者之间可以便捷地实现身份转换。[②] 自媒体生产暴恐谣言后，好友的互动与转发，实际上成了谣言的再次传播者，每一个用户为核心的信息网络可以不断扩大和延展，实现了节点信息的再传播。并且，因为暴恐谣言往往具有强烈的猎奇因素及煽动色彩，使得信息迅速向外辐射扩散，每个人又形成自己的传播节点，最终使得暴恐谣言传播规模不断膨胀，并达到难以控制的局面。

（二）自媒体造谣目的浅析

自媒体主体作为信息的生产者，在制造暴恐谣言的时候存在着不尽相同的目的。其一，有些自媒体单纯出于猎奇、刺激心理，进行暴恐谣言的传播；其二，可能是自媒体主体的情感宣泄，表达对于社会现状的不满；其三，敌对分子、反华势力通过网络手段制造社会恐慌。但无论出于何种目的，均形成了暴恐谣言的传播节点，

---

① 胡凡：“自媒体广告传播模式与效果探析”，载《传媒》2016 年第 18 期，第 64—66 页。

② 张佰明：“人的整体性延伸的传播形态——节点传播”，载《现代传播（中国传媒大学学报）》2014 年第 05 期，第 22—26 页。

暴恐谣言一经发出便对不特定的对象传播了虚假的信息，极有可能造成信息接收者内心的恐慌，进而导致不必要的警力浪费，影响社会稳定。因此不论散布暴恐谣言的自媒体目的何在，既已造成了虚假暴恐信息的传播，导致了恐慌等社会情绪的后果，便已经触犯了法律的底线。

（三）自媒体暴恐谣言管理现状

针对自媒体暴恐谣言的管控与预防，目前主要存在国家、自媒体平台及公众三方力量。但从管理方式角度而言，三方对于自媒体散布暴恐谣言的管控方式仍主要集中于事后规制：国家主要通过行政手段以及刑事裁判对发布暴恐谣言的自媒体主体进行管控；自媒体平台则以“封号、删帖”等手段进行技术处理；而公众则主要通过中国互联网举报中心进行不实暴恐信息的举报。

在法律规制方面，公安机关主要是根据《中华人民共和国治安管理处罚法》第二十五条第一款第一项，对自媒体主体以“散布谣言，谎报险情、疫情、警情或者以其他方法故意扰乱公共秩序的”为由进行行政拘留，例如“中国暴恐谣言第一案”中陈某因散布“徐州第二附属医院门口，三个暴恐分子手提炸药！被特警当场击毙!”的暴恐谣言而被行政拘留。

另外，有些自媒体在暴恐谣言中宣扬恐怖主义、极端主义或煽动实施恐怖活动，则主要依据《中华人民共和国刑法》第一百二十条之三：宣扬恐怖主义、极端主义、煽动实施恐怖活动罪及二百四十九条：煽动民族仇恨、民族歧视罪进行刑事处罚。上文提到的胡某编造、故意传播虚假恐怖信息案中，公诉机关即以煽动民族仇恨、民族歧视罪对被告人胡某进行指控。

但是在对自媒体暴恐谣言管控的法律适用中，仍存在行政管理与刑事处罚的界限划分不清的问题。例如以上两个案例，均存在恐怖主义的宣传，但却存在行政与刑事的不同的惩戒方式。在实际管理当中，不论是根据阅览人数、转发次数对影响效果进行评估，抑或是通过传播形式（文字、图片、视频）进行归类，形成一套较为完善的评估程序，对自媒体暴恐谣言进行分类处理，已成为当下迫切的需求。

（四）暴恐谣言盛行带来的启示

1. 政府公信力建设

互联网时代，政府公信力受到多方面挑战。暴恐谣言更是因为关乎网络安全、恐怖主义等多方面非传统国家安全而广受关注。政府信息公开不足甚至走样，缺乏应对舆论事件的良性举措，政府与公众在网络时代的博弈失衡[①]都有可能导致公民对于政府的信任问题。

暴恐谣言的盛行，亦是对我国政府公信力的考验。根据马斯洛的“需求层次理论”，安全作为基础层次的需求，自然会得到社会公众更多的关注。然而在互联网媒体时代下，政府信息公开的速度与数理都无法满足社会工作的需求，供不应求的暴恐信息市场，自然为自媒体制作暴恐谣言提供了可乘之机，从暴恐谣言表现形式的分类来看，政府公信力的影响主要体现在以下两个方面：

其一，对于歪曲事实的暴恐谣言：发生暴恐事件，公众对于谣言的信任度。自媒体“采集、编撰、发送”一体化的传播模式势必在传播速度及灵活性上强于传统媒体。政府关于暴恐事件及时、准确的回复便成了公众的期待。此时政府公信力的强弱直接影响到在

① 郭玲：“参见网络社会背景下政府公信力研究”，吉林大学硕士学位论文 2010 年 4 月，第 13—15 页。

官方信息公布前，自媒体言论的采信情况。增强政府公信力，自然也能够减少自媒体暴恐谣言的不良影响。

其二，对于捏造事实的暴恐谣言：官方辟谣的可信度。对于自媒体暴恐谣言的传播，往往迎合公众猎奇、当事人自保心理，具有较强的煽动作用。因此在面对捏造事实的暴恐谣言时，政府的公信力强，则能最大限度地减少暴恐谣言的社会影响力，反之则有可能产生更大规模的传播与骚动，甚至产生对于政府的信任危机。

2. 公民的言论自由

管控自媒体暴恐谣言，应当以言论自由为限度。公权力不应当以整治暴恐谣言为名，非法限制自媒体主体的言论自由。首先，我们应当保障公众获悉真相的权利。河北省曾出现一女子因在贴吧询问："听说娄庄发生命案了，有谁知道真相吗?"而被行政拘留。[①]公众具有对于暴恐等社会事项的知情权，以及合理的对寻求真相的存疑。矫枉过正的管理方法，反而会使公众对安全环境产生更多的顾虑，给暴恐谣言的治理带来更多"后遗症"。

其次，不应剥夺自媒体发表正当言论的自由。当下我们对于发布暴恐谣言自媒体的管控措施更多地停留在"封号、禁言"等技术手段上。例如 2017 年 1 月，努某在其微信公众平台中发布民族分裂及宗教极端言论，公安机关予以行政拘留十天，并吊销公众平台的处罚。[②]虽然这样的行为在一定程度上阻止了暴恐谣言的再次传播，但《中华人民共和国行政管理处罚法》中其实并不包含"封号、禁言"的行政处罚，完全禁封的管理措施实际上也将其发表正

① 搜狐新闻："河北一女子在网上询问'是否发生命案'被拘留"，http：//news. sohu. com/20130901/n385565325. shtml，2017 年 11 月 8 日最后访问。

② 观察者："新疆查处 7 起传播暴恐、宗教极端思想、谣言等案例"，http：//www. guancha. cn/FaZhi/2017_02_13_394084. shtml，2017 年 11 月 13 日最后访问。

当言论的自由一并剥夺。

四、规制自媒体暴恐谣言的建议

党的十九大强调坚持总体国家安全观，既要重视传统安全又要重视非传统安全。近年来，关于网络暴恐信息的研究越来越受到学界的关注，司法机关也不断加大对传播暴恐谣言的打击力度。自媒体作为暴恐谣言的新的传播媒介，是网络时代下新媒体发展对我国打击暴恐活动、整治暴恐信息的新挑战，亦是维护我国网络安全，构建和谐网络环境的需要。预防暴恐犯罪活动，限制极端思想渗透必须首先做好网络暴恐谣言治理工作。然而，对于自媒体暴恐谣言的规制，往往停留在谣言散布之后的事后的惩治，事后救济的方式并不能够完全适应新媒体时代下整治暴恐谣言的需求。因此我们可以尝试从如下几个方面共同努力，形成对自媒体暴恐谣言规制的良好生态。

首先，促进媒体诚信建设，保障新闻法治。要坚持党管媒体原则，提升自媒体主体素质，拒绝出于猎奇、报复社会等目的编造、散布不实言论。更不应该成为外国敌对势力、反华分子策反、分裂我国的喉舌。自媒体主题要严格遵守法律法规，坚守新闻工作者的信仰，传播真实消息，从源头拒绝暴恐谣言的传播。

第二，加强自媒体平台审核机制。自媒体成为暴恐谣言散布的重灾区，重要原因之一就是由于平台对于言论的审核、监管不到位。其一，需要构建信息审核机制。对于涉及敏感词汇的不实言论，应当自始就予以审核过滤。删帖的机制虽然可以减缓传播，但是对于已经造成的影响是无法逆转的；其二，自媒体平台可以完善实名认证的审核，严厉打击虚假信息注册的行为，提升犯罪成本，使得自媒体主体提升对法律的敬畏，亦便于造谣问题真正产生，更加清晰地解决追责问题。

第三，让真相走在谣言之前。政府即时播报暴恐的有关信息，定期公开暴恐谣言查处状况。暴恐谣言止于公开，加强政府公信力建设，用真相抵御自媒体暴恐谣言的扩散。我们都应当以太伏中学学生死亡事件为戒，针对暴恐事件的谣言亦是如此。媒体要加强诚信建设，拒绝发表不负责任的言论，而政府亦应当及时、准确地提供相关信息，避免给不法分子以可乘之机。

第四，完善相关法律法规。制定一套较为完善的规范性程序，使暴恐谣言的管理有章可循。区分暴恐谣言中行政违法与刑事犯罪的界限，让违法自媒体主体的审判有据可依。完善的法律体系才能够让暴恐谣言无处藏身，暴恐谣言“自留地”的臆想也注定是痴人说梦。

结　语

习近平总书记2014年于中共中央政治局就切实维护国家安全和社会安定进行第十四次集体学习中强调：“反恐怖斗争事关国家安全，事关人民群众切身利益，事关改革发展全局，是一场维护祖国统一、社会安定、人民幸福的斗争，必须采取坚决果断措施，保持严打高压态势，坚决把暴力恐怖分子嚣张气焰打下去。”尤其是面对自媒体暴恐谣言，涉及互联网发展中产生的网络安全及恐怖主义等多种非传统安全问题，其交叉的犯罪领域更应当引起我们足够的关注。

技术的发展给我们的生活带来了巨大的变革。有效规制自媒体暴恐谣言也应当不仅仅停留在政府管理层面，清除网络言论“自留地”，加强自媒体诚信建设，促进新闻传播的法治化建设，亦需要社会共同的努力。让真相走在谣言之前，努力构建“不造谣、不传谣、不信谣”的良好社会氛围，让暴恐谣言失去在我国生根发芽的土壤，正视伴随互联网等新兴技术而来的非传统国家问题，才能够真正实现国家安全的目标。为此，我们仍然任重道远。

自媒体新闻敲诈的舆情传导机制及治理研究

罗 辑

【摘要】 本文以自媒体新闻敲诈现象中的舆论情况为研究对象，梳理了自媒体新闻敲诈中的舆论参与主体及舆论传导机制，分析了自媒体敲诈舆论生成的成因并提出相应的治理对策，以期为自媒体新闻敲诈中的舆论环境治理作出相应的探索，并为自媒体行业在未来舆论环境下的发展提供理论分析框架和综合治理措施范例。

【关键词】 自媒体；新闻敲诈；舆论传导机制；舆论治理

新媒体出现以来，随着微博、微信等传播载体的出现，让人人成为记者、人人成为媒体变为可能，自媒体时代应运而生。[①]

在自媒体刚出现的时候，“人人都有麦克风”所带来的多样性表达令人们一致鼓掌叫好。如今，由于缺乏相应的管理，自媒体进入了各种问题的集中爆发期，出现了各种自媒体乱象。

2018 年 11 月 12 日，《焦点访谈》聚焦自媒体行业，梳理了自媒体的六大乱象，包括低俗色情、标题党、谣言、黑公关、花钱购买阅读量、伪原创。

近期，新闻敲诈现象开始出现在自媒体行业。个别自媒体号通

---

① 周晓虹．自媒体时代：从传播到互播的转变［J］．新闻界，2011（04）：20—22.

过写负面新闻来收“封口费”，收益显著高于其他的盈利模式。于是，一些房地产自媒体人干起了敲诈勒索房地产企业的勾当，定期向房地产企业收“保护费”，还隔三岔五“组团”精准打击企业，肆无忌惮地榨取企业的“媒体投放费”。

除了房企，餐饮企业也容易被勒索，因为食品安全问题很容易吸引眼球。而在今年 P2P 频频爆雷的大环境下，一些运营正常的互联网金融公司也受到了个别自媒体的“攻击”——直接来问是否有合作意向，否则就写负面文章，进而引发用户恐慌，导致提前挤兑，给企业运营带来风险。

一、相关概念

1. 自媒体的概念

由于互联网技术的发展，我国的媒体生态格局发生了巨大的改变。媒介生态是指在一定社会环境中媒介各构成要素之间、媒介之间、媒介与外部环境之间关联互动而达到的一种相对平衡的和谐的结构状态。[①] 在我国的媒介生态之下，媒介形态经历了从传统媒体到新媒体再到自媒体这三个发展阶段。

“自媒体”这一概念最早出现在 2002 年 Dan Gillmor 对其“新闻媒体 3.0”概念的定义中，“1.0”指传统媒体或旧媒体（old media），“2.0”指新媒体（new media），“3.0”指自媒体（we media）。

① 肖艳华．媒介生态视域下的新闻异化现象研究［J］．贵州师范学院学报，2017，33（4）：19－24.

2. 新闻敲诈的概念

(1) 新闻敲诈的相关定义

新闻敲诈，最早出现在马克思经典专著的术语中，当时用来专指报社利用最先获得信息的优势，通过晚发新闻或提前发表尚未成为事实的消息，从而在交易所谋取暴利的行径。① 与最初的新闻敲诈的语境不同，在当今中国新闻传媒业的环境下，新闻敲诈有着自身的认识。

从新闻学的角度看，新闻敲诈是由有偿新闻发展而来的，其本质是媒体权力寻租。新闻敲诈等一系列媒体权力寻租行为从根本上看，是违反新闻理念的，也是对新闻伦理的践踏。而从法学的角度来看，新闻敲诈是对权利的滥用，是对新闻秩序的破坏。②

对于新闻敲诈的讨论很多，但关于新闻敲诈的定义，学界并没有形成统一的认识。有学者认为，新闻敲诈是相关传媒或新闻从业人员以不利于报道对象的新闻稿件（包括编发内参等）相威胁，强行向被报道对象索要钱财或其他好处的行为。③ 也有学者指出，"新闻敲诈"是指实施敲诈的主体以获取非法经济利益或其他利益为目的，运用负面新闻曝光等手段对个人和单位等社会客体进行敲诈的行为。④

---

① 朱剑飞，李赫斐．传媒转型期的"新闻敲诈"现象探析［J］．南方电视学刊，2015（2）：51－55.

② 姚广宜．从有偿新闻到新闻敲诈的演变及规制［J］．当代传播（汉文版），2015（3）：72－75.

③ 朱剑飞，李赫斐．传媒转型期的"新闻敲诈"现象探析［J］．南方电视学刊，2015（2）：51－55.

④ 靖鸣，李文一．"新闻敲诈"的产生根源及其治理途径［J］．新闻与写作，2014（5）：38－41.

对于本文而言，笔者认为，第二种定义能更好地概括出新闻敲诈的内涵和外延。

（2）新闻敲诈的发展特征

①从传统媒体层面蔓延到新媒体层面

从实施新闻敲诈的平台来看，最初的新闻敲诈等新闻寻租行为，往往出现在以报刊为主的传统媒体之内。由于互联网技术的发展，新闻敲诈也逐步从传统媒体向新媒体领域延伸，导致更多的新闻敲诈行为利用新闻网站配合的趋势愈发明显。①

②从记者个体寻租转向媒介集体寻租

从实施新闻敲诈的主体来看，传统的新闻寻租行为，其主体通常为单个的新闻从业人员。他们的寻租活动通常表现为：接受以劳务费为名义的红包、礼金等和各种消费、好处，为对方刊发软性新闻稿；以内参、曝光等为要挟，迫使对方提供钱、物等好处；以新闻为诱饵换取经营利益（如广告、发行）或赞助。

当前，新型的新闻寻租已经演化为以媒介为主体的集体寻租行为，往往整个编辑部门从上至下确立与广告人员紧密结合、为广告服务的方针，媒体作为整体主动参与到寻租过程中，积极为自身（即媒体本身）创造更大的利润。②

二、自媒体新闻敲诈中的舆论情况分析

与传统机构媒体相比，自媒体没有新闻采编资质。从严格意义上来讲，自媒体发布的并非新闻，只是一般的信息。因此自媒体的

① 朱剑飞，李赫斐．传媒转型期的“新闻敲诈”现象探析［J］．南方电视学刊，2015（2）：51－55.

② 陈韵博．新型新闻寻租现象剖析［J］．国际新闻界，2005（03）：65－69.

“新闻敲诈”也不同于传统媒体中出现的新闻敲诈现象。分析自媒体新闻敲诈现象中的舆论参与主体及其背后的舆论生成机制，能够帮助我们充分认识这一现象，并提出相应的治理对策。

1. 自媒体新闻敲诈中的舆论参与主体

如果被敲诈企业不接受自媒体的合作，自媒体便发布企业的负面报道，进而影响网民，造成不良舆论态势。最后，企业为息事宁人，不得不迫于舆论的压力向自媒体低头。

针对以上传导过程，根据传播学的相关理论，在自媒体新闻敲诈现象的舆论传导过程中，包括自媒体、网民、被敲诈企业这三个相关主体。

（1）自媒体

①主体构成

自媒体的创办人一般由前媒体人组成，都是从媒体行业转型而来；其次，也包括了业内人士，他们熟悉目标市场，了解目标公司运营流程及敏感点，也因此一度成为企业连接准客户的有效传播渠道。

②运作特点

第一，精准打击。由于自媒体运营主体出身于相关行业，对于被敲诈公司的运作流程十分熟悉，在企业运营的关键节点发布一篇负面新闻，能够实现精准打击。

第二，规模运作。有些自媒体已经形成媒体矩阵，一篇有偿“黑文”能在微信、微博等十多个平台发布，达到颠倒黑白、混淆视听的效果。

第三，关系复杂。除了进行新闻敲诈以外，有些自媒体还可以向企业提供品牌炒作、口碑维护、危机公关等方面的服务。因此，自媒体与业内人士、公关公司和第三方评价机构等构成了复杂的利益链条。

(2) 企业

①敲诈行业

房地产行业是自媒体最容易进行敲诈的行业之一。因为房地产项目的价值高，营销费用也比一般企业充足，所以民营房企就成了自媒体人眼中的“肥肉”。而由于国企有政府背景，进行攻击会带来一定的风险，因此国企不在自媒体实施新闻敲诈的考虑范围之内。此外，由于餐饮业和互联网金融公司与网民有着切身利益关联，这两类行业也成了自媒体新闻敲诈的目标行业。

②敲诈方式

在企业不合作的情况下，自媒体新闻敲诈的方式一般有两类：一类是自媒体上门“谈合作”遭到拒绝后，便发布企业的负面消息；另一类是写文章对该企业的竞争对手进行吹捧，或者以冷落该企业为由，借此要挟企业。

(3) 网民

①更加关注负面信息

自媒体新闻敲诈的选题方向，与网民的切身利益高度相关，一般以企业的负面信息为主。自媒体在制作炒作材料时，一般仅会围绕一到两个焦点问题或关乎社会敏感问题编文章、植入负面信息关键词，以点带面，依托于移动互联网，极易引发网民的关注和讨论，传播速度极快。

②缺乏相关媒介素养

正常的新闻报道，包括利益各方的采访及观点呈现，而现在自媒体的负面报道，一般只有一方的观点，形成刻板印象。由于网民缺乏足够的媒介素养，导致网民受文章的影响，形成相关舆论并采取相关行动。

自媒体新闻敲诈中的舆论传导机制

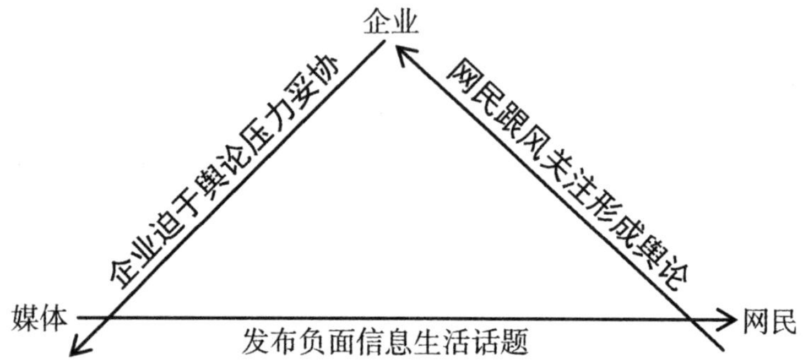

图 1：自媒体新闻敲诈中的舆论传导机制

根据上述分析，可以将自媒体新闻敲诈中舆论传导过程概括为：自媒体——网民——企业。

（1）第一环节：自媒体引发舆论话题

自媒体是实施新闻敲诈的主体，也是舆论产生的源头。自媒体运营者抓住目标企业的痛点，通过信息收集加工，并利用互联网进行信息传播。

（2）第二环节：网民大量参与生成舆论

网民则是属于中介因素，连接着自媒体与企业，网民受到自媒体发布信息的影响，在社会和网络群体中形成舆论场，由此对企业施加舆论压力。

（3）第三环节：企业迫于舆论压力妥协

企业是自媒体新闻敲诈的受害者，由于受到不实信息引起的社会舆论压力，可能造成企业的经济等各项损失，因此企业不得已向自媒体低头。由此，自媒体消除发布的负面信息，并发布企业正面的消息，相关舆论到此化解。

2. 自媒体新闻敲诈给各方带来的危害

（1）自媒体行业

在当今传媒经济环境下，自媒体内容创业形成了自身的布局。部分不良自媒体的新闻敲诈，会损害自媒体的整体行业形象，损害其他自媒体成员的集体利益。

（2）被敲诈企业

如果企业不愿意合作，自媒体便发布企业的负面报道，由于内容片面性较强，易引发受众恐慌。被敲诈企业在被迫合作之后，自媒体便立马改口，刻意吹捧和拔高，态度转变十分夸张。以上这两种虚假不实的信息，导致公众被不实信息误导，作出相应的错误行动，损害了公众的切身利益。

（3）相关网民

据新华社报道，有些汽车行业公司每年维护上百家自媒体，单价从每年 5 万元到数十万元不等，即便一些阅读量只有几千的自媒体也得 10 万元起。如此惊人的数额，实在令人咋舌。对于受害企业而言，自媒体的新闻敲诈严重损害了企业的经济利益。

三、自媒体新闻敲诈中舆论生成的原因

1. 自媒体的运营机制方面

（1）行业准入门槛低

传统媒体时代，只有媒体拥有发布信息的权利。这就决定了行为人要么本身是媒体从业人员，要么需要假借或冒充媒体从业人员的身份[①]。而由于技术赋权，使得人人都拥有传播信息的权利。根据克劳锐指数研究院发布的《2018自媒体行业深度研究分析报告》[②]，2017年，我国新媒体运营从业人数达300万。在各细分平台上，微信和We Chat合并月活跃账户超10亿，微信公众号总数突破3900万，公众号月活跃账号达350万。

面对如此庞大的自媒体体量，由于自媒体人的素质参差不齐和缺乏相应的行业管理体系，导致了自媒体行业的混乱。因此，自媒体新闻敲诈现象有了滋生的土壤，也带来了相应的舆论事件。

（2）敲诈违法成本低

与传统媒体相比，自媒体行业内谣言漫天、标题党现象盛行，基于流量和粉丝的病毒式传播，自媒体可以迅速将内容传递出去，却不必为这些内容承担法律责任。被敲诈方通常面临难以取证、维权成本高等问题，即使向平台投诉，通常结果也是“一删了之”，

---

① 郑保卫．论新闻敲诈的表现、危害、成因及治理［J］．新闻研究导刊，2014，5（5）：4—5.

② 克劳锐指数研究院：《2018自媒体行业深度研究分析报告》，http：//www.doc88.com/p—5486411638532.htm.

这些现象都让自媒体敢于“放开手脚”进行敲诈，[①] 为达目的大放厥词，造成了舆论环境的混乱。

2. 网民的参与机制方面

(1) 网民信息识别能力弱

据CNNIC第42次《中国互联网络发展状况统计报告》[②]，截至2018年6月30日，我国网民以中等教育水平的群体为主，初中、高中/中专/技校学历的网民占比分别为37.7%和25.1%；受过大专、大学本科及以上教育的网民占比分别为10.0%和10.6%。由于自媒体的受众素质参差不齐，低龄、低收入、低学历的网民群体比例最大，因此，面对不良自媒体发布的关于企业的负面报道，网民往往缺乏辨别能力。

(2) 转发形成“二次传播”

根据暨南大学传播大数据实验室发布的《网络“黑公关”研究报告》[③]，自媒体文章深谙如何契合网民心理之道。为吸引眼球，文章会指责企业危害儿童身体健康、侵犯个人隐私、涉黄、资金链断裂等。由于自媒体发布的负面新闻多与网民的切身利益相关，网民会形成“羊群效应”，跟风关注并转发，形成二次传播，助推了负面报道的传播效果，形成了舆论态势，成了不良自媒体向企业敲

---

① 中国经济网：对自媒体不能放任自流，http：//www.scjb.gov.cn/content.do?columnId=1047&contentId=11254&index=5.

② CNNIC第42次《中国互联网络发展状况统计报告》，http：//www.cnnic.net.cn/hlwfzyj/hlwxzbg/hlwtjbg/201808/t20180820_70488.htm.

③ 暨南大学传播大数据实验室：《网络“黑公关”研究报告》，https：//max.book118.com/html/2018/0812/5334014322001304.shtm.

诈的重要砝码。

3. 企业的回应机制方面

（1）手法隐蔽致取证难

由于不良自媒体的专业化运作以及成熟的操作体系，使得其敲诈手法专业且隐蔽，这对于受害方来说取证很难，无法形成有效的证据，也就无法在法律层面进行合理的法律诉讼。例如，对于房企公司，在某家上市房企公布财报之后，自媒体可以盯着里面的数字大做文章。除了对财报上的数字进行“危言耸听”的解读，房企正常的人事变动也在自媒体的表述中成了“高层地震”“管理层换血”等，而这些负面信息的表述往往介于客观陈述与诽谤之间，很难诉诸法律。[①]

（2）管理落后致维权难

虽然查实文章是谣言诽谤就能删稿，但由于平台的属地管理原则，如果一篇文章全国好多平台都有，就需要中央网信办去协调各地网信办删稿。由于相关平台的管理机制限制，对于不实信息，正常程序的申诉也要 5 个工作日以上，而这早就过了黄金传播的 48 小时，这对于事实的澄清方面产生极大的影响。

（3）意识淡薄致眼光短

当企业受到来自不良自媒体的敲诈之时，往往只注重短期利益，不注重长期利益；只注重经济利益，不注重企业社会责任，觉

---

① 地产自媒体敲诈勒索触目惊心：有公众号年入千万，http：//news.163.com/18/1023/08/DUPOE3OC000187VE.html#.

得多一事不如少一事。不但不积极维权，主动发声，回应网络舆论，反而主动缴纳封口费，息事宁人。这不仅助长了不良自媒体的嚣张气焰，也败坏了社会风气。[①]

四、自媒体新闻敲诈中舆论治理的对策

1. 加强自媒体的管理，斩断不良舆论源头

近期，针对自媒体账号存在的一系列乱象问题，国家网信办会同有关部门，开展了集中清理整治专项行动。但是专项治理并非长久之计，需要建立制度化、规范化的管理体系，方能实现自媒体行业的长足发展。

在自媒体准入方面，建议有关部门尽快出台规定，设立自媒体禁入“黑名单”制度，进行信用评估和登记，严格行业准入门槛；加大底线约束力度，提高自媒体违法成本，对造谣者、不法经营者等予以严惩。

在自媒体人方面，建议在以上海自媒体联盟和江苏自媒体联盟等为代表的自媒体行业自律组织的基础上，完善地区自媒体联盟，并建立以中央网信办为牵头单位、覆盖全国范围的自媒体管理机构，制定自媒体平台行业自律公约，将违反自律公约的自媒体人列入黑名单。以此加强自媒体人的自律，斩断不良舆论源头，营造文明健康的网络舆论环境。

2. 提高企业维权意识，积极回应网络舆论

对广大企业来说，由于不良自媒体的敲诈手段比较隐蔽，增加

① 郑保卫．论新闻敲诈的表现、危害、成因及治理［J］．新闻研究导刊，2014，5（5）：4—5．

了企业的取证难度。因此，建议企业做好取证工作，发现问题主动向监管部门举报线索或向法院提起诉讼；其次，面对相关网络舆论，企业应当建立自身的自媒体账号并联合专业的公关公司主动发声，积极回应网络舆论，对于敲诈、造谣等予以坚决的驳斥；最后，企业要合法诚信经营，积极承担社会责任，碰到恶意敲诈、造谣、洗稿等不良自媒体，应该及时采取法律手段，维护自身的合法权益。

3. 提升网民媒介素养，避免助推舆论形成

对于受众来说，巨量及多变的网络信息会导致他们在辨别真实或虚假信息时投入更大的精力，因此，提高媒介素养尤为重要。为此，网民需要加强自身的知识水平，理智、客观看待网络信息并对信息进行合理筛选和利用，避免为舆论态势推波助澜。要提高受众的媒介素养，需要从以下两点做起：第一，受众作为信息生产环节中的一员，应该提高自身发布信息和言论的素养。第二，不断提高信息再传播的认知水平和诚信传播理念。

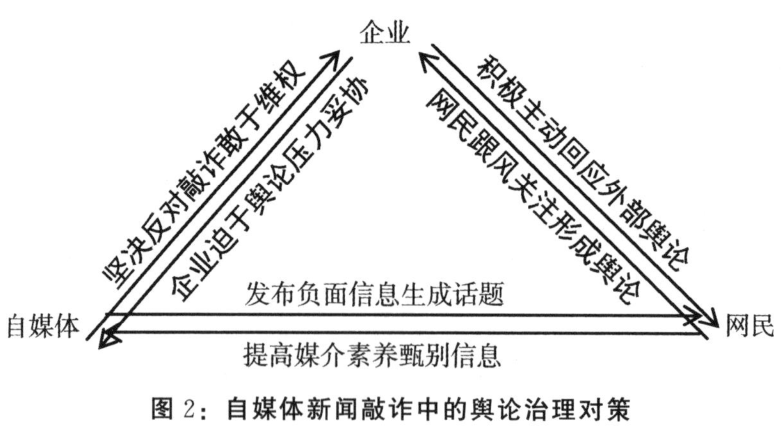

图 2：自媒体新闻敲诈中的舆论治理对策

结　语

当前，舆论环境变幻莫测，舆论事件的出现毫无规律。在自媒体新闻敲诈现象中的舆论传导过程中，既暴露出我国相关管理制度的滞后，暴露出自媒体人在内容生产环节中社会责任的淡薄、法律意识的缺失以及网民媒介素养的不足。

传播技术的进步、媒介生态的更迭，需要我们走在技术进步的前沿，在媒介环境出现各种问题前，相关职能部门应该出台相关法律法规并提出预防措施，进行国家层面的宏观引导；内容生产者也要不断提高自我认知，承担内容生产者的社会责任；网民也要不断提高认知水平，理智、客观分析对待繁杂的各类信息。只有各方共同努力，才能为我国营造一个良好有序、健康发展的网络舆论环境，推动我国传媒事业的不断进步。

参考文献

[1] 朱剑飞，李赫斐．传媒转型期的“新闻敲诈”现象探析[J]．南方电视学刊，2015（2）：51—55.

[2] 姚广宜．从有偿新闻到新闻敲诈的演变及规制[J]．当代传播（汉文版），2015（3）：72—75.

[3] 靖鸣，李文一．“新闻敲诈”的产生根源及其治理途径[J]．新闻与写作，2014（5）：38—41.

[4] 陈韵博．新型新闻寻租现象剖析[J]．国际新闻界，2005（03）：65—69.

[5] 周晓虹．自媒体时代：从传播到互播的转变[J]．新闻界，2011（04）：20—22.

[6] 郑保卫．论新闻敲诈的表现、危害、成因及治理[J]．

新闻研究导刊，2014，5（5）：4—5.

［7］地产自媒体敲诈勒索触目惊心：有公众号年入千万，http：//news. 163. com/18/1023/08/DUPOE3OC000187VE. html＃.

［9］克劳锐指数研究院：《2018自媒体行业深度研究分析报告》，http：//www. doc88. com/p—5486411638532. htm.

［10］中国经济网：对自媒体不能放任自流，http：//www. scjb. gov. cn/content. do? columnId ＝ 1047&contentId ＝ 11254&index＝5.

［11］CNNIC第42次《中国互联网络发展状况统计报告》，http：//www. cnnic. net. cn/hlwfzyj/hlwxzbg/hlwtjbg/201808/t20180820 _ 70488. htm.

［12］暨南大学传播大数据实验室：《网络“黑公关”研究报告》，https：//max. book118. com/html/2018/0812/5334014322001304. shtm.

法律视野下的网络舆情规制

欧阳茗荟

【摘要】 近年来，随着互联网的发展，舆情的发生、发酵已经成为挑战政府部门执政能力的又一难题，舆情伴随着具体的社会实践与强烈的民意反映，极易迅速引起整个地区甚至整个行业的震动。对于网络舆情的分析，本文分别介绍了网络舆情区别于传统舆情的特点、当下舆情治理的法律现状、网络舆情规制的主要对象——有害信息。同时，本文分析了网络舆情治理的法律瓶颈，以及在借鉴外国经验的基础上，提出对我国新闻法制发展的分析与展望，以期更好地将新闻与法制相互融合。

【关键词】 舆情；法制；网络；新媒体

一、什么是舆情

（一）舆情的含义

舆情是“舆论情况”的简称，是指在一定的社会空间内，围绕中介性社会事件的发生、发展和变化，作为主体的民众对作为客体的社会管理者、企业、个人及其他各类组织及其政治、社会、道德等方面的取向产生和持有的社会态度。它是较多群众关于社会中各种现象、问题所表达的信念、态度、意见和情绪等表现的总和[1]。

从上述定义里可以看出，舆情具有以下几个要素：

1. 舆情依托于具体社会现象

中介性社会事项需要是特定的、具体的事件。区别于“舆论”“谣言”，舆情最鲜明的特质是指向对象的确定性。以首都堵车现象为例，堵车作为一个概括性事件，可以认定为一种社会现象的总和，人们往往会对概括性事件产生持续性较强的感情流露，产生的“舆论”很少具有爆发性。而舆情是针对具体事件而言，以今年上半年河南周口婴儿丢失案、女子录视频取证家暴案为例，舆情的产生依托于具体事件，以客观事实为基础，引起人们快速的反思、评价。

2. 舆情是特殊的民意

从传统的社会学理论上讲，舆情本身是民意理论中的一个概念，它是民意的一种综合反映。但是，从现代舆情理论的严格意义上讲，舆情本身并不是对民意规律的简单概括，而是对“民意及其作用于执政者及其政治取向规律”的一种描述[2]。

这是由于，舆情是部分民意的反映，是“受到影响的群体”的部分民意。但同时，舆情又会以“民意”的形式，左右执政者的决策和政策、新闻事件的走向，常常反作用于对应的社会事件，即“作用于执政者及其政治取向”。而舆情的表达又是公民基于言论自由这一宪法赋予的基本权利进行的诉求表达，并顺势延展到公民所享有的知情权、参与权和监督权等权的行使，它是一种权利的

---

① 引自百度百科词条解释。

② 摘自百度文库《舆情是什么》（石斑舆）。

集合。[1]

3. 舆情与新闻相辅相成

舆情常常借助于热门话题而得以形成和体现，但它并不是热门话题本身。舆情与人们的观点、看法紧密相连。所以舆情是一种“热点事件”与“社会思潮”的结合，这种结合常常以新闻为引爆点，与其相辅相成。以“英国39人尸体被发现于货车”事件为例，新闻报道引发大量关注与民众对“偷渡”问题的思考，舆情的产生依托于新闻，又推动相关部门对案件的快速侦查。

（二）舆情的实质

舆情即民意情况，涉及公众对社会生活中各个方面的问题，尤其是热点问题的公开意见①或情绪反应②。它是社会脉动和公众情绪的自然而然的流露和体现，是或隐或现的民意（民众意愿）的情状，它应当是积极因素与消极因素并存的客观状态。[2]

在新闻媒体发达的社会，若新闻报道的写作恰当运用舆情的积极成分，贴合实际，反映民情，摘除民意中的偏激成分，对新闻进行评论时，结合舆情的因素，使新闻舆情成为民众的发声渠道，新闻便是一种引导社会思潮的有效方式。

（三）网络舆情的新特征

网络作为舆情的新晋发源地，已成为多种主体相互联系，民众表达意愿的重要纽带和平台。作为社会舆情发展的新样态，网络舆情所新含有的特性，考验着政府的法治水平，也是法治政府、法治

① 公开意见常指通过媒介表达，发表于公众平台的意见。

② 情绪流露与公开意见相对应，常指不公开发表的情绪。

中国建设亟须破解的重要问题，其特点主要表现在以下几个方面：

1. 突发性

相较于传统的舆情而言，网络中的舆情传播通常是：新闻报道—转发评论—形成舆情舆论—传统媒体报道的流程，只需要极短的转发时间，便可以产生连锁性、爆发性的覆盖效果。网民也受语言感染性的影响，在激动情绪的带动下，将关注点集中于对具体新闻事件的连续发布，传播速度之快、范围之广，都是其他传统传媒渠道难以实现的。

2. 隐蔽性

网络舆情区别于传统新闻媒体，通常以匿名形式在网络上进行言论发表。一旦舆情内容背离现实、鱼龙混杂，很难找出不当言论的始作俑者。同时，网络舆情缺乏精准惩罚，网民以“隐匿性”为保护伞，在发表言论时，易图一时之快，缺乏对后果的深刻思考。

3. 反转性

网络舆情由于传播速度之快，群众发声平台之多，往往被曝光的新闻事件尚未经准确调查，就已经被舆论声音掩盖真实新闻事项。以“罗尔事件”“重庆公交车坠江事件”“王凤雅事件”等为例，反转新闻通常以“有图有真相”“舆论倒逼事实”等为噱头，以掩人耳目、混淆视听的新闻点，吸引社会关注，反转新闻事实。

4. 人为策划性变强

网络舆情近来出现了一种舆情被策划、被制造的趋势。当事人易抓住社会舆论“看剧”心理，主动运用网络话语权，带动网民情绪，有目的地进行曝光。譬如，成都七中实验学校食堂事件中，舆情开始于一段疑似学生家长发布的视频，令人作呕、刺激眼球的霉变食物成为引爆舆情的导火索，甚至一度引发家长聚集维权。最后，经过官方权威调查证实显示，这些骇人的问题食品照片、视频均是人为摆拍制造，为了吸引社会关注而编造的一场舆情闹剧。在西安奔驰女车主维权事件中，整个事件最开始是因女车主在“抖音”发布的车顶哭诉视频，极具感染力的视频扩散出去后迅速引起舆论关注，维权当事人还通过“梨视频”发布与奔驰4S店协商的18分钟录音。而这两次短视频的发布正是舆情发展的关键性节点，都是由维权当事人主动放出带动起舆论高潮①。

二、网络舆情规制的合理性与困境

（一）网络舆情规制的合理性

1. 网络舆情法律现状

根据网络舆情特点分析，利用新媒体发酵的舆论，区别于传统媒体下的新闻播报。网络舆情以速度快、网民情绪易带动、责任落实困难为利用点，可以达到人为策划，舆论偏离民意的情况。而当前我国对网络舆情的管理，法律主要有《宪法》《刑法》《国家秘密法》《治安管理处罚法》等；行政法规主要依靠2000年出台的《互联网信息服务管理办法》，部门规章和规范性文件主要有《互联网安全保护技术措施规定》《网监部门信息网络案件管辖暂行规定》《互联网信息服务管理办法（修订案征求意见稿）》等。

2017年6月1日新出台的《中华人民共和国网络安全法》，虽

① 摘自法制网舆情中心2019年6月2日报道。

然已经对我国互联网信息安全进行了初步规定，但大量法规直指的对象是互联网犯罪与数据安全，对于舆情的线上管控、线下惩罚方式、突发事件的监管防控、网络追责、技术要求、行为规范，尚缺少完整的、成体系的包含全面预防、规制、激励、惩治、职责等各个方面的系统性法规。

2. 网络舆情规制的对象

正如前文提及，舆情作为一种特殊的民意，是宪法赋予公民的知情权、表达权、平等权的结合，正确运用舆情对政府的政治走向有不可忽视的作用，因此舆情不可被任意遏制，对于舆情的处理对象，目前我国法律尚无明确规范。实践中常以《互联网信息服务管理办法》第十五条“有害信息”作为网络舆情的规制对象。

我国《互联网信息服务管理办法》第十五条规定：互联网信息服务提供者不得制作、复制、发布、传播含有下列内容的信息：

（1）反对宪法所确定的基本原则的；

（2）危害国家安全，泄露国家秘密，颠覆国家政权，破坏国家统一的；

（3）损害国家荣誉和利益的；

（4）煽动民族仇恨、民族歧视，破坏民族团结的；

（5）破坏国家宗教政策，宣扬邪教和封建迷信的；

（6）散布谣言，扰乱社会秩序，破坏社会稳定的；

（7）散布淫秽、色情、赌博、暴力、凶杀、恐怖或者教唆犯罪的；

（8）侮辱或者诽谤他人，侵害他人合法权益的；

（9）含有法律、行政法规禁止的其他内容的。

由此可见，需要规制的舆情，往往是破坏国家安全、民族团结、脱离事实、危害安全的言论。唯有对这些言论加以规制，才能更好保证民众基本权利，网络舆情规制具有时代性下的必要性。

（二）网络舆情规制的法律困境

1. 缺乏前期预警制度

网络舆情的爆发性，伴随着新闻传播的广泛性，其传播速度之快，影响范围之广，远超传统媒体。譬如，翟天临事件迅速引起学术界对学术问题的再次重视，范冰冰漏税事件一度将娱乐圈“阴阳合同”话题引向高潮。在舆论传播的快速性与网民情绪的激动性下，政府部门却疏于对具体事件提前的舆情分析，导致舆情已在网络上久久发酵，才有官方回应。虽已积极控制舆情，但在事情发酵的初始乃至高潮阶段，政府部门的权威解释时常缺席，鲜少达到理想的控制效果。

2. 合法诉求平台错位

网络舆情信息往往是均衡地分布在互联网空间中的两个网络舆论场域，一是由各级党和政府通过权威发布与解读式线上线下，以报纸、电视、广播和网络等媒体主动发布信息形成的官方网络舆论场域，另一个是由草根和论坛为主，以网络舆论领袖依靠的平台，如论坛、博客、微博等通过互动交流等方式进行信息传播，形成的空间网络舆论场域[3]。前者属于“官方文化”，而后者属于民间文化。真正的舆情往往形成于后者，而前者的发布平台在舆论影响中，收效甚微。

同时，随着大量新媒体的出现，抖音、快手、美篇甚至是知乎评论、微信小程序，都可能成为新晋的舆情发酵平台。但这些新兴平台出现后，却没有法律对其加以及时的规制，以至于不理性群体言论肆虐。而传统政府监控以及传统法律调整依然将重心局限于：

贴吧、推送、报道等，与新晋舆论潮流显有错位，监管与法律责任落实难以出现在第一时间。

3. 程序法与实体法的大量缺失

我国对舆情的研判能力有限，一是体现在由于缺少法律意识，政府或领导干部秉持传统思维，相信发生舆情，即可交给宣传部网信办处理，忽略涉事单位担任解决问题的主要责任。二是我国法律缺少监管机制，舆情的发酵若可在初期迅速发现端倪，对易感染群众情绪的事情进行前期监控与处理，舆情对于维稳的挑战便可以大大降低。三是处理方式简单，传统思想认为舆情靠“删”平息，往往一删了事，缺少对舆情责任人与不当传播人的追责以及对网民情绪的回应与安抚、对民众基本权利的维护。四是分管不明，即新媒体管理责任划分不明，其中以区域划分尤为明显。譬如百度贴吧管理权位于北京，但百度沈阳吧只包含涉沈信息，这导致网信部门跨区域处理困难，而我国立法中，并没有对管辖权进行明确划分。

三、新闻舆情的治理规范展望

（一）“有形手”与“无形手”结合

在舆论治理的过程中，法律更是“有形手”，它通过明确的规定，对违法行为进行以国家强制力为保障的处理。而在网络舆情治理下，公众意见平台与网络领袖作为“无形手”发挥着更重要的作用。由于政府与公民本身信息的不对称占有，利益组织化的不均衡，程序公正的缺位，都构成真实、有效民意表达的障碍。[4]因而，更要注重发挥“无形手”的作用，利用政府信息部门公开平台提前了解民心、公开政策意图；发挥网络大 V 的积极指引作用，发挥好民众自我管理、自我净化、自觉抵制以讹传讹等不良行为。

在当前有关政府信息公开、网络问政议政等制度建设尚存不足的情况下，亟待设立专门法律法规，强调加强网络社区管理制度创新，引导网络空间“公共论坛”“第三部门”① 的合理生长与理性参与并发挥其积极作用，以弥补网络政治生态中公众参与虚置化与形式化、公众知识碎片化与个体化、公众利益未充分组织化等缺陷，为公民基于互联网平台充分行使并有效实现其知情权、参与权、表达权、监督权奠定坚实法治社会基础，[5] 使法律的有形手与其他无形手相结合。

（二）改善官方回应模糊性

1. 案例回顾

由于舆论的危机一部分来源于部分媒体、“网络领导者”、网民对不实信息的传播，政府部门化解舆论危机的重要举措之一便是官方回应实情。但官文往往被舆论的怀疑声音掩盖，事件的关键细节往往被“有关部门正在全力调查”取代，无法起到辟谣的实质性作用。

以北京地铁打人案为例，2017 年 3 月 4 日，北京地铁上一名男子对两名女生辱骂推搡的视频火爆网络，网上众说纷纭，部分舆论质疑此事是炒作、摆拍，还有部分舆论掀起了“地域黑”，开始黑北京人，口水战一发不可收拾。

3 月 5 日凌晨，@平安北京做出了第一次回应，表示已经关

① 三部门，即“通过志愿提供公益”的 NGO 或 NPO。从范围上讲是指不属于第一部门（政府）和第二部门（企业）的其他所有组织的集合，它独立于政府和私人部门之外，以实现公共利益为目标，强调非营利性、志愿性的合法组织，主要为民政部门注册的社会团体、基金会、民办非企业单位及未注册的草根组织。

注，正在开展调查，约 4 个小时后@平安北京做出第二条回应，称已经将视频中的男子抓获。3 月 6 日晚上 8 时左右，@平安北京发布微博，向社会公布了整个案情经过。

微博发布内容如下：针对 3 月 4 日以来网传一段拍摄于北京地铁十号线车厢内的视频，警方迅速开展工作，将视频中的男子张某（17 岁，本市户籍）查获，并向视频中的当事女子蒲某某、胡某某和视频拍摄及首次上传网络人员等核实情况，全面查清了案件事实。

经调查，因蒲某某和胡某某请求张某扫手机二维码推销产品遭拒，引发争吵，后张某对二人实施了辱骂、抢手机、推搡等行为。经向蒲某某、胡某某等二人核实，二人未受伤，手机等财物未损坏。在警方调查过程中，张某对自己的违法行为深感后悔，并向蒲某某、胡某某等二人真诚道歉，获得了对方谅解。

因张某悔过态度好，系未成年在校学生，且初次违反治安管理，警方依照《中华人民共和国治安管理处罚法》的有关规定，对张某决定行政拘留 5 日，并依法不执行行政拘留。对蒲某某、胡某某等二人在地铁车厢要求他人扫码推销产品等涉嫌违反地铁运行管理的行为，警方已通报相关主责单位，并对二人进行了教育。

警方感谢网友、媒体和公众对公共秩序和警方执法活动的关注，并倡议警民携手，共同维护良好的社会治安环境。①

2. 案例分析

该回复为政府对舆情的积极回应，受到了光大网友的点赞，仔细分析该回复具有以下几个特点。一是回复及时性，事发当天，官方微博立刻做出回应，表示对事件的重视与查清态度。在案件的调查后，又第一时间作出声明，缩短了舆情的发酵时间。二是回复的

① 以上摘自北京市公安局官方微博。

细节性，表明双方的态度与受伤程度，且处理依法有理有据，明确说明相关法律与惩罚措施，叙述逻辑严密服人。三是处罚深得民心，体现了相关部门对类似事件的绝不姑息，以及对在校学生处罚减轻的“人情味”。

（三）从外国经验反思我国舆情规范

1. 国外立法规制概述①

国家	相关法律
美国	《信息自由法》《个人隐私法》《反腐败行径法》《伪造访问设备和计算机欺骗滥用法》《计算机安全法》《传播净化法》《电讯法》《儿童网上保护法》《公共网络安全法案》等
欧盟	《保护未成年人及人权尊严建议》《儿童色情框架决定》《隐私和电信指令》等
日本	《未成年人色情禁止法》《交友类网站限制法》《禁止非法读取信息法》《反垃圾邮件法》等
法国	《亚勒修正案》《未成年人保护法》《信息社会法案》等
韩国	《电子传播商务法》《不健康网站鉴定标准》《互联网内容过滤芯法令》《促进信息化基本法》《促进使用信息通信网络及信息保护关联法》《信息通信基本保护》《电信事业法》等
瑞典	《电子通告板责任法》
新加坡	《互联网管理办法》《互联网行为准则》《广播法》《滥用计算机法》等
德国	《信息自由法》《联邦信息和传播服务法案》《信息与通信服务法》《电信服务数据保护法》等
澳大利亚	《1996 年检查法案》《广播法修正案》《互联网服务法案》《垃圾邮件法案》等
英国	《3R 互联网安全规则》《信息公开法》《反恐怖主义法案》《通信监控权法》《垃圾邮件法案》等

① 图源《外国网络舆情规制经验及启示》（毛新娟、张可、王新婷）。

从上图来看，国外针对网络舆情的规制大致可以分为以下几种模式：一是以新加坡为代表的严格主义模式，该管理主要有三种模式：一是以新加坡为代表的严格主义模式，该模式主张对网络舆情进行严厉管制，建立相应的内容审查制度，从而维护本国及本民族的价值观、传统文化。二是以美国为代表的自由主义模式，美国对网络舆情的监管尊重公民的自由言论权，主要依靠行业自律。三是以英国为代表的折中主义模式，英国对网络舆情的管控以网络行业自律为主，政府监管为辅，这也是国际互联网监管的共同思路，政府通过制定相关政策进行引导，其他则主要依靠行业自律。[6]

2. 国外模式对我国制度建设的启发

虽然我国已经逐步取得了一些关于互联网领域的立法成就，但是相比较于发达国家仍存在着较大差距。这尤为体现在：一是基本法的缺失，由于缺少基本法律对网络中舆情管制相关权利的明确表述，我国现行法规与暂行办法中，出现众多的交叉重合情况，法律的具体适用不明确，责任认定不清晰。这可以采取西方国家的做法，减少单行法对于舆情规制的出台，减少法律重合的适用纷争，力争用基本法统一规范舆情。二是我国法律对于舆情责任规定太过笼统，在舆情事件中，主要责任人、虚假信息传播者，都很难找到明确法律法规对其进行处罚。网络舆情的监控、处置权利，也缺少更加细致的划分。三是缺少程序法的保障，侵权事件发生后，追责困难且效率低下。一方面，公民的诉求得不到快速满足，舆情发酵持续升温；另一方面，程序法也要最大程度保障公民的合理诉求，一旦言论发表被强行不正当删除，公民也需要有必要渠道进行维权，保护自身的合法权益。

结　语

网络信息时代新媒体的出现，扩大了舆情的传播范围、增加其爆发频率与强度，对政府维稳能力、旧有法律规定均产生不小的挑战。本文以法律为主要观察角度，考察网络舆情规制在我国立法中的不足。同时，通过对西方国家经验的借鉴，期待对其进行调整：基本法统一众多单行条例、程序法配合实体法，等等。

总之，在网络舆情的规制道路上，法律的作用尤为关键，它既是舆情传播的兜底条款，也是民众受舆情涉及的相关权利遭遇侵犯时反击的利器。我国立法虽已意识到“互联网不是法外之地”，但在舆情监管上，尚存在着传统思维下的规制范围狭窄、手段强硬等诸多问题。唯有更好地将舆情治理与法制相结合，才能真正意义上迎接时代对政府治理能力的考验！

参考文献

[1] 吴光恒．法治视野下政府应对网络舆情的路径选择 [J]．湖北民族学院学报（哲学社会科学版），2018，36（04）：167—172.

[2]《新闻媒体传播及舆情管理》（梅松），摘自百度文库。

[3] 郗琳，李斌．应对涉检网络舆情的现状与机制研究 [J]．中国检察官，2010（21）：56—58.

[4] 汤啸天．政府在公民维权中的指导责任和接受监督 [J]．社会科学，2007（10）：16—24.

[5] 胡朝阳：《论舆情管理中维权与维稳的法治统一》，《学海》2012 年版。

[6] 毛新娟、张可、王新婷：《外国网络舆情规制经验及启示》，《中国人民公安大学学报》2014 年第 2 期。

论新形势下传媒与司法良性关系的构建

彭新林　王　磊

“在任何实行民主政治和法治的社会中，新闻自由和公平审判皆为国家和社会生活中不可缺少的基本价值”。[①] 前者以“社会瞭望者”的角色为公众提供信息资讯，后者作为“公平正义的守护者”为社会冲突提供最权威的解决途径，两者共同推动着社会向前发展，但是两者也不可避免地产生摩擦。如何理性认识两者之间的关系，妥善处理两者之间的矛盾尤为重要。

一、对“媒介审判”现象的反思和再认识

(一)“媒介审判”的源流

媒介审判的概念来源于美国，其核心含义是指媒体所挑动的大众民意裹挟了法院的审判，使得法院被迫背离事实基础作出与民意相符的判决，但是这种审判的存在前提是“陪审团”制度。在刑事案件过程中，被告人有权利选择是由专业的法官还是陪审团审理，只有在后一种情况之下，“媒介审判”才有讨论的空间和价值，案

① 参见卡特等著：《大众传播法概要》，黄列译，中国社会科学出版社 1997 年版，第 4 页。

件的事实认定是由陪审团负责。如果在案件的审理过程中，媒体大肆片面性、倾向性报道会影响陪审团对事实的认定，进而对案件的审理产生不利影响。对于由职业性法官审理案件，美国社会丝毫不担心其会被民意所左右。对此，美国确定的基本归责原则是："法官有责任严格控制法庭和法院处所的环境以确保传媒和公众不干预被告接受公正审判。如果传媒的报道惹人注目且遍及街头巷尾，而初审法官又没有采取有力措施以使陪审员避免来自报端的影响，那么其判决就要冒被推翻的危险。"①

在美国著名的"谢泼德诉马克斯韦尔案"中，就是因为初审法官没有适当隔离陪审团与媒体，导致媒体片面而激烈的言论对陪审团产生了负面的影响，从而使被告失去了接受公正审判的机会，导致其判决被联邦最高法院撤销。因为案件审理推进的过程中，陪审团对事实的认定不是基于在法庭上的听闻而产生理性判断，而是在广大媒体报道的渲染中已经产生了预判。正如"克拉克（Clark）法官指出，该案在原审时未能排除媒体对于选定陪审员、举证以及认定事实的影响，导致被告人失去了接受公正审判的权利"。②

（二）"媒介审判"的基础

我国案件主要是由专业的法官进行审理，媒介审判所存在的陪审团制度在我国并没有生存空间。即使是由人民陪审员和职业法官组成合议庭，法官仍然对案件的审理起主导作用。在这种审理模式中，媒介报道所渲染的氛围不应该对法官的公正审理产生影响。即使在产生媒体大肆报道罪犯有罪或者无罪的情况之下，法官应当

---

① 参见林爱珺："美国有关传媒报道与公正审判的冲突及其法律调整评介"，载《汕头大学学报》2002 年第 2 期。

② 参见高憬宏："新媒体环境下的司法审判"，载《人民法院报》2013 年 10 月 23 日。

"以事实为依据，以法律为准绳"，秉公审理。这是职业法官所应当具备的专业素质和职业素养，如果法官连来自媒体的声音这点障碍都无法克服的话，我们怎么可能期待这是一个公正的审判呢？如果连外部的舆论声音都可能对职业法官的审理产生不利影响的话，那么我们只能回到秘密审判的环境了，这无疑是违背法治精神。"问题的关键不在于司法是否听取了媒体的意见，而在于司法是否以事实为依据、法律为准绳做出了独立判断。仅仅从司法的判断与媒体的意见是一样的，不能简单断言是舆论影响司法独立。"[①] 中华人民共和国宪法第 125 条规定了公开审判制度，这就要求法官必须在社会大众的注视下审理案件，让正义以看得见的方式实现。这也当然地预设了法院应当具备不受舆论干扰秉公审理案件的专业素质。如果我们承认法官在案件的审理过程中认为舆论对案件的审理产生了不良的影响而通过国家机器杜绝媒体报道的话，在现代环境下不但不会起到遏制舆论的作用，反而会更为激发舆论，更是自己做了自己案件的法官。"传媒发挥作用的途径只是唤起人们，特别是法官的良知，引起人们的注意，没有任何强制性的力量。传媒是一种软监督，对司法独立的影响是有限的"。[②] 在庭审的过程中，职业法官应当严格按照法律规定审理案件，通过庭审审理和事后阅卷形成内心确信，作出公正的判决。我们相信符合法律的公正判决一定会使人民群众信服，如果群众对判决产生怀疑或者批评，那么法官就负有解释义务。

（三）"媒介审判"的误读

在传媒大肆报道的情况下，媒体所裹挟的民意对法院所产生的

---

① 参见魏永征："答《传媒》记者问"，载《传媒》2004 年第 6 期。

② 参见王好立、何海波："司法与传媒学术研讨会讨论摘要"，载《中国社会科学》199 年第 5 期。

影响是有限的，现在各种论文对中国媒介审判的批评实际上是将司法的不作为或者其他干扰司法独立的“板子”打在了毫无权力的媒体之上。如果承认这些案件的审理背离了司法公正，干扰了司法独立，那么媒体只是提供了“因”——事实，而真正的责任却不应该由媒体来承担。

1. 媒介审判抑或媒介失范?

“所谓媒介审判，指的是新闻媒体在未经司法机关同意的情况下，超越司法程序抢先对涉及的案情作主观判断，对案件所涉及的人员作出定性、定罪、定刑期，以及胜诉或败诉的结论。”[①] 媒介审判最主要的特征是：“超越司法程序抢先对案件作出判断，对涉案人员作出定性、定罪以及胜诉或者败诉等结论。”[②] 通过目前我国学界权威学者对媒介审判概念的分析可以发现，这与其说是媒介在审判案件，对案件事实产生决定性影响，还不如说是新闻媒体背离了新闻专业主义所产生的偏差。

对于这种“媒介失范”是不同主体在传播信息过程中所无法避免的现象。我们不能要求媒体和法官一样具备专业的法律素养，否则这会使新闻自由大打折扣。媒介失范的行为只要其不违背法律的规定，那就应当属于观点的自由市场。对于媒介失范的惩处和新闻报道的限制必须有法律的明文规定，否则这将属于新闻工作者的职业素养要求。

对于案件在审理过程中，法官在依据法律审理的同时，媒体也在依据事实进行报道和传播，对案件事实媒体当然有权利进行评论。因为在现代报道语境下，这应该是媒体所享有的权利，另外一

① 参见郑保卫：“论传媒与司法的良性互动”，载《当代传播》2008 年第 6 期。

② 参见魏永征主编：《新闻传播法教程》，中国人民大学出版社 2002 年版，第 209 页。

切报道与其说是客观的，不如说是主观的。因为一旦报道转化成文字，新闻工作者就有自由去选择素材，事实和评论根本就没有办法进行区分。只要这种报道和评论建立在“真实”的基础之上，真实是新闻的第一生命。但是我们对于这种真实的限制不应该要求到“法律真实，证据真实”，而应该是“主观真实”，即新闻工作者履行其职业义务对所报道的事实有合理依据并认为是真实的，且一般大众在这种环境下也会做出这种判断。“一个新闻记者在极其忠实地报道他所听到的人民呼声时，根本就不必随时准备详尽无余地叙述事情的一切细节和论证全部原因和根源。何况这样做需要很多时间和资料”。[①] 如果要求新闻记者对事实的报道达到法官的审理的程度，那么最好的法官就是记者了。

2. 司法偏移公正的“归因”与“归责”

1995 年发生的“夹江打假案”作为媒介审判的经典案例而被广为引用。四川省技术监督局查封了夹江县彩印厂擅自印制的大量“彩虹”牌电热灭蚊药片包装盒，而后夹江县提出行政诉讼，诉由是行政主体不合格。因为根据《商标法》的规定，商标的注册管理工作由国家工商行政管理部门负责。这本是一起普通的民事案件，在媒体的大肆报道，甚至引起焦点访谈的，引起了人大的关注，在人大的压力之下夹江县人民法院做出原告败诉的判决。但是仔细观察本案，真正影响司法独立的因素并不是媒体，媒体在报道案件事实方面都是恪守真实原则，只是在对案件进行评论的过程中秉持着最朴素的正义观“造假者就应该受处罚”，这种观点无可厚非。真正影响案件审判的是人大的干预，那么如何妥善处理人大和法院在

① 参见马克思，恩格斯：《马克思恩格斯全集》（第 1 卷），人民出版社 1956 年版，第 120 页。

个案审理之间的关系才是真正值得思考和反思的问题，而媒体所做的只是客观报道和秉持公正内心进行评论。当然在这其中，记者的评论缺乏基本的法律知识，但是随着我国记者法治意识的增强和法律知识的增加这种情况已经不足为虑。

我国媒体自身被定为“党的耳目喉舌”，基本上是党管媒体。那么媒体自身就具备一定的“权力”，但是这种权力仅仅是依靠其机关性质而具备的，这种权力的存在仅仅存在于“采访权”，媒体能够采访的案件和获取的信息是广大普通民众所不能比拟的，但是这种权力并不当然赋予其媒体报道的内容，这和司法判决有着本质的区别。这是由于这种性质，媒体被期待成为解决社会纠纷的机制。“通过媒体的表达影响公众意见，通过公众意见左右政府及领导的态度，通过政府及领导的态度改变案件的裁判”。[①] 这一现场成为我国目前媒体监督司法的怪象。但是这一现象出现的原因是媒体，但是这一现象所导致的司法偏离公正的责任却不应该归于媒体，而恰恰正是反映了司法本身不能独立。“媒介审判无非是一种舆论的软力量，虽然会有一些不良的影响，但就中国的现实来说，与其说是媒体干扰了司法公正，还不如说是行政与人情力量在干扰”。[②] 从另一角度来说，这一现象的出现反而有利于加强司法独立。因为在这一过程中作为干扰司法独立的因素充分得以显现和暴露，剔除这些因素的干扰成为我国当下司法改革的重点问题。

3. 司法所要求的释明义务

法院作为解决纠纷的国家权力机关，不仅需要公平公正解决纠

---

① 参见栗峥：“传媒与司法的偏差——以2009年十大影响性诉讼案例为例”，载《政法论丛》2010年第5期。

② 参见吴飞、程怡：“传媒与司法的对话——公开与公正——司法与传媒关系研讨会述评”，载《新闻大学》2006年第2期。

纷，而且要求对解决纠纷所依据的法律和事实具有释明的义务。这不仅仅是司法公正的要求，也是司法民主本身的应有之义。当媒体对案件进行误读或者怀疑司法不公的时候，那么法院有义务向广大民众解释判决的依据。法院应当摈弃傲慢的姿态，去除民众不知法的偏见，向民众解释判决的过程。经过司法理性审理所得到的公正一定会引导舆论。因为这种经过复杂的诉讼程序基础之上的事实的核实以及理性的基础之上的结论无疑具有更大的说服力。这就要求法官必须树立媒介意识，这种媒介意识应当贯穿于案件审理的全过程。在案件审理前夕，应当积极主动向媒体通报已经确定的案件事实，在案件审理的过程中，应当对大众所关注的热点问题予以回应，尤其是在案件审理结束后，应当向大众阐释判决的依据和理由。“面对传媒领域的竞争，司法作为国家权力的重要组成部分，不应当从属于或者依附于某一种声音，而应当充分认识司法机关在舆论观点形成当中的主体性地位，用自己的声音说话，重视司法公开。”①

法院没有尽到的释明义务而引起的媒体批评，却被很多学者归于“媒介审判”，② 这方面的典型代表是“刘涌”案件。③ 刘涌案件经二审改判为死刑缓期两年执行之后，舆论一片哗然，以《外滩画报》在国内率先发表《对沈阳黑帮头目刘涌改判死缓的质疑》评论为代表，各种批评指责之声接涌而至。仔细分析这边报道可以发

① 参见于浩：“传媒与司法关系的重构”，载《国家检察官学报》2014 年第 3 期。

② 这一方面的代表论文，如朱健、王人博：“媒介审判负面效应批判——兼论构建传媒与司法间的和谐关系”，载《政法论丛》2006 年第 6 期。

③ 刘涌案件的基本情况：刘涌因涉及“组织、领导黑社会性质组织罪，故意伤害罪，抢劫罪，敲诈勒索罪，私藏枪支、弹药罪，妨害公务罪，非法经营罪，偷税罪，行贿罪”被辽宁省沈阳市人民法院判处死刑立即执行，刘涌不服提出上诉，辽宁省高级人民法院于 2003 年 8 月 11 日作出以下判决：“上诉人刘涌论罪应当判处死刑，但鉴于其犯罪的事实、犯罪的性质、情节和对于社会的危害程度以及本案的具体情况，对其可不立即执行。”随后舆论一片哗然，最高人民法院罕见提审，改判死刑立即执行。

现，这篇报道所质疑的是根据刑法规定首要分子应当对犯罪集团所犯的全部罪行负责，在其打手都判死刑立即执行的前提下为何首要分子只是死刑缓期两年执行。在案件审理之后媒体对案件事实无论发表什么评论都属于言论自由的范畴，如果因为发表指责法院或者与法院判决不一致的评论就是媒介审判的话，那么法院的审理基础未免也就太薄弱了。更何况这种质疑的声音无论是从事实上还是从法律上都是合理的。“对所有公共机构发表评论，尽管有时令人讨厌，但这是一项珍贵的权利。对言论的压制，无论多么有限，若仅仅是为了维护法院和法官的尊严，其结果可能并非是增长人们对法院的尊敬而是招致怨恨、怀疑和藐视”。[①] 更为重要的是辽宁省高级人民法院改判理由“鉴于其犯罪的事实、犯罪的性质、情节和对于社会的危害程度以及本案的具体情况，对其可不立即执行”这句极其抽象的原则性宣示性的话语无疑在巨大的舆论面前是苍白无力，难服众人之口的。作为这个案件最大的改判理由“一审中存在刑讯逼供的可能”，在实质正义和形式正义的权衡下，法官选择了形式正义。如果这一理由成立的情况下，法院就应该详尽地解释作为刑讯逼供的事实以及非法证据的排除过程。我们每一个人作为“刑讯逼供”这种恶的可能受害者，只要法院尽到充分的阐释义务，相信每一个大众都能接受这种为独立的价值—形式正义。“刘涌案折射出传媒仍然是国家宣传喉舌的大背景下，并不一定会干扰司法裁判的正常运转，尽管可能先期的舆论引导会给司法机关的裁判带来压力，但如果坚持做到司法公开，采取令人信服的理由，民意自然认同，也无所谓‘媒介审判’的说法。”[②]

---

① 转引自张树剑：“传媒与司法的冲突和平衡”，载《国际新闻界》2008年第10期。

② 参见于浩：“传媒与司法关系的重构”，载《国家检察官学报》2014年第3期。

二、传媒与司法冲突的实质

传媒与司法冲突的本质是建立在两者都恪守其职业素质基础之上。只有明确这一前提，才能充分认识两者之间的矛盾，在更深刻的层面反思和处理两者之间关系的基本准则。对于传媒失范而言，如果其违背了法律的规定，那么通过法律途径解决。如果只是由于自身的言论问题，那就是属于其自身的职业素养问题，通过传媒的自律解决，在这种情况系其所发表的言论，也只能通过“观点的自由市场”解决，而不能寻求法律以外的途径予以遏制。传媒与司法的冲突的讨论不能以传媒失范为视角，因为传媒失范本身就是违背新闻专业主义的，以一种错误的新闻报道事实和独立的公正审判之间的比较就必然得出限制媒体报道范围和报道内容的结论。那么如果通过符合新闻专业主义的媒体报道和司法腐败进行比较那必然就得出司法应当尽可能接受传媒监督，甚至连法庭的评议过程也必须在公众的视野下运行。这两种情况都是有失偏颇的，在这种情况下比较所得出的结论就只能是各执一词。

讨论传媒与司法的冲突和矛盾就必须厘清两者背后的本质属性。在我国，传媒对司法进行监督的宪法性依据是宪法第 35 条所规定的言论自由以及第 41 条所规定的对国家机关进行监督的权利。[①] 三大诉讼法所确定的公开审判原则也赋予了媒体监督司法的

---

① 《中华人民共和国宪法》第三十五条规定：中华人民共和国公民有言论、出版、集会、结社、游行、示威的自由。第四十一条规定：中华人民共和国公民对于任何国家机关和国家工作人员，有提出批评和建议的权利；对于任何国家机关和国家工作人员的违法失职行为，有向有关国家机关提出申诉、控告或者检举的权利，但是不得捏造或者歪曲事实进行诬告陷害。

权利。[1] 传媒对司法进行监督的法律基础在于言论自由的权利属性，对司法的报道和评论也属于自由的范畴之内。司法独立是为确保法院公平审判而确定的，只有司法本身独立，才能依据法律公平公正审理案件，不受其他因素的干扰。司法独立本身包括法院独立和法官独立两方面的内容。前者要求司法权力在国家权力配置中的独立地位，而后者要求在具体案件的审理过程中，法官只需依据法律审理案件而无须受到其他因素干扰。

传媒和司法的冲突本质上是一种权利和权力之间的冲突。只要是公开审判的案件，媒体都享有报道的自由和权利。两者之间的冲突发生只是在媒体认为其自身可以报道而司法确认为其属于不公开审判的内容。《中华人民共和国刑事诉讼法》第一百八十三条规定：人民法院审判第一案件应当公开进行。但是有关国家秘密或者个人隐私的案件，不公开审理；涉及商业秘密的案件，当事人申请不公开审理的，可以不公开审理。《中华人民共和国民事诉讼法》第一百三十四条规定：人民法院审理民事案件，除涉及国家秘密、个人隐私或者法律另有规定的以外，应当公开进行。《中华人民共和国行政诉讼法》第四十五条规定：人民法院公开审理行政案件，但涉及国家秘密、个人隐私和法律另有规定的除外。概括而言就是两者在认定“国家秘密，商业秘密，以及个人隐私”三者之间的矛盾。当法院以不公开审判拒绝媒体采访时，法院应当履行说明义务。当媒体不服该理由，通过其他途径报道案件时，两者之间就会产生冲突。两者之间冲突的本质表现就是媒体在报道司法审判案件的范围问题上的冲突，而关于这种报道范围的限制我国目前在宪法以及三大诉讼法之中只有原则性的规定，国内也并没有发生相关的案例。

---

① 参见《中华人民共和国刑事诉讼法》第一百八十三条；《中华人民共和国民事诉讼法》第一百三十四条；《中华人民共和国行政诉讼法》第四十五条。

随着我国新闻自由的进一步扩张以及新媒体的迅速发展，两者之间将来必然会产生冲突。

尤其值得强调的是 2015 年 8 月所通过的《刑法修正案九》第 35 条所增设的披露、报道不应公开的案件信息罪，将公开披露报道依法不公开审理案件不应当公开的信息，情节严重的行为规定为犯罪，而从现实来看，因为媒体所具有的广泛影响力和迅速传播力往往是该罪最常见的主体。伴随着这一行为入罪化，如何确定不公开审理案件中的不公开信息就成为首要问题，而对于这个问题的不同认定就会导致司法与传媒之间的剧烈冲突。这一冲突不仅仅涉及具体的个案，而且在制度建构上面，如何合理解释和认定不公开审理案件中的不公开信息更是涉及司法权和新闻自由两者本性上的冲突。该罪名的增设必定会对我国传媒与司法之间的关系产生深刻的影响，而且更是直接证明了传媒与司法的冲突是在认定案件报道范围上的冲突，而不是报道方式的冲突。

三、传媒与司法良性关系的构建

对于传媒与司法之间的冲突我们不应该过分夸大，尤其是对所谓的媒介审判的概念要有着清醒的认识。我们强调传媒与司法之间的关系的重点应当在于这种监督权的保障上，值得警惕的是司法机关以干扰审判为由拒绝媒体监督，对传媒所进行的不恰当限制。“古往今来的历史所揭示的教训是，新闻自由所焕发的乃是社会的活力，而非暴力。任何社会都难免不满情绪，不满之中往往包含着改善制度所需要的智慧和动力。新闻自由的价值在于能够将千千万万人的聪明才智得以无所顾忌地表达。”①

① 参见贺卫方：“传媒与司法三题”，载《法学研究》1998 年第 6 期。

（一）传媒与司法的目标契合

两者的终极目标都是维护社会的正义，只是两者作用的手段和方式不同。传媒自身通过对真善美事实的报道树立社会的正面价值，通过传媒自身所具备的“放大效应”将这种价值迅速推而广之，构建社会的主导价值观念。通过丑恶行为的揭露和批评，通过舆论的力量来达到纠偏或者引发正常的社会纠纷解决机制。从其本身所应当承担的社会责任来说，其出发点和落脚点都是在于公平正义。而司法机关自身的独立性的目的就是要求其一个中立的身份依照法律的规定解决社会冲突，而这种冲突的解决背后是有国家权力作为后盾的，这必然要求司法必须符合公平正义，不然作为社会权威纠纷解决机制就会彻底丧失作用，人类又将回答以牙还牙，以眼还眼的私立救济之路。“司法的天然职能在于解决民众间以及民众与政府间的纠纷，它依照民众同意的公共准则——法律来保护权利；而传媒的力量则在于一旦它认为有谁侵犯了民众权利，便通过报道与批评迫使侵犯方自动停止侵犯或引发正常的机制将侵犯行为纳入体制性解决轨道。”[①]

（二）传媒监督司法的重要意义

传媒对司法的监督是普及法律知识，加强法治意识的需要。“再大的审判法庭也只有几百或上千个座位，再高声地宣判也只能传出百米开外。但因为有了媒体，一切变得不同了。”[②] 媒体通过对具体案件的报道，普及具体的法律知识，尤其是在现代社会中显

---

① 参见左卫民著：《在权利话语与权力技术之间》，法律出版社 2002 年版，第 137 页。

② 参见蒋惠岭、龙飞：“展望媒体与司法良性互动新纪元”，载《人民法院报》2010 年 1 月 9 日。

得尤为必要。随着社会的迅速发展，各种现象和纠纷层出不穷，原有纠纷在改变其形式或者加深其深度的同时也出现了大量的新的纠纷和问题。对于这些新出现的问题，法律也必须做出适当的调整予以回应，所以现在修改法律的节奏也在加快。在这种情况下，法律的变化和现实大众的法律观念之间肯定就会有差距，媒体对新型案件的报道就有利于普及法律知识，提升公民的法律修养。从另一个角度而言，司法审判案件所使用的是专业的法言法语，这种专业的表述是司法本身的需要，但是在普及法律知识时，这种专业性术语就会成为障碍，而媒体对具体的单个的案件事实的平铺直叙的报道就正好解决了这个问题。值得注意的是，随着国家对社会控制手段的丰富以及控制力度的加强，各国刑法中出现了大量的法定犯。而法定犯的反社会伦理程度较低，是对国家行政秩序的一种强烈违反，一般民众很难认识到其行为的性质以及其中的危害。而传媒对这种犯罪事实的报道有利于普及法律规范，特别是对于民众一无所知或者知之甚少的案件报道的意义显得更为突出，从而使得因不知法而犯法者的数量大大减少，也有利于民众同犯罪做斗争。

传媒对司法的监督是保障司法公正的切实要求，是遏制司法腐败的需要。传媒对案件事实的报道有利于督促法官公正审理案件，这也是公开审判的应有之意。同时在传媒的监督之下，各种干扰法庭审判的势力也会充分暴露在公众的视野之中。如同香港前首席法官罗拔时爵士在一宗案件中指出，“让公众人士进入法庭聆听审讯的最大优点，是他们出席旁听时对法庭所施加的监察。当法庭内充满对案件感兴趣的人士，尤其是能够对公众产生影响力的媒体记者，法庭内每一个人的作为自然会更加谨慎小心，每个人都会更加尽力一点，如果没有公众人士或者记者在场，这种监察的气氛便会完全丧失”。[①] 在司法裁判结果公正的前提下，传媒的报道会进一步加强司法权威，强化司法的判决力，在国家机器强制力的保障之外赋予舆论的外部压力使案件当事人接受法院判决并切实履行。“媒体通过向公众传播信息，客观报道和评论法院的审判活动，反映人民群众的呼声和正当要求，舆论干预法院的审判偏差，督促和帮助法院纠错，揭露和谴责司法腐败，提出批评或者建议，维护法院的公信力和权威。”[②] 传媒的外部监督是建立司法权力监督体系的重要一环，有利于防止司法腐败。传媒所依赖的广泛的舆论基础以及我国媒体所独具有的“党报党台”的性质能够成为监督司法权力的有效的外部力量。“在实践中，舆论监督对腐败分子具有巨大的威慑力量，不少腐败分子就是通过新闻媒体的揭露报道、通过网络舆论露出了马脚，最后被相关部门绳之以法的。”[③]

“真正自由的传媒也不会损害司法公正，因为总会有几种不同的声音的——在言论自由的条件下，任何人的言论都不具有杀伤力，只有‘唯一’的声音才是可怕的”。[④] 传媒对司法的监督不但不会损伤司法公正，反而有利于确保公正审判。因为公平与正义是所有人的诉求，只不过传媒与司法是以不同的方式予以实现。在现代信息社会环境下，法院应当主动积极接受媒体监督，提高自身的媒介意识，在民众所关注的大案要案疑案以及具有普遍意义的案例中，法院不但应当接受媒体的监督，而且还应当主动积极传播事实，使舆论在理性的轨道上行驶。

---

① 参见王军著：《新闻工作者与法律》，中国广播电视出版社 2001 年版，第 98 页。

② 参见郭卫华等：“论媒体与法院的良性互动”，载《法学评论》2008 年第 1 期。

③ 参见彭新林：“论权力监督是遏制腐败的关键”，载《刑法论丛》2014 年第 1 卷。

④ 参见王好立、何海波：“司法与传媒学术研讨会讨论摘要”，载《中国社会科学》1999 年第 5 期。

（三）传媒报道司法应遵循的规则

应当说，传媒对司法的舆论监督，有助于维护司法公正、提升司法公信和防止司法腐败，而传媒对司法的不当干预，则势必损害司法权威、影响司法公正。传媒对司法的报道，如何才能做到运行在合法监督的轨道内，而不异化为不当干预，与其说是一门需要认真斟酌、考量的艺术，倒不如说是要遵循相应的制度和规则。本文认为，处理好新的时代条件下我国传媒与司法的关系，应牢牢坚持马克思主义新闻观，牢牢坚持正确的政治方向，在认真鉴别、合理借鉴美国等域外国家传媒法制及实践中有益成分的基础上，主张确立以下基本规则：

第一，注重价值平衡。无论是舆论监督还是独立公正司法，尽管在不同国家的表现形式存在差异，但核心意涵基本一致，而且都是现代民主法治国家珍视、捍卫的重要价值，对维系社会的健康发展都不可或缺。因而要努力实现舆论监督与独立公正司法相统一，要在价值上对两者进行合理平衡，以使之相得益彰、相辅相成，共同发挥好保障人权、促进法治进步和社会发展的正向功能。“现在的挑战是维持一种特别的宪法平衡，设计一系列基于个案适用的权利测试标准，要令两种重要的宪法保障得以并存”。[①] 鉴于此，一方面，要确立事后追究原则，充分保障舆论监督的价值。因为“在寻求有效司法体系所体现的公共利益与宪法《第一修正案》所保障的信息的完全流动之间的恰当平衡中，我们必须从最基本的论点开始，那就是，因为宪法《第一修正案》权利的脆弱和易受攻击的特

① ［美］约翰·D. 泽莱兹尼著：《传播法》（第 4 版），张金玺、赵刚译，清华大学出版社 2007 年版，第 238 页。

性以及它们在维护社会正义中的重大作用，它们需要得到特别的保护”。[①] 所以，对于传媒的采访报道，不应作过多的事前限制，避免动用“阻却”传媒报道的措施，以使传媒准确、全面、及时地获取司法信息，否则舆论监督的空间和价值将严重萎缩。在传媒报道失实，损害司法权威、影响司法公正的情况下，可以依法追究相应责任。另一方面，传媒应尊重司法的独立判断，不得“越俎代庖”。司法是一种理性、客观的职权主义行为，当传媒的报道会不当干涉到司法工作人员的独立判断、损害司法公正时，即可对传媒的报道活动进行限制和约束。但前提是司法机关必须尽到相应的说明义务，要有合理的根据证明传媒的相关报道会干扰司法活动。

第二，事实与评论分开。在新闻报道实践中，尽管传媒的报道与评论有时难以分开，尤其是事实与评论混同、夹叙夹议的时候，更是如此。正如国外“大法官”指出：“这两者（事实与评论）越来越经常地被混为一谈且不为人所察觉，书面新闻报道的标题是这样，电视及电台也是这样。”[②] 不过，在笔者看来，只要媒体记者秉持公心，从案件事实出发，对所报道的案件及事实尽量采取客观叙事的方式描述，不渗入主观评价，即使对素材的选择有一定主观性，也基本上能做到将事实与评论分开。为了防范传媒失范行为的发生，在案件审理过程中，传媒应仅限于报道案件事实，不宜发表对案件事实的倾向性评论。对案件事实的定性以及规范评价，这是司法的职权，传媒要起的只是舆论监督作用，而不应代替司法对涉及的案件事实抢先作出主观判断，更不应越位对涉案的当事人之法律责任及大小先下结论。当然，在案件裁判之后，传媒对案件及涉

① ［美］约翰·D. 泽莱兹尼著：《传播法判例：自由、限制与现代媒介》（第4版），王秀丽译，北京大学出版社2007年版，第161页。

② 参见徐讯：“媒介的责任：将报道与评论分开”，载《法学研究》1999年第6期。

案人员的法律责任等问题可以自由发表评论，也可以对法院裁判进行批评甚或指责，只要其恪守新闻职业准则，不违反法律规范，就不容司法干涉。

第三，确立重大过错规则。对传媒报道司法失实的情形，除非传媒是因故意违反法律、法规或者有重大过失造成严重后果的，则不应追究传媒的法律责任。不能简单凭报道失实这一结果就追究传媒的责任，这是由新闻报道工作的特殊性和新闻报道规律决定的，但对出于故意或者重大过失等重大过错责任造成报道失实的，则应依法追究相应责任，这体现了主观过错、客观行为与危害结果的辩证统一。故意是指“有意为恶”，即传媒明知或者应当明知其报道或评论会损害司法权威、影响司法公正，或者损害公共安全和社会利益，或者侵犯他人合法权益，而仍然进行报道或者发表相关评论。过失是“无意误犯”，包括疏忽大意的过失和过于自信的过失，即传媒应当预见其报道行为可能发生损害司法权威、影响司法公正，或者损害公共安全和社会利益，或者侵犯他人合法权益的结果，由于疏忽大意未能预见或者虽然预见了但自以为不会发生，但最后仍发生了这种危害结果的情形。相比而言，故意责任下传媒的主观恶性更大，其承担的责任也相对要重。

新媒体时代背景下的网红现象分析

商雅雯

【摘要】 本文从网络普及背景下的网红现象的分析入手开始讨论，分析其是不是一种正常的社会现象，探讨其特征、存在问题、对于社会的影响，以及分析对策。

【关键词】 网红；新媒体；自媒体

中国互联网络信息中心（CNNIC）发布的第37次中国互联网络发展状况统计报告显示，截至2015年12月，中国网民规模达6.88亿，互联网普及率为50.3%，居民上网人数已过半。然而，赶上网络普及这趟快车，使自己迅速成名的例子也开始呈现逐年增长的趋势。从2004年的芙蓉姐姐到后来的凤姐，再到近两年短视频贴片广告竞拍的papi酱，网红已存在十余载。伴随着互联网的普及过程，网红现象也愈演愈烈。那么在这一背景下，怎样正确看待网红现象，让它为我们所用呢？

一、何为"网红"？

"网红"一词最早出现于2010年后，到现在，它已经渗透入每个人的日常生活，每天司空见惯，再加上它的含义可以通过字面上的意思来理解为"网络上的红人"，所以人们很少思考它的具体含义到底是什么。但其实，“网红”一词应该远不止于它的字面意思那么简单，它有更深层的含义，而且这含义也因为时代的不同而有着不同的特点。

最早期的“网红”指的是文字时代的网络红人，以痞子蔡、安妮宝贝、南派三叔为代表的一批网络作家，他们把写作作为职业，文字作为武器，通过自己原创的故事吸引一大批读者，读者对他们的故事着迷，对作者本人产生兴趣转变为粉丝。有了粉丝的关注，创作的作品有了热度，走红也就理所当然。

第二代的“网红”指的是图文时代的网络红人，就如时尚杂志的绚烂多彩一般，这时的网络红人以女性为主，多以图载文载入。值得一提的是，此时走红的对象主要是以有别于大众审美的女性为主，主要代表是芙蓉姐姐、凤姐等，她们搔首弄姿，时不时有“雷人”的语言出现，她们不美但是有悖于公众审美的个人特色，很快成了网友热议的对象。

现在主要讨论的“网红”指的是宽频时代的网络红人，互联网越来越宽，上面承载的受众越来越多，此时网络歌曲的走红则是宽屏时代网红走红的标志。本文认为，宽屏时代的“网红”的演变也分为两个阶段，第一阶段主要以网络歌曲和恶搞视频的走红为主。网络歌曲主要指在网络上发行传播而又朗朗上口容易流传的歌曲，典型代表是《老鼠爱大米》《香水有毒》等。而恶搞视频主要是网友自己拍摄、创作的视频，代表是后舍男孩上传的搞笑模仿视频，他们模仿别的明星在镜头下以夸张的表情和神态达到搞笑的目的；还有把电影《无极》进行剪辑恶搞后创作的视频《一个馒头引发的血案》的胡戈，这个视频在当时也得到了上万次的转发，引发了热议。

宽频时代的第二阶段主要指的是时下这个阶段，以 papi 酱、天才小熊猫、回忆专用小马甲等发布原创内容的微博用户为一部分，以奶茶妹妹、雪梨 Cherie 等为代表拥有出色外貌或身材的微博用户为另一部分，他们借网络时代将自己的特色得到放大，满足网民的审美、娱乐、刺激等需求，从而得到了大批量粉丝的追捧，收获了大量的热度和关注度，接着通过发布广告销售他人或自己的产品、宣传自己的品牌达到营利的目的。

二、“网红时代”的到来是正常的社会现象吗？

有观点认为，“网红时代”的到来也正是自媒体时代的到来，代表了创新型网络经济模式的出现与发展，是正常的社会现象。还有观点认为，“网红时代”的到来催生了很多不良的社会现象出现，助长了不良社会风气，甚至会产生误导青少年发展的不良影响。

其实，任何一种新事物和新现象的产生都是一个从“无”到“有”逐步扩散的过程，在这个过程中会产生关于它的各种声音和争论，这是正常的。其次，当今这个时代，我国互联网技术正处于上升的发展时期，是一片蓝海市场，有无穷的发展机遇和潜力，无论是企业还是个人必然会在利润动机的驱使下不断寻求扩大市场和增加收入的机会。在这个过程中，“网红经济”的出现和发展也就无可厚非。

新媒体时代下，网络经济的发展日益蓬勃，网红经济的传播越来越朝着泛娱乐化、全网化、全民化方向发展，成为一种拥有更高商业价值的品牌传播模式。非议和争论也是多针对这个阶段的，以下总结出这一阶段网红的发展特征：

（一）内容娱乐化 风格同质化

根据上文梳理的网红的发展脉络，可以总结出不同阶段网红的不同类型：有靠才华，创作出自己优秀作品的作家和导演，如安妮宝贝和胡戈等；有靠出丑、以“雷人”获得关注的芙蓉姐姐、凤姐等；有靠出众的容颜和身材博得关注的雪梨 Cherie、张大奕 eve 等；也有靠自己的原创内容或短视频吸引粉丝的 papi 酱、天才小熊猫等。

在网红的发展进程中，每一种类型的网红从开始有代表性的诞生到同类型的越来越多的过程，也是从原创化到低俗化、从个性化到同质化的过程。网红产生和所针对的人群也从 70、80 后开始向 90 后，甚至 00 后的年轻化群体发展，各种人无论职业与性别，无论收入与性格都开始尝试通过微博、微信公众号等平台发表自己的言论，公开自己的照片，或是上传自己制作的视频，试图在满足自己“表达”的精神需求同时，获得关注从而走红。

“网红”平台信息“输入”和“输出”的流动性越高，这个社交媒体平台的“分享频率”和“分享欲望”就会越高，久而久之形成了“人人皆是网红”“上头条”等“娱乐狂欢”现象①。但是即便是再有个性的内容，使用的人一旦变多，“个性”也会变成“普通”。同质化趋向一开始呈现，就有人为了更标新立异，更博人眼球以获得更多利益，不惜博出位，发布涉及黄暴的内容甚至是挑战社会道德底线的内容，这些内容不仅浅层、快节奏而且低俗、缺乏深度，这无疑会给 90 后，甚至 00 后的年轻化群体产生很不好的示范作用，影响整个社会的风气。

（二）传播壁垒被打破 传播渠道多元化

新媒体时代，所有平台之间的隔阂基本被打破，信息传播的壁垒也都被基本打破。每个人都可以借助电脑、手机等终端上网，浏

---

① 速途网：《速途研究院：2016 上半年网红现象专题报告》[EB/OL]，2016 年 7 月 13 日 . http：//mp. weixin. qq. com/

览和获取自己感兴趣的信息。平台的联通无碍性开启了开放性、大众化的信息传播路径，信息的开放性传播路径正助力了网红的传播路径。这个过程是在某一领域很受欢迎从而走红的人或者事物，得益于大众化信息传播路径的开放性得以层层传播，层层扩张，最终进入大众的视野，为大众喜爱后成为“网红”，也就是大众传播的内容，走红不再只局限于自己最初的小圈子。例如，papi 酱最开始是在微博与微信平台上发布自己的原创视频，虽然内容制作精良，但是观看和浏览视频的用户也只限于关注她账号的有限的用户群体。正是网民用户在微博和微信朋友圈的层层转发助力了她的走红，几万次的转发次数使视频的观看次数渐渐增多到几十万，papi 酱也由此正式进入大众传播视野，为大众喜爱，成为新时代“网红”的代名词。

（三）内容生产全民参与 影响传播范围广

新媒体时代很大程度上等于自媒体时代，它的最大特色就是人们开始拥有生产、加工、操纵与传播信息的能力和自主权。其实，“网红”一词除了可以用来指代人，有许多热门用语、热门话题也都可称为“网红”，因为它们也是受到了网民的欢迎而流传而受欢迎的，而且它们的诞生都受益于网民的集体智慧。它们通常是一个四字的词语或者是字数不多的一句话，可以迎合上新的时代潮流，而且可以引发看到的网友的共鸣，就会经过这些网友的二次传播，再由被传播的网友进行三次传播，渐渐地就会有越来越多人知道并且使用这个词或者句子，它就会成为当时的热门话题或者热词、热句。例如，“高富帅”与“白富美”两词是诞生于网络，用来形容高大、富有、帅气的优质男子和肤白、富有、貌美的优质女子，两词已经由网络用语演变为每个人生活中都会理解和使用的词语。可见，网民对事件、人物的形象化解读和创造，甚至于“屌丝”这样的恶搞词语都可能成为网红传播内容，有时甚至可以直接超越网络本身，演变为我们每个人都会用的日常用语。

由总结出新媒体时代下网红的发展特征，可以看出网红的每一条发展特征都是与新媒体时代的技术特点相辅相成的，正是自媒体时代信息的发布平台和新媒体时代信息的传播渠道的新特点造就了这一阶段“网红”这一新兴产物新的发展特点。我们不能说新媒体或者自媒体时代的到来是不正常的社会现象，因此我们也不能说这一阶段“网红时代”的到来不是正常的社会现象。

“网红”作为新事物产生，它的发展过程必定伴随着或大或小的弊端和我们还不能掌控的未知情况，但我们不能因此就否定它出现的意义，不能因此就阻止它的发展。我们应该做到随时掌握“网红”的发展情况，发现它随时可能展露出的弊端并给予管控，做到及时引导，推动它更好地发展，使它为新媒体的发展造福，为人类所用。

三、面对“网红时代”，我们应该做什么？

（一）监管者：建立完善的监督机制 发挥引导作用

以微信、微博为代表的自媒体平台，连同网站的议题推送，在打造网红，强化网红传播效果方面功不可没。但是，自媒体平台本身缺少“把关人”的属性也就注定了诞生在它的“网红”的所作所为所发布的信息都缺少了监管。如上文提到的，会有人为了标新立异，博得头条，获得关注和经济收益，不惜博出位，发布涉及黄暴的内容或者是挑战社会道德底线的内容。

因此，对自媒体平台上所上传信息的把关就十分有必要。首先，政府要出台相应的文件或奖惩政策来监督以微博、微信为代表自媒体平台，让平台监管者出台相关制度，对每条公开发布的信息进行“把关”，及时删除谣言，以及涉及黄暴的内容，对于行为严重者给予封号等严肃惩罚，让任何有意污染网络环境的想法不能、不敢得以实施。其次，自媒体平台监管者应该发挥好自己的引导作用，将健康、积极的内容及时推送或者是放在榜单的显眼的位置，以这样的方式暗示受众什么样的内容才是真正为大众所接受、喜爱的，引导受众树立正确的价值观，保证好整个网络大环境的良好风气。最后，监管者应该打造一条更加规范、模式化、规范化和专业化的“网红”之路。借助现在正在崛起的直播平台以及互联网公关等资源，形成一套专业的运行体系，引导年青一代更有效率地利用好网络平台，改变以往自发传播所导致的效率低下、浪费资源的后果，打造新的组织化、规范化的传播模式。

（二）传者：坚持内容为王 打造专属品牌效果

新媒体时代的到来，渐渐使受众养成了快速浏览、浅阅读的习惯，但这并不意味着受众只会“蜻蜓点水”般浏览所有信息。事实上，面对浩如山海的信息，受众会选择大致浏览，但是如果注意自己真正感兴趣或者有需求了解的信息，还是会选择驻足，仔细浏览与摄取其中的内容。

新奇和新鲜感只能短时间停留，如果想要长期抓住受众的眼球，并且使这份关注不流失，仅仅靠浮夸自黑和有意炒作是远远不够的。无论在什么时期，传者想要使自己的内容传播得更广泛，真正应该注重的只有自身的内容优势。有优势的内容包括有营养、有意义、有深度，还有很重要的一点就是“投其所好”。

在自媒体时代，受众已经习惯了接收浅层化、快餐化的信息，若要在这种情势下做到让人眼前一亮，首先就要逆大流、反趋势所行，做到不“浅层”不“快餐”，坚持内容为王，以原创内容取胜，打造自身的内容优势，坚持“深度”内容的引导作用。

其次，公号应注意自己不同的功能特色，注重不同的用户群定位，发送特定的不同内容，使受众获得信息“定制”的使用感受。如微博、微信账号“Alex是大叔”每周一都会定时发送自己对这周的星座运势的分析，对各个星座即将迎来的新的一周可能发生的事情分别进行预测，主打星座特色，吸引了许多星座迷的关注。

（三）受众：提升媒介素养 增强批判能力

自媒体时代的到来，一定程度上也是信息爆炸时代的到来。作为受众，我们似乎已经被浩瀚的信息所包围，各种媒体或传者一方更是以各种方式将信息推送到我们面前。“乱花渐欲迷人眼”，信息的入侵和包围使我们养成了浅阅读的习惯，我们似乎读了很多，却又似乎什么也没有读。

这样发展下去的后果是很可怕的，特别是面对“网红”时代的来临，作为受众，我们倘若只能被动地接受，最终会出现迷失自我、为他人所操纵的后果。

我们要提高自己对信息的分辨与批判能力。传播内容的泛滥，要打造良好的网络环境仅仅靠监管者的监管和把关力量是远远不够的，现在有害信息仍屡禁不止，网络上充斥着一些虚假信息、色情信息、垃圾信息等。还包括一些隐性的有害信息，如反社会信息、颓废信息、攻击性信息等①。作为受众的我们需要提升自己的媒介素养，提高判断力，在浩如烟海的信息中挑选出真实可信、深度有意义、可以为我们所用的信息，自觉规避并及时举报虚假、色情、垃圾信息和隐形有害信息，避免被不良信息所污染。

除此之外，我们还要增强自己的批判能力。面对推送来的、质

① 钟英．网络传播伦理［M］．北京：清华大学出版社，2005：7— 20.

量良莠掺杂的信息，我们只做到规避不良信息是不够的，还要批判性地看待这些信息。结合自己的经验，对提供来的信息加以独立思考，分辨它的质量好坏，甚至揣摩它暗含想要传达给我们的价值观。不再只是依赖于外部世界，“全盘接收”外部信息，而是多思考，批判性地看待它们，继承和利用有价值的信息的同时不被有害信息“侵蚀”。

传统媒体新媒体版权合作创新驱动之下的双赢机制

——以今日头条的实践为例

孙晓红

【摘要】 2014年以来，今日头条与多家媒体的版权之争成为业界与学界关注的热点话题之一。论文分析了今日头条侵权的表现方式、原因，提出当下传统媒体与新媒体的侵权之争，可以通过合作的方式解决，因为这样做与国家版权局的倡导，纸媒面临渠道转型，受众的注意力转移到移动终端，从1999年开始的传统媒体与门户网站之争，最后基本以合作的方式得以解决以及今日头条的合作实践等因素有关。论文从传播学以及媒介实践的角度出发，认为合作机制，对于今日头条还是传统媒体都是双赢。

【关键词】 传统媒体；新媒体；今日头条；合作；双赢

2014年以来，APP客户端今日头条成为媒体关注的热点之一：不仅因为高达5亿美元的市值（截至2014年5月），更是因为其与报纸、门户网站的侵权之争被社会广泛关注。媒体的版权之争不仅关乎媒体的经济效益，关乎新闻传播者的积极性、创造性，更为重要的是它是一个国家的版权保护制度是否有效，乃至依法治国能否落到实处的表现。比较令人欣慰的是，通过各类媒体的诉讼请求，传统媒体与今日头条的诉讼之争、沟通交流，国家版权部门的倡导等方式，今日头条客户端与诸多传统媒体签订了版权合作协议，按照“先授权，后转载”的法律规范来传播信息，实现了双赢。笔者认为，这种思路不仅有助于解决当下传统媒体受众日渐减少、传播影响力下降、广告投放量减少带来的经济效益下滑的问题，也可以解决新的传播载体当下高质量的信息匮乏等问题。因此，研究这种现象可以为转型期传统媒体与新媒体在版权存在争议的情况下如何有效解决问题提供一定的思路。

一、今日头条侵权的表现方式

2014 年以来，今日头条被多家媒体指责或者提起诉讼，如：

2014 年 3 月 12 日，重庆日报发表版权声明，称除法律、法规规定的可以合理使用范畴外，未经书面授权许可，其他任何网站无权使用该集团享有版权所涉内容。

2014 年 3 月至 5 月，新京报连发 4 期反侵权公告，公布多家涉嫌侵犯其著作权的网络媒体名单。

2014 年 6 月初，广州日报报业集团下属公司提起诉讼，指称移动客户端“今日头条”侵犯其新闻作品著作权。随后多家传统媒体发声，支持其维权。

2014 年 6 月 24 日搜狐宣布对今日头条侵犯著作权和不正当竞争行为提起诉讼，要求对方立刻停止侵权行为，刊登道歉声明，并赔偿经济损失 1100 万元。

2015 年 8 月 12 日，湖北日报传媒集团旗下《楚天都市报》发表声明，称因“今日头条”涉嫌非法转载该报原创作品，湖北日报传媒集团对拥有“今日头条”网站和客户端的北京字节跳动科技有限公司提起诉讼，武汉市中级人民法院于 8 月 10 日立案受理。

上述案例说明，作为一种新媒体应用的今日头条在版权应用方面存在侵权行为，侵权的对象主要有两类：

（一）传统新闻媒体被侵权，主要是报纸。具体表现如下：

1. 未经许可，直接转载媒体的稿件。转载的内容通常是媒体原创的独家稿件。这是最常见的侵权方式。独家稿件从采访到写作再到完成后传播，不仅包含着作者大量的创造性的劳动，而且与多位媒体人的努力有着重要的联系。国家版权局相关负责人在回答今日头条是否侵权的问题时指出：经调查确认，权利人投诉的部分新闻作品及相关图片均由该网站存储和传播，而非链接跳转方式，构成侵犯著作权人信息网络传播权①。

2. 未标明作者姓名。著作权法规定，为了体现对作者创作的劳动成果的尊重，作者对新闻作品享有署名权。转载时未标明作者，显然是无意或者有意忽视了作者享有的署名权。

3. 将原创稿件改头换面后进行传播，这是对著作权人享有的修改权和保护作品完整权的一种直接侵害。改头换面是指在转载时对作品的标题、内容擅自进行修改或者删减，使人不知道原作的内容以及原作者是谁。如财新创办五年以来，财新传媒产品的知识产权屡遭侵害。“涉事媒体在明知稿件为财新网原创的情况下，仍以使用其他非法转载该文的网媒的‘洗稿’方式刊发，侵犯了财新网的信息网络传播权②。”

4. 未向作者支付报酬，侵犯了作者的财产权。著作权法 33 条第二款明确规定，作品刊登后，除著作权人声明不得转载、摘编的外，其他报刊可以转载或者作为文摘、资料刊登，但应当按照规定向著作权人支付报酬。

（二）门户网站被侵权现象。如搜狐公司起诉今日头条侵权案中，搜狐公司认为该客户端的侵权模式主要有两种：

---

① 刘小珊：《国家版权局拍板：“今日头条”构成侵权》，《南方周末》2014 年 9 月 16 日。

② 刘文晖：《自家作品屡被非法转载 财新诉搜狐等 4 门户网站侵权》，http：//news.jcrb.com/jxsw/201504/t20150401_1492459.html。

1. 直接抓取复制使用搜狐网、搜狐网手机版及搜狐新闻客户端里的文章、图片。

2. 采用 APP 内置的浏览器框架嵌套显示第三方的新闻页面，还在其移动端软件的网页上端设置原文链接地址，但同时，今日头条在页面上增加自己的推广内容、评论内容等。

二、今日头条被诉侵权的原因分析

（一）客户端本身版权意识差，传统媒体的版权意识在增加。从新媒体侵权的历史看，第一次大规模的新媒体侵权始于门户网站，在 20 世纪 90 年代中期，以新浪、搜狐、腾讯、网易等为代表的一批门户网站迅速崛起并发展壮大，与当时无偿使用或者廉价使用传统媒体的新闻资源以及大量年轻受众对网站的青睐有很大的关系。但是，2005 年开始，部分传统媒体开始觉醒：2005 年中国都市报研究会总编辑年会在南京召开，二十多位媒体老板共同发表了《南京宣言》，呼吁全国报业同行携手改变新闻产品被商业网站无偿或廉价使用的现状；2006 年初，解放日报报业集团向全国其他 38 家报业集团通过公函的形式发出《发起全国报业内容联盟的倡议书》。倡议书指出："共同制定向网络媒体提供新闻内容的定价规范，提高网络转载的门槛，捍卫自己的知识产权，让新闻内容回归应有的价值。"但是，这些宣言或者倡议书主张的相关权利最终以流产告终。主要原因在于纸媒版权保护的意愿不够一致；媒体维权成本太高，法院对于这类案件如何审理尚缺乏足够的法律依据与借鉴的案例；一些媒体希望借助互联网平台扩大自己的影响力等。但是，还是有包括新京报在内的多家传统媒体通过诉讼与网站达成了转载协议，维护了自身的合法权益。

如今今日头条被包括传统网站在内的多家媒体起诉，一方面说明该客户端在信息传播中还没有良好的版权意识，另一方面也说明传统媒体的版权意识在增加，这对于强化版权理念、促进版权保护具有重要的作用。

（二）在签订版权合作意向时未就相关情况达成细致明确的条款。聚焦最近两年今日头条被诉侵权案，不难发现不少媒体在起诉中提及今日头条未与媒体达成良好的版权协议。这就提示双方在签订版权协议时要遵守相关的规范，将权利双方的权利义务部分清晰明了地写入协议中，能够有效化解相关的权利纷争。同时需要注意：当前很多传统媒体下属若干子报，在与新媒体签订协议时要将具体内容写清楚。

（三）技术手段使得传统媒体的版权较难保护。当前新媒体数量剧增，无论平台如何发生变化，除却其获取信息方式的便捷、快捷等之外，用户最终还是希望通过各类媒体获得有效信息。因此，在当前包括今日头条等新媒体平台采用抓取等方式，经过精确算法很快将相关内容传播出来，而且删除起来也很方便。所以侵权成本相对来说较低，而一般媒体的维权成本却很高。根据现有法律的“谁主张谁举证”的规定，传统媒体要维权，需要搜集证据、保存证据、经过公证等一系列程序，实践中实施有相当的难度，法院的相关要求对于原告方也不利。如 2007 年新京报起诉某网站非法转载 7000 余篇稿件，法院认为应将此案拆分为 7000 余个案件逐个起诉，原告为此所增加的公证费、律师费成本高昂，随后新京报撤诉，双方协议和解。

三、侵权的处置方式

近年来传统媒体被侵权的事情时有发生，不少研究者通过研究我国版权法的有关规定，通过观察与分析国外境外的版权保护措施，提出过一些建设性的意见，如《集体抗争与数字化转型：纸媒版权保护路径》的论文指出：2014 年 3 月 12 日重庆日报报业集团发布《重庆日报报业集团版权说明》，再次将报纸版权问题拉入了人们的视野。近年来，网络媒体眼花缭乱的技术变革和形态翻新，以及始料未及的普及速度，使得网络媒体普遍患上了“高质量内容饥渴症”。为获取丰富的高质量内容，众多网络媒体在外在约束尚不规范的状况下，对报纸内容进行了或明或暗的大量非法使用。如何解决网络时代的报纸版权保护问题？这是个老话题，既有研究众说纷纭，本文的观点是，根据网络时代报纸版权保护所面临的障碍，就中国报社或报人而言，集体抗争和数字化转型，是值得重视的两条路径。① 笔者以为，这种说法有一定的道理，也有一定的操作性。

本文的观点是：结合过去传统媒体与新媒体版权之争的解决办法以及在媒介融合的背景下国家版权部门提出的有关主张，笔者更认可这样的方式：合作，同时提高转载费用。原因如下：

（一）国家版权局的倡导。2014 的剑网专项行动确定了四项重点任务，即保护数字版权、规范网络转载、支持依法维权和严惩侵权盗版。指出通过查办案件和引导规范两个手段，组织网站开展自查自纠，加大主动监管工作力度，加强网站版权监督审核，完善网络版权许可付酬机制，引导报刊社与大型商业网站开展版权合作，完善网络转载许可付酬措施，形成网络转载等使用作品依法依规许可付费使用的合作双赢机制。国家版权局于 2015 年 4 月 17 日公布的《关于规范网络转载版权秩序的通知》再次指出“鼓励报刊单位和互联网媒体积极开展版权合作，营造健康有序的网络转载环境”。

① 朱鸿军，丁斌：《集体抗争与数字化转型：纸媒版权保护路径》，中国报业 2014 年第 9 期。

（二）纸媒面临渠道转型。作为一种以传递新闻为主要职能的媒介，报纸有过非常辉煌的过去，也有很多可圈可点的做法。然而，最近两三年，多家报纸面临读者流失、广告下滑、盈利降低、渠道衰减的状况。这种状况的出现既有报纸本身的原因，如内容同质化的问题、生产成本高，投入与产出比较大（如新京报曾经透露，一篇新闻稿一个字的各种成本算起来达 5 元）、时效性弱、互动性差等问题。但是，作为传统的新闻媒体，其拥有的强大的采编力量以及良好的新闻传播素质决定了其生产的内容有很大的价值与意义。因此，从另一个角度来说，为了使得信息传播达到最大化，纸媒的信息被其他媒体转载具有很大的价值。

（三）受众的注意力转移到移动终端是合作的主要因素。毋庸置疑，当下受众的注意力已经从传统的报纸、电视转移到了移动终端。在报纸、电视台广告收入连年下降的背景下，网站的广告却在大幅提高。这意味着传统媒体必须正视一个现实：受众的注意力已经转移到网站的背景下，如何通过信息的二次呈现（第一次是通过媒体自身直接传播给受众的）来实现传播面、传播效果的最大化？从过去传统媒体与网站的合作来看，很多的信息是靠网站的二次传播获得良好的效果的。因此，当下对于很多传统媒体来说，将纸媒或者是网站的信息转移到新的 APP 终端，是实现效益最大化的一种良好方式。不少与今日头条签订协议的媒体也发现了这样做的好处。

（四）从 1999 年开始的传统媒体与门户网站之争，最后基本以合作的方式得以解决。1999 年以后，传统纸媒发现免费的午餐养大了门户网站，尤其是 2005 年传统媒体进入拐点之后，发现门户网站成为自己强有力的竞争对手。从那以后，很多媒体或是通过同行联手，或是单独与网站打官司等方式，想要获得版权保护。但最终多是以与网站的合作而终结。

（五）今日头条的实践证明合作有良好的效果。今日头条作为新闻的搬运工，其最需要的内容是相关信息。传统媒体尽管面临经营上的巨大困难，然而，其内容生产方面确实有很多非常有价值的优秀新闻作品。因此，今日头条需要借力传统媒体的相关内容来实现吸引受众的目的。今日头条表示，自从“版权风波”后，明确执行“先授权、再转载”的要求；迄今已与超过 2000 家媒体和机构达成正式版权合作。对合作媒体单独签约，通过版权购买和广告分成模式，寻求共赢。

当然，在合作中有一个值得关注的问题，就是如何解决好对作者、媒体的报酬问题。因为传统媒体做新闻的成本比较高，如中国青年报办公室主任刘畅介绍，该报记者的每年出差采访经费达到上千万元，而与几家门户网站签订的版权费用只有几十万[①]；即使是打赢了版权官司，收益也非常低，如在重庆，一篇新闻作品的侵权赔偿通常只有几十元，最多不过 100 元，与诉讼成本严重不对等[②]。

2014 年 1 月 1 日起开始实施的《使用文字作品支付报酬办法》规定：报刊刊载作品只适用一次性付酬方式。报刊依照《中华人民共和国著作权法》的相关规定转载、摘编其他报刊已发表的作品，应当自报刊出版之日起 2 个月内，按每千字 100 元的付酬标准向著作权人支付报酬；在数字或者网络环境下使用文字作品，除合同另有约定外，使用者可以参照本办法规定的付酬标准和付酬方式付酬。

笔者认为，比较起国家版权局 1999 年 4 月 5 日发布的《出版文字作品报酬规定》，2014 年的作品稿酬支付办法提高了作品转载

---

① 王熙依：《纸媒是这样“阵亡”的》，http：//cul.sohu.com/20150707/n416306405.shtml。

② 王熙依：《纸媒是这样“阵亡”的》，http：//cul.sohu.com/20150707/n416306405.shtml。

的报酬标准，但是对于一些非常优秀的新闻稿件，有必要通过双方协议进行约定，保护优秀的新闻作品创作者的积极性和创造性。

四、传统媒体新媒体版权合作，创新驱动之下的双赢机制

当前，传统媒体与新媒体的版权争议不仅是一个理论问题，而且也是一个实践问题。传播媒介演进史表明，媒介演进的过程，是一个媒介依次叠加的过程，这个过程中尽管会出现多类媒介，但人们可以利用的主要媒介会逐步发生变化。从当下的中国的媒介现状来看，一方面传统媒体不会消亡；另一方面传统媒体在受众注意力发生转移、新媒体成为受众接触信息的主要来源的情况下必须进行转型。美国传播学家保罗· 莱文森的补偿性媒介理论认为：任何一种后继的媒介都是对过去的某一种媒介或一种先天不足的功能的补救和补偿，但是新的媒介又会带来新的问题。借用其理论以及当下的传播实际状况，笔者认为传统媒体与新媒体进行版权合作，不仅可以有效地补足两类媒体的不足，而且对于两类媒介来说都是创新实践，实现了双赢机制。我们可以从三方面进行分析：

（一）两类传播媒介的不足

当前传统媒体的不足有三方面的表现：在受众注意力发生转移的情况下，其现有的传播方式比较难以满足受众的需求；在受众对自己感兴趣的内容会高度关注，否则不予关注的选择性注意的背景下如何满足受众的需求必须予以考虑；广告客户锐减带来的效益大幅下降等现实问题。

今日头条为代表的新媒体的不足：尽管今日头条创新了一种传播方式——头条号，可以将用户生产的信息作为传播内容；但是，

用户生产的内容显然无法满足受众对重要信息的渴求，尤其是在一些重要的新闻事件发生后或者是深度新闻报道，它需要“拿来”传统媒体的新闻文本才能更好地满足用户的需求。因此两者之间完全有可能进行合作，达到双赢的效果。

（二）两类媒介的创新

传统媒体的创新之处在于正视当下受众的接触习惯发生转型、受众在海量的信息环境下更需要对自身的工作、学习、生活等更有价值的信息；通过与新媒体签订版权协议不仅能够将大量原创的高质量的新闻通过二次传播实现价值的最大化，而且通过广告分成的方式获取报偿。

今日头条的创新之处在于其理念以及传播内容、方式，这类媒介属于创新型媒介。APP“今日头条”2012年8月上线，其传播理念是：你关心的，才是头条。其主要特点是根据受众的个人兴趣、职业、性别、位置等因素进行个性化的新闻推荐。其口号是：我们不生产新闻，是新闻的搬运工。因此，它不是新闻媒体，而是依靠抓取其他网站的新闻进行推送服务。这是一种新的信息搜索引擎，它的成功与以下四方面的因素有关：一是媒介融合背景下的新探索。2014年8月18日，中央全面深化改革委员会第四次会议审议通过了《关于推动传统媒体和新兴媒体融合发展的指导意见》，其中有“坚持传统媒体和新兴媒体优势互补”的观念。作为一种新媒体的今日头条主要解决信息平台的问题，其使用的传统媒体的新闻主要解决内容传播上的不足，两者之间可以达到优势互补的效果；二是在海量的信息环境中，受众可以在有限的时间里获取有效的信息；三是充分利用大数据技术实现信息的最佳推送；四是这类搜索引擎的出现，与拥有技术以及前瞻思维的创造者的创新有很大关联，今日头条在这个领域成为第一个吃螃蟹的，并且获得了成功。

（三）双赢机制

传统媒体与新媒体通过签订版权合作协议，完成信息有效传播，这是一种双赢的机制。因为对于传统媒体来说，它可以有效保护传统媒体的版权，激发新闻传播者的创造性、积极性；扩大新闻传播的影响力（这与今日头条目前的众多的用户数有关），以此破解传统媒体的颓势，并增加收入；可以有效保护新闻媒体以及传播者的著作权；有助于新闻媒体健康有序发展。

对于今日头条来说，通过信息的二次整合一方面实现信息的有效传播。因为对于当下的受众来说，他们并不缺少信息，而是在精力、时间有限，碎片化的阅读习惯下创造性地实现了对信息的个性化传播；另一方面从多家媒体获得的不同类型的资讯为实现其口号“你关注的，才是头条”的目标提供了可能性，在传播信息的同时可以为自身带来可观的经济效益。

结　语

媒体的版权之争成为当下研究的热点话题之一，说明当前的版权保护存在诸多问题。在本文中，笔者提出的合作方式，仅仅是诸多解决新老媒体版权之争的方式之一。随着时间的推移，媒介类型的不断出现，媒介生态环境的不断变化，还会有更多的、新的版权保护方式值得关注与探讨。

律师的网络自媒体运用与法官量刑

王陈炜铭

【摘要】 在网络讯息极其发达的今天，刑事案件的网络舆论影响案件审判量刑的现象屡见不鲜，对民主法治的制度构建有着举足轻重的作用。人们常常将舆论的制造和发酵归因于新闻媒体报道或者民众自发讨论，而忽视了被告人的辩护律师运用网络自媒体发声甚至是“死磕”的行为。他们利用网络对其所代理或关注的案件进行曝光、发表意见，甚至出现了针对办理案件的审判机构或者审判人员的批驳或攻击。这些行为成了个案审判中影响法官自由裁量的情感和心态的特殊因素，也间接作用在了刑事审判中对被告人的量刑结果上。本文将通过探究律师的网络自媒体运用与法官量刑的关系，结合法学界和法律实务界的观点，对律师的网络自媒体运用的效果进行思考和建议。

【关键词】 自媒体运用；量刑；舆论；法官情感

在办理刑事案件的过程中，法官、检察官和被告人的辩护律师对于定罪量刑可能形成不同的意见，三方在法庭上进行法定的审判程序，形成“等腰三角形”的关系格局，集中体现“以审判为中心”的制度改革。在定罪方面，根据《刑法》等法律文件可进行具体分析罪与非罪、此罪与彼罪等问题，三方结论往往出入不大；而辩护律师为被告人努力争取的方向往往在于量刑，为被告人获取到量刑上的宽容，十分能够说明辩护律师的优秀的办案能力。近几年，网络通讯手段日益发达，依法治国的理念深入人心，民众通过网络参与重大案件的讨论如星星之火，在网络媒体空间形成燎原之势，人们对于个案的量刑的关注度也逐渐提高。

一、“过山车式”量刑

通过了解部分著名案件的审判结果，我们却发现了一些类似于“过山车式”的量刑结果，即同类案件的量刑结果差异出乎意料，或同一个案件不同审判程序量刑结果有较大变化。

时间	案件名称	律师自媒体的运用	发声焦点	量刑程度
2012 年	贵阳黎庆洪案①	律师通过网络博客召集全国刑辩律师参与办案；诸多律师通过网络披露庭审内幕；在网络发表大量文章，引起网络轩然大波。②	法院管辖权、回避权、律师辩护权、会见权等程序问题	一审以犯组织、领导黑社会性质组织罪等 5 项罪名，判处黎庆洪有期徒刑 15 年；二审宣判 14 年；多人被无罪释放。
2013 年	新疆干卫东律师受贿案	律师通过网络直播揭露庭审情况；在其个人博客中以“喀什救援记”为系列标题全程跟进播报案件进展	侦查员涉嫌非法拘禁问题和申请非法证据排除，法官不予回应	由一审判处有期徒刑一年，缓期二年改为无罪结案
2014 年	周建华受贿案	在个人博客中披露证人来信	辩护权、旁听权	从死缓改判到无期③

---

① “贵阳小河涉黑案全纪实”，http：//www.360doc.com/content/17/0822/07/34433067_681131261.shtml（2017/08/22）。

② 周泽律师的《我要不要宣告不再做刑案辩护?》《“黎庆洪案”惊现史上最强大辩护律师阵容》《黎庆洪案让我险些沦为“李庄第二”》《“黎庆洪案”：陪贵州司法裸奔，还是做个诚实的孩子》《一个刑辩律师的忏悔——暨向“黎庆洪案”被告人及其家人致歉书》《“黎庆洪案”起诉书像笑话大全》《秘密审判黎庆洪案“保护伞”的“秘密”》《黎庆洪案：检察官也遭公安黑打》《满纸荒唐言构陷无底线——黎庆洪案辩护词》《黎庆洪案宣判：刑辩已死》，朱明勇律师的《神奇的贵州 蹊跷的“黑帮”》《贵阳，你驱逐不了正义的声音》，斯伟江律师的《黔山点点愁》《守土有责：致另一个法律人！》《人世间》，王誓华律师的《见证“小河法院的司法裸奔”》，刘志强律师的《失控的公权与裸奔的司法》，李金星律师的《贵阳的沉沦》，杨金柱律师的《小河案漏洞百出》，周立新：《如果没有太阳，律师辨（辩）不出黑白》，等等。律师的文采，在贵州小河的上空，灿烂绽放。“贵阳小河案后续：当年驱逐律师的法院院长落马，如今想请被驱逐的律师辩护”，http：//mini.eastday.com/bdmip/180708021804191.html（2018/07/08）。

③ “周建华受贿案二审改判无期”，http：//news.ifeng.com/a/20141225/42791076_0.shtml（2014/12/25）。

2014 年	江西刘萍案	辩护律师在网络博客发表《新余刘萍案 二审岂能不开庭?》等博客获搜狐博客推荐引发关注;[①] 辩护律师在其网络博客公开辩护词被多次转载。[②] 辩护律师之一	律师在其网络博客发表《刘萍、魏忠平被判有罪的幕后》等文章揭露不公内幕。[③] 法庭剥夺被告人、辩护人对该项罪名进行质证权、辩论权;质证程序、二审未开庭等程序问题;事实与证据问题	被判处六年六个月,二审维持原判
2016 年 12 月	周文斌受贿案[④]	在博客中发表《周文斌,你才是这个法庭的审判者》,发表或者转载《周文斌案第三天:唯一出庭证人胡彪斌"翻供后再次翻供"》《周文斌案:不穿囚服受审也是司法公正的宣言》等文章,并发微博。	证据违法:证人伪证;证人出庭作证;排除非法证据;示证程序违法	受贿罪,非法收受财物约 2000 万元人民币,从无期徒刑改判有期徒刑 12 年,并处没收个人财产 100 万元

① 杨学林:"新余刘萍案 二审岂能不开庭?" http://yangxuelin1513.blog.sohu.com/304531818.html (2014/07/26)。

② 欢乐的海洋:"刘萍案辩护词",http://blog.sina.com.cn/s/blog_53f25f170101ge8e.html (2013/12/09)。

③ 刘金滨:"刘萍、魏忠平被判有罪的幕后",http://blog.sina.com.cn/s/blog_655b66da0101pfjf.html (2014/06/25)。

④ "原南昌大学校长周文斌犯受贿罪二审获刑 12 年",https://www.chinacourt.org/article/detail/2016/12/id/2451258.shtml (2016/12/21)。

2017年8月	花开功受贿案①	在博客中披露举报控告信《关于江苏省淮安市花开功重大冤案的情况反映》以及《花开功冤狱日记》	控方调查取证违法	受贿罪，非法收受财物共计折合人民币56.5万元。判处有期徒刑四年六个月，并处罚金人民币三十万元
2018年	王立喜受贿案②	尚未查询到相关信息	尚未查询到相关信息	非法收受他人贿赂，共计200余万元，一审获刑4年6个月，没收个人财产人民币四十万元。

首先，类比同一种案件的量刑结果。以2017年花开功受贿案和2018年王立喜受贿案两起社会影响较大的受贿案为例。2017年的花开功受贿案，被告人花开功被指控构成受贿罪，被认定非法收受财物共计折合人民币56.5万元，法院判决判处花开功有期徒刑4年6个月。而2018年的王立喜受贿案，被告人王立喜被指控犯受贿罪，非法收受他人贿赂共计200余万元，一审获刑4年6个月。显然，根据我国《刑法》对受贿罪的规定，二者的犯罪情节均落在“数额巨大”范围，量刑幅度均为三年以上十年以下。然而二者的涉案金额相差了近三倍，而判处的罪名和徒刑期限竟然是一样的。根据量刑结果，办案法官的裁定似乎对“原正处级”的王干部的“容忍度”要高于职高技校的原校长。更具戏剧效果的是，两起

① “死磕律师刘金滨为何断言‘花开功案系冤案’?”，http：//bbs.huainet.com/thread－4326051－1－1.html（2017/04/08）、“淮阴卫生高等职业技术学校原校长花开功受贿案一审宣判”，http：//www.jsjc.gov.cn/fabuting/201708/t20170811_162317.shtml（2017/08/11）。

② “淮安经开区人大工委原主任王立喜一审获刑4年6个月”，http：//www.myzaker.com/article/5bd808cd1bc8e0a54b000501/（2018/10/30）。

案件均来自于江苏淮安。两起案件的悬殊差距着实令人匪夷所思。

同样情况出现于2014年周建华受贿案，涉案一千多万元，判了无期徒刑；而2016年周文斌受贿案，被告人非法收受财物达2000万，最终却只判了有期徒刑12年！

其次，对比个别案件的不同审理程序的量刑的前后差别。例如2013年新疆干卫东律师受贿案，在被告人辩护律师的努力之下，由一审判处有期徒刑一年，缓期二年改为无罪结案；再如2014年周建华受贿案涉案千余万元，从死缓改判到无期；再如2016年周文斌受贿案，非法收受财物达2000万，数额特别巨大，从无期徒刑改判至有期徒刑12年。这些受贿案最终的量刑结果相较于原审均有或多或少的减轻。著名的2012年贵阳黎庆洪案，在全国范围的辩护律师群体的“群策群力”之下，被告人黎庆洪的刑期由15年有期徒刑降至14年，本案多名被告人最终被无罪释放。

二、被忽视的法官情感

通过翻阅网民在各大网络媒体的热议我们也不难发现，有大量的类似于“判得太轻了，才这么几年”或“判得太重了，居然要这么多年”的言论。转变成新闻媒体的语言则成为了“某被告人获得‘法外开恩’N年”或者“某被告人被重判N年”等，往往还带有“网友称”“民众们不干了”和“群众的声音在哪里”等看似代表群众心声的标题来吸引大众眼球。

大众所认为的“判决不公”的原因在于我们的立法不全吗？非也。法官的自由裁量权在量刑中发挥着最后定夺被告人刑罚的巨大作用，在实际中甚至发挥着决定性作用。在审理每一个个案中，法官都需要在心理上找一个“个案平衡”，与该类案件的普遍的“整体平衡”相适应、配合，达到量刑上的平衡。这关乎法官专业的量刑技术，同时也与法官情感密切相关。[①] 人们往往认为法官代表着法律，代表着“完全理性”的天平，所以法官的情感动向往往被人们忽视，甚至被认为是不应该出现的非理性因素。但是在现实中，量刑过程不是机械的规则适用过程，而是需要法官个人因素合理融入的过程，能够将严密的法律规则和逻辑与社会人伦联系起来的一定是法官的情感。[②]

在网络讯息极其发达的今天，媒体、民众的网络舆论对于刑事案件的司法公正的监督具有重要作用，消息的敏捷程度也自然而然地促使案件的舆论导向成了影响法官情感的个案特殊性因素，在一定程度上“左右”着法官的自由裁量权，并最终直观地作用于对被告人的量刑程度之上。

总的来说，网络舆论对法官量刑的作用，以及法官审判结果对舆论的反作用在现实中频繁上演着。而中间的连接点，很重要的一部分就是法官的情感。

三、律师自媒体的源头作用

刑事案件的辩护律师、代理律师是被告人的“救命稻草”，他们在大众心目中的印象往往产生于潇洒的法庭辩护中，我们很难将刑事律师与舆论源头联系在一起。

诚然，个人的力量是十分微薄的，最容易被忽视，一定要通过民众和舆论的力量才能发挥作用。所以，舆论的“哗然”给我们的印象常常是源于新闻媒体的造势，以及网络民众的“支援”或“声

---

① 李兰英．量刑的技术与情感——以许霆案为例［J］．政法论坛，2009，27（03）：150－159.

② 李涛．论法官情感因素对量刑的影响［J］．西南民族大学学报（人文社科版），2015，36（06）：100－105.

讨”。

然而，刑事案件的律师本人运用网络自媒体发挥的舆论作用，即刑事律师在其网络自媒体渠道如微博、微信、个人博客或者其他的以其个人名义或者以团队为名的空间中曝光案件或者发表言论，较于普通群众来说更是具有源头性的。因为真正关心案件的，除了案件当事人，就是案件的律师。而律师个人的力量尚薄弱，在面对目前的实体和程序的“非正义”时，“私权利”在案件办理中实在难以撼动以公诉机关和审判机关为代表的“公权力”，需要借助网络舆论的途径使得个人力量发挥出能够与公权力“抗衡”的效果，相当于是一种弱势群体的集结行为。

打开微博、博客等网络自媒体渠道，不难发现有许多注明为“律师”的个人微博账号所发表或者转载的具有“标题效果”的文章或评述经常能够登上“热搜”或者“热门榜”。例如，被《南方周末》报刊称为“吹响程序辩护的集结号”的 2012 年贵阳小河案，引发了全国范围内多名与案件有关的知名律师在个人微博或者博客中的发文，如“‘黎庆洪案’惊现史上最强大辩护律师阵容”“黎庆洪案宣判：刑辩已死”“见证‘小河法院的司法裸奔’”等；再如，2013 年新疆干卫东律师受贿案，律师在其个人博客中以“喀什救援记”为系列标题全程跟进播报案件进展；再如，2014 年江西刘萍案，辩护律师在网络博客发表《新余刘萍案，二审岂能不开庭?》等博客获搜狐博客推荐引发关注，[①] 另外一名办案律师在其网络博客发表《刘萍、魏忠平被判有罪的幕后》等文章揭露不公内幕；[②] 再如 2016 年周文斌受贿案中的《周文斌案：不穿囚服受审也是司

① 杨学林：“新余刘萍案 二审岂能不开庭?” http：//yangxuelin1513. blog. sohu. com/304531818. html (2014/07/26)。

② 刘金滨：“刘萍、魏忠平被判有罪的幕后”，http：//blog. sina. com. cn/s/blog _ 655b66da0101pfjf. html (2014/06/25)。

法公正的宣言》等文章，2017 年花开功受贿案中的律师公开花开功在押期间所作的《花开功冤狱日记》等。

除了在网络自媒体中曝光案件进程、发表对案件的律师意见，有些律师还可能曝光公权力在执法中的违规以及案件以外的一些“八卦绯闻”；而有些律师可能借机搞行为艺术，针对办案的审判人员进行谴责，甚至抨击当代中国司法现状等。

这些内容的标题几乎都洋溢着刑事律师的职业热情和“先天下之忧而忧”的慷慨之情，足以吸引大众眼球，甚至能够博得大众新闻媒体的关注并被报道。而经过普通的用户的大量转发之后，很多个人文章或言论就有可能膨胀为人们关注的“原不为人知”的“大事”了。

正是因为极易造起公众的声势，极易吸引新闻媒体的头版头条，律师通过网络自媒体发声则容易给人一种替人民群众发声的印象，利用了社会效应影响刑事案件的审判结果。

四、自媒体运用与法官量刑

从民众舆论的角度考虑，大众对于审判结果是否“公道、正义”的判断并不在于审判结果究竟是否符合刑法相关规定，看到涉案的具体情节很少去纠结于量刑究竟是落在什么范围中，很大程度是根据一个自然人的基本的认知和情感进行发言：“判太重了！”或者“判太轻了！”对于审判结果的讨论也是属于我们正常情形下的舆论的司法监督部分。舆论监督促进审判公开透明，而审判结果反映社会舆情也是贯彻群众路线和民主法治的重要内容。笔者认为，只要法官正确认识舆论监督在建设法治社会中的作用，我们不必太担心舆论监督排挤司法权独立或者造成“舆论审判”的问题。

从律师的角度考虑，律师运用网络自媒体的行为具体预期达到什么效果呢？一言以蔽之，就是通过舆论影响刑事案件的司法结果。影响法官情感波动的个案的平衡性或者特殊性，是舆论的作用。溯其源头，很有可能就是律师在网络自媒体中曝光案件的行为。至此，律师的自媒体运用与舆论、法官情感和法官量刑结果的关系可如下图所示。

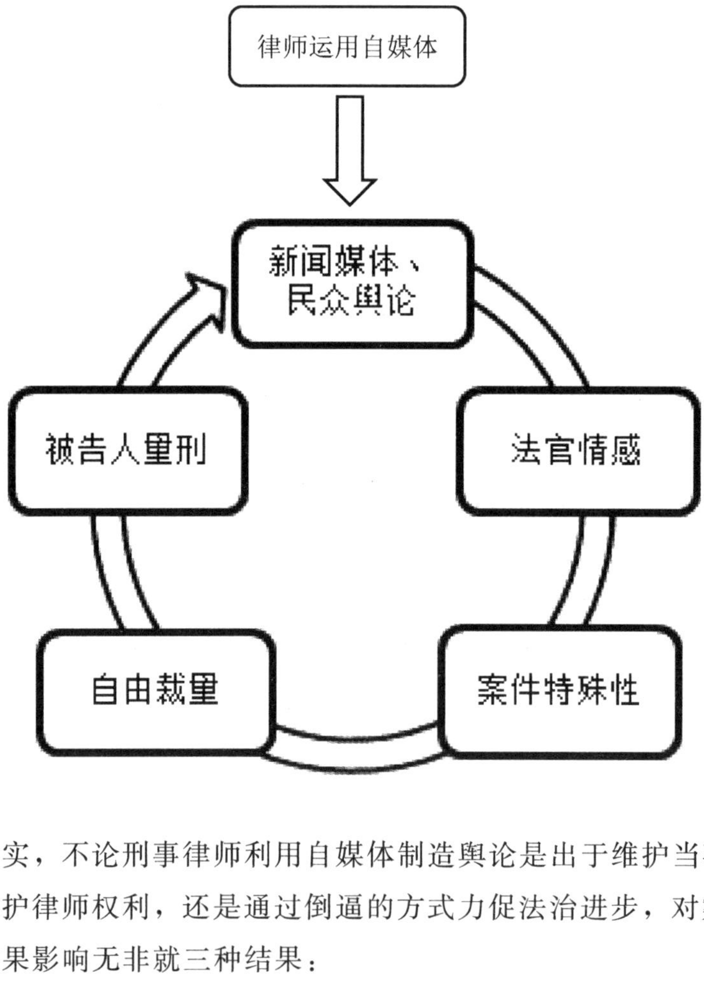

其实，不论刑事律师利用自媒体制造舆论是出于维护当事人权益、维护律师权利，还是通过倒逼的方式力促法治进步，对案件的量刑结果影响无非就三种结果：

一是确实有效，被告人刑罚减少。舆情力量确实影响到了法官的情感，由于案件的社会关注度高，案件所造成的不良的社会影响确实不大，被告人犯罪行为确实存在“情有可原”的情况，案件的审判结果很可能造成民众对案件审判结果的不满，可能使得司法权威受到严重质疑，审判人员自身的执业能力和情商可能受到群众的否定。此时为了自身和司法形象，法官可能对被告人减少量刑。

二是造势失败，被告人刑罚不变。舆情力量并没有明显影响到法官的情感，法官坚信自己的判断；或者反而引起了法官排斥减少量刑的心理，从而维持自己的决定。

三是适得其反，被告人刑罚加重。舆情力量可能影响到了法官，但是真正影响到法官的自由裁量的情感可能是由于被告人的律师造势行为引起了法官的反感，从而使得法官对被告人的认罪态度的考量产生了不良效应，导致对被告人的量刑偏重或加重。

前文我们讨论到，在定罪方面，法律工作者的判断往往出入不大，或者说属于可讨论、可辩论的内容；在量刑方面，属于法官自由心证的部分，辩护律师为被告人争取到法官在量刑上的宽容需要付出很多其他方面的努力，才有可能影响到法官量刑的情感，特别考验被告人及其家属和律师的情商。

当然，影响法官情感的意思并非表明法官的自由裁量权是基于情绪所使、情绪化办案，而是说明法官在行使自由裁量权进行量刑时，是综合被告人及其辩护律师的表现来“打分”的。

通过查找上文所提及的案件的网络资料，我们得以发现，舆论对于法官的情感影响，是种不确定因素。律师运用自媒体后对于刑事案件的审判结果的效果，并不一定会随着舆论的发酵而达到预期的结果。随着我国司法体制的逐渐成熟，司法工作人员素质的提高，体制内逐渐呈现出对利用网络自媒体“死磕”的律师的“打击”的趋势。

其实，我们从人之常情的角度考虑，法官也是阅历无数的司法工作者，对待大部分的案件能够做到“合理审判”，为何会“针对”

个别的案件，难道是法官的基本能力缺失吗？如果法官能够在司法体系内经过多年历练、大浪淘沙，很可能就是个别案件中的当事人或当事人的律师出了问题。被告人的律师利用自媒体曝光案件，或者曝光办案法官，甚至是存在一批利用网络自媒体进行“死磕”的律师刻意对案件进行夸大、虚假报道，更有甚者直接针对办案法院或法官乃至我国的司法体制进行抨击、谴责，法官的情感将会受到怎么样的影响？难道是因律师的所作所为而感动吗？

一部分律师群体一定会问：法律禁止律师利用网络自媒体吗？如果没有公检法的不讲理、不讲法的无奈，律师能被逼无奈吗？

显然，人很容易站在自己的角度考虑问题，而忽视客观的情况。确实，在一小部分的案件中，律师利用自媒体为权利发声确实引起了社会关注，引起了法官情感上的撼动，可能为在法法曹维护司法公正作出了一定的倒逼作用。但是，审判权依然是在法官手中，舆论的影响和律师的所作所为仍然是法官自由裁量考量的因素，那么这些做法一定能够给被告人维权吗？即使律师的做法有其一定道理，但是现实中案件的审判结果真的能如律师们所愿吗？在一些案件中，律师如不“死磕”，就是严重的背离法治，就是严重不负责任吗？不“死磕”就是“无效辩护”吗？这些问题其实都是没有准确的答案的。

五、思考与建议

律师运用自媒体曝光案件、发表意见等，是炒作还是履职？很明显，对于不同的行为和目的我们都应当具体问题具体分析。为了争取被告人或律师的合法权益，而合法、适当地使用自媒体的行为，我们应当予以引导和鼓励；对于有其他图谋不轨的颠覆、恶意谴责、歪曲、针对和恶意曝光的行为，无论如何都要坚决抵制和严厉打击。

笔者认为，不能支持律师对网络自媒体的不当利用。首先，刑事案件的律师在网络中曝光的案件和发表的意见虽然对法官不一定有影响，但是一定是对被告人有利的。而律师在自媒体的运用如果成功掀起舆论的热浪，即使没有歪曲事实，实际上也是在有意引导公众的认识。在法庭的控辩审三方的“等腰三角形”的关系中，如果因不够客观公正的认同的集结，辩方拉拢了社会舆论的力量，将会破坏这个三角形的形状。其次，社会舆论对于法官的情感属于不确定因素，有些律师利用自媒体曝光案件的行为并没有获得当事人的认可，此时律师凭借一腔热血认为“非死磕，不有效”，造成了审判人员对被告人的印象分减少，反而将被告人的审判结果置于一种类似于“赌注”的不确定状况。不能确保帮助被告人减刑，反而将被告人减刑的可能推向了更加不确定，很难说这是一种既对当事人负责，又保障人权，还能维护司法公正的办案方式。另外，律师本人的生存也不能忽视。利用网络自媒体对案件的不正当曝光，不仅本案的法官不看好这名律师，还可能造成当事人对律师的不信任，甚至引起公检法体系内对该律师的排斥。[①] 这对该名律师的职业生涯是有较大危险性，对法律共同体的构筑更是没有意义的。

律师应当正确看待利用网络自媒体曝光案件与律师办理案件之间的关系。利用自媒体能够高速快捷地掀起舆论，但不应该作为孤注一掷的方式。我国的刑事案件律师还可以有其他的提高辩护效率的方式。首先，根源上应该提升法律共同体理念，摆正自己的情

---

① 根据司法部网站公布的数据，截至2018年12月3日，2018年全国共有171名律师受到行政处罚，其中42名律师被吊销执业证书，74名律师被处以暂时停止执业，51名律师被警告，32名律师处以罚款，16名律师被没收违法所得等。参见中华人民共和国司法部官方网站“行政处罚和行政处分通报”——“律师”栏目，http://www.moj.gov.cn/government_public/node_lsl.html。

绪、态度。律师为公平正义、保障人权而奋斗，更要追求文明法制。不能因为面对目前尚不健全的司法体制就采取一些过激的手段，不将自媒体的不当利用归咎于各种情绪和各种借口。其次，专注于提升自身素质，提高辩护的技巧，尤其是过硬的专业知识和办案技能，能够以人格魅力取得与法官的良性沟通，获得法官在情感上的认同，以智取得法官自由裁量的宽容。再次，提高办案的情商，不刻意冲撞办案人员，与其他法律人保持和谐的竞争与合作关系，另外，还可以通过缓和被告人与被害人之间的情绪，协调双方的关系，为被告人争取得到量刑减少的可能。

我们要相信中国律师队伍的整体素质会提升，律师能够把握好伦理道德的体现，能够提高人格魅力，有沟通、连接法官与当事人的能力，说理、入理，让对手感受到敬重。

当下，我国刑事诉讼改革以审判为中心、裁判、证据主义制度进行推行，法官也应当提高把控法庭的能力和庭审技巧，清晰自己地位，避免和律师直接冲突。同时，一律尊重程序，程序正义应当都是法官心中的“死命令”。

当然，只有律师能够正确理解网络自媒体的运用，法官能够正视舆论监督的地位和作用，以及我国司法制度的日渐成熟，民众的民主法治意识的逐渐提高，律师自媒体运用与法官量刑的冲突才能在较为优良的环境下逐渐消失。

新闻专业主义视角下新媒体的传播价值探究
——以新闻反转现象为例

王海林

【摘要】 近年来，媒介技术迅猛发展，以微信、微博、客户端为代表的新媒介成为公众信息互动交流的新场所，新闻自由理念再次成为人们关注的焦点。在此种环境下，人人都可以成为记者，每个人都可以是新闻事件的目击者与传播者，甚至是真相的揭露者。然而，在新的媒介技术不断发展的环境下，新闻反转现象日渐凸显，新媒体的传播价值日渐成为人们热议的话题。进而，新闻专业主义再次提上了议事日程，表现出更加关注媒介专业、新闻自由以及更加重视新闻专业主义教育等特色。因此，在这个大环境下，我们更应该看到新闻专业主义的发展优势，让新闻工作者在信息传播过程中坚持全面、全时、高品质的新闻评判标准，坚定法治信仰，从而更好地发挥新媒体的传播价值，促进新闻事业更好地发展。

【关键词】 新闻专业主义；新媒体；传播价值；新闻反转现象

一、新闻专业主义的概念与提出

新闻专业主义自 19 世纪 90 年代在美国形成后，关于新闻专业主义的概念众说纷纭，不论是在媒体发达的西方国家还是在中国，有关新闻专业主义的概念以及核心理念都没有一个统一的说法。今天的西方新闻界虽然正在忍受商业压力和职业标准互相冲突的煎熬，但是职业新闻从业者心中的新闻专业主义之火仍然熊熊燃烧着，它作为职业新闻从业者的精神图腾指导着他们的新闻实践。①

但新闻专业主义的指导性不分国界与国家性质，它作为一种公认的价值观指导着全世界新闻业的发展。② 西方学者将新闻专业主义的含义简单地概括为：新闻媒体和新闻从业者所追求的一种职业理想和操作理念，包括真实、客观、公正地报道新闻，以服务公众为中心目标等一系列行为规范和行业标准。③ 阿特休尔在《权利的媒介》中说："新闻专业主义来自政府、广告商甚至公众的干涉；新闻媒介为实现'公众的知晓权'服务；新闻媒介探求真理，反映真理；新闻媒介客观公正地报道事实。"以上观点从媒体的功能，媒体人的效用以及职业自律等角度来界定新闻专业主义的概念，但在新闻实践操作层面上，新闻专业主义自产生以来就伴随着理念与实践的分裂这一深层矛盾。新闻专业主义自身具有难以摆脱的理论困境：新闻专业主义赋予新闻自由过于宽泛的界定，尤其是对其绝对性和相对性，合理空间和必要界限，主体道德自律和外界必要制约等几组对立的命题都尚未有完善的理论加以科学界定。因此，对于新闻专业主义的概念不应是一种局限性的界定，而应该是包括新闻的客观性理念、新闻的自由和责任理念、媒体必须服务于公众的理念和对媒体以及新闻人的自律和他律。④

然而，随着媒介技术的进步，传媒领域不断形成一种以个人传

---

① 陆晔，潘忠党《成名的想象：中国转型过程中新闻从业者的专业主义话语构[M].2002（71）.

② 比尔·科瓦奇，汤姆·罗森斯蒂尔.《新闻的十大原则》[M].北京大学出版社，2011：2.

③ 侯迎忠，赵志明.西方新闻专业初探[J].当代传播，2003（4）：55—57.

④ 吴飞.《新闻专业主义研究》[M].中国人民大学出版社，p398.

播为主，以现代化、电子科技手段为平台，向不特定的大多数或特定的个人传递信息的一种新的媒介形式——社交媒介。这种媒介形式凭借交互性、自主性的特征，使得新闻传播的自由度显著提高，传媒生态发生了前所未有的转变，不仅发布信息不需要严苛流程，发布的内容也无须把关，甚至许多内容根本不用自己原创，复制、转发就可完成信息的传播活动。更有甚者，传播的内容良莠不齐、发布信息的真伪也无人考证，并且传播过程中的传播态度带有明显的偏见，导致舆论多元化与尖锐化现象出现，面对市场竞争以及民意的压力，往往使得新媒体在传播过程中，对民意的迎合优先于对事实的判断和对真理的坚守。对新闻专业主义理论也带来了极大的压力，使得新闻专业主义的客观性、公正性以及真实性渐渐被忽视。新媒体环境下，如何更好地实现传播的价值成为越来越多人关注的焦点。

二、新闻反转现象分析

近年来关注量极高的新闻反转现象的频频出现，正是对在新闻传播过程中新闻专业主义理论缺失现象的一种体现。反转新闻又叫逆转新闻，指的是对同一新闻事实的报道，媒体后期的报道内容与前期的报道内容呈现较大的差异，随着报道内容的不断深入与完善，新闻报道的内容向相反的方向改变，受众的立场随报道的内容急速两极化转变的新闻传播现象。[①] 在反转新闻中，网友的惰性思维与碎片化阅读助长了对新闻事件与人物的刻板印象，随即迅速“站队”，舆论矛头直指一处，随后事实反转造成了新闻事件的二次

① 黄楚新，王丹．逆转新闻的成因及应对策略——从媒介素养的视角分析［J］．新闻与写作，2015（10）．

升温，带来群体意见的集体“倒戈”，对新闻传播环境造成较大影响，“一波三折”的剧情变化更是使新闻属性大打折扣，更是对新闻专业主义的挑战。发生在2016年末的“罗尔事件”是一件典型的新闻反转事件，这一事件在多次的传播与反转的过程中，不仅浪费了公众的时间，同时也使得人们的爱心备受纠结，消费了大众的感情与向善的善心，甚至是对社会道德造成了严重冲击，对真正的弱势群体构成了伤害。由于反转新闻丧失了新闻的真实属性，受众难辨信息真假，对媒体公信力造成了损伤，揭示出新媒体时代下一种“自由”的传播状态，对于新闻专业主义存在的合理性与必要性更是一种挑战与质疑，从而使得广大业界学者思考在这种新媒体的环境下，新闻专业主义这一理论的存在已经不再具有生命力，已经面临过时的危险。

三、新媒体环境下新闻专业主义的争议

有一种观点认为，新闻专业主义实质上是对自身身份和行为的道德合法性的话语建构，无异于自以为是、自圆其说的自我标榜。抛开完全基于想当然的规范性理论不说，单从近百年的实践来看，新闻专业主义仅仅作为一种职业伦理，它并没有发挥出比其他职业伦理，比如医生律师等伦理更为有益、有效的作用。虽然百年来，新闻媒体不论是在满足受众信息需求还是为民发声、揭露真相等方面有许多可圈可点的贡献，但媒体伦理事件也是层出不穷，事实、客观、公正等问题在人们面前也是让人难以论辩。

也有观点认为，在传统的媒介生态中，新闻专业主义实际上维护了媒体对新闻和信息生产的垄断，作为资本主义意识形态的组成部分，表达的是精英和权力阶层的意志，它的存在使得观念市场的多样性越来越差，公众的知情权和自由表达权得不到维护。退一步

讲，如果说在信息稀缺的媒介生态下，新闻媒体作为唯一把关人和议程设置者，其专业主义伦理有其客观合理性和必要性，那么，新媒体革命以后，信息不再是短缺资源，垄断被打破，人人都可以加入信息的生产和传播过程当中，公民新闻成为一种普遍现象，新闻媒体自然失去了以往作为单一信源的重要地位，新闻媒体的历史使命和责任也相应发生了变化。所以，媒体无须自我神圣化，新闻专业主义也不再作为新闻业的必要因素而存在。

更有观点认为，新闻自由是新闻专业主义的前提，新闻自由的出发点和归结点是公众的表达自由，新闻媒体公共性在于代表公众行使言论自由的权利，由此才有所谓的第四权力说。那么，当新闻媒体的公信力屡创历史新低的时候，媒体的代表性将无法实现，从而失去了公众代表性，新闻专业主义也就无从谈起。

然而，从以上的几种观点我们可以看出，这些观点存在一个没有新闻专业主义的新闻界，用彭增军教授的观点来说，其理论支撑点是古典的观念市场理论，即让各种观念在市场上充分竞争，善赢恶败，优胜劣汰。就像在《发掘新闻——美国报业的社会史》中所说的商业性机构的第一要务就是生存，要求他们客观很奇怪一样。认为新闻业现在没有，将来也不会有法律、医学界确保客观性的种种条件，那么为什么客观性仍然是一个严重的问题？何不干脆放弃对客观性的追求？[①] 然而在当今新媒体环境下，数字技术不断革新，但是技术的进步并没有使得数字鸿沟变小，反而越来越大，社会也没有因此更加形成共识，反而分裂现象越来越严重，恰恰使得新闻领域商业化现象越来越严重，从而在不断地竞争中，庸俗新闻、反转新闻以及虚假新闻频频出现，使得受众对于新闻事件难辨

---

① 迈克尔·舒德森．《发掘新闻——美国报业社会史》［M］．北京．北京大学出版社，p6.

真假、对错，从而新闻媒体的信任度不断下降，使得对于新闻专业主义理论的认可度也越来越低，甚至有观点认为新闻专业主义根本不存在或是已经不再拥有生命力。其实从现实角度理性分析，我们可以看出随着网络技术的发展，在新媒体这一高度发达的今天，对于新闻专业主义而言不仅是挑战与冲击，更多的应该是给新闻专业主义带来了强烈的激励性因素。在新媒体环境中，信息传播范围更广，传播的速度更快，反馈更加及时，从而使信息能够通过自由市场修正观点，在一定程度上对新闻内容进行监控，媒体传播价值得到有效发挥。

四、新媒体对于新闻专业主义的激励因素分析

（一）新媒体环境下新闻自由践行新闻专业主义发展

新闻自由是新闻专业主义的前提，在当今新媒体环境下，人们通过微博、博客、微信等媒介构建了具有高度新闻自由的公共交往空间，对新闻的质疑和批判畅通无阻，网络舆论大行其道，具有强大的新闻监督力量，塑造了一个覆盖广泛、快捷高效、影响巨大的新型大众媒体。就拿新闻反转现象来说，虽然在新媒体环境下，人们利用新闻自由的权利对于新闻事件进行了仓促的传播，哪怕是拥有目的的有意识传播，但是信息一经传播就会被广大受众通过新媒体快速获知，从而在广大受众对于新闻事件的讨论与质疑中层层剥茧，哪怕经过多次反转，但最终在大家的监督过程中使得新闻事实客观公正地呈现在大家面前。所以说新媒体环境，新的媒介技术不但没有冲击新闻专业主义的存在，反而更好地维护了新闻专业主义的存在。

（二）新媒体的多角度传播践行了新闻客观性

新媒体环境下，新闻消息演化为“泛新闻”概念，新闻传播特权被分崩瓦解，呈现出多角度的传播形式，信息的传播者从专业的媒体人转向普通公众，新闻的客观性呈现复杂的局面，新闻的广度、密度以及速度发生了前所未有的改变。新闻信息的客观性走向两个极端：一方面，新闻客观性面临前所未有的公开透明的发展环境；另一方面，新闻的客观性、公正性受到利益的驱使。由于利益诉求的不同，多信源的媒体环境下，公民记者编写的新闻信息对同一新闻事件进行了多角度、多方面的报道，拓宽了新闻消息的深度和广度，不同的利益诉求下展开的新闻报道在一定程度上也促进了新闻的客观性。反转新闻中，正是由于新媒体环境下，新媒体用户多角度的视点以及全方位的信息探索才使得新闻事件在报道中不断地被受众找出问题，虽然多次反转中浪费了大家的时间，欺骗了大家的情感甚至剥夺了大家的爱心与同情，但最终还是使得真相能够真实客观地呈现在大家面前。

（三）新媒体培育新闻记者的专业实践

新媒体环境下新闻记者的新闻专业主义实践表现为公民记者的新闻实践和职业记者的新闻实践。胡乔木在60年前曾在《解放日报》上发文，提倡人人都学会写新闻，在60年后的今天，新媒体的广泛应用，人人确实都可成为新闻记者，新媒体的出现极大地改变了新闻生产与传播的过程，但这并不意味着解放了新闻专业主义。综观微博、博客等新媒体平台，人人是记者这一“事实”并未真正存在。因为有研究表明，Facebook、twitter、新浪微博、腾讯微博、凯迪论坛等空间中，真正提供原创新闻的，不过是注册ID的5%左右的人，且这些活跃的5%的“公民记者”，相当大比例是真正的专业媒体的记者，只不过他们宣称自己的活动是非职业行为而已。[①] 专业媒体记者利用新媒体拓宽了单一的新闻“采—编—播”制作流程，新闻信息搜集渠道变得更加多元化，利用微博、微信和网络新闻网站就可以找到海量的即时新闻，并利用新媒体开始病毒式的新闻传播，突破了传统的新闻制作和传播方式。

通过对新媒体的运用，在信息的采集过程中能够吸取更多的观点，看到更全面的信息，从而为新闻信息的采编写作提供更加真实可靠的观点，以及在传播过程中能够提供更加客观公正的报道。在反转新闻事件中，在不断地反转纠正中，最终事实客观公正地呈现在大家面前，这一过程不仅只是对于新闻事件的一次专业性的修正，更加体现出新闻传播的真实性，同时对于广大公民记者乃至专业记者来说也是一次专业主义素养的提升。

（四）新媒体环境助推新闻场域的权力重构

新闻专业主义的发展受到来自政府、社会、公民等多方面的影响，而新媒体的出现，加速了新闻生产过程中的内外影响。我们可以援引社会学家布尔迪厄的“场域”理论来阐明新媒体传播环境下新闻场域的重构。基于“场域”视角，新闻场域以三种不同的形式存在，第一类场域是现实生活中的新闻机构所组成的社会存在，包括报社、编辑部、新闻出版机构、电视台等；第二类场域是新闻工作者在新闻实践中建立的新闻专业社区；第三类场域是新闻实践所总结的新闻理念，即新闻专业主义。

新闻场域的生存发展空间受到政治场域、经济场域以及公民社会的影响和制约，新媒体助推了这三种力量的变化，重构了新闻场

---

① 吴飞：《新媒体革了新闻专业主义的命？——公民新闻运动与专业新闻人的责任》[J]．《新闻记者》2013 年第 3 期。

域的权力构成。首先，政治场域监管新闻场域。新闻诞生之初就受到政治权力的要挟，新闻专业主义正式发展于政党报刊的衰弱时期，在我国，新闻是党的喉舌，党严格把关新闻的内容和传播。新媒体技术极大扩展了新闻的传播媒介，使政治监管疲于奔命，消减了政治场域对新闻的控制力，削弱了党在新闻场域的主导话语，并迫使政治监管从刚性策略走向刚柔并济的策略，迎合新媒体传播的特性，对新闻来源和传播渠道进行监管。其次，经济场域解放和异化新实践。职业记者利用新闻场域，新闻媒体立足于收视率，收视率产生经济效益。对经济的追逐就会扭曲新闻的真实性和客观性。新媒体的传播加速了新闻信息的广告销售和“二次新闻寻租”，通过市场利益主导新闻发布，使新闻话语权面临可操控的危险性和复杂性。最后，公民社会重塑新闻场域。新媒体颠覆了传统媒体新闻从业者的主体地位，公民记者开始通过手机、DV、摄像机等记录身边发生的事件并及时上传网络，使新闻的时效性、真实性得到进一步加强，极大扩充了公民的新闻舆论监管权力，对党控制新闻舆论提出了新的挑战。

五、如何践行新闻专业主义提升新媒体的传播价值

从上面的分析中笔者认为在新媒体环境下，虽然新媒体的随意性看似对于新闻专业主义的发展带来了巨大的冲击，但通过反转新闻等现象的出现否定新闻专业主义的存在是非常片面的。对于新媒体环境下新闻专业主义的存废，笔者认为并非存在冲突一说，只能说新媒体的出现对新闻专业主义的发展进行了重构。新媒体以自身具有的特性为新闻专业主义的发展带来更多发展激励。使得新媒体环境下的新闻专业主义有别于美国最初所提出的新闻专业主义，不再作为一种规定制约着新闻信息的发展，而是更多地作为一种原则

引领新闻事业的更好发展，以一种新的体现方式促进新闻传播价值的实现。

（一）新媒体环境下新闻专业主义更加呼唤媒介专业主义

新闻专业主义主张新闻报道应客观、中立、全面，新闻人应该肩负社会责任。在新媒体环境下，新闻信息泥沙俱下，要做到实现传播的价值更多的是要求媒体机构恪守专业主义，为社会公众提供优质新闻信息。专业新闻记者必须把控好采访关，尽量到实地进行采访，避免采信单一信源，写作过程中要注意新闻报道的客观全面，避免新闻报道的标签化、程式化和新闻人物的脸谱化。编辑要把好审稿关，编辑对新闻稿件的审核，是避免新闻反转事件发生的最后一道关口，尤其要对不符合常识或具有煽动性的报道进行核实，要求的是新闻记者以及新闻内容做到客观公正、真实负责。

然而在当今社会，新闻信息的公正客观已经不再是单单依靠新闻记者保持新闻专业主义了，更多的还是应该要求新闻媒体要保持新闻专业主义，对于新闻信息的内容的客观真实与否做出基本的判断，从而对于新闻信息的传播起到一定的把关人的作用，坚持正确的新闻伦理观念，才能通过新闻报道为受众呈现出一个相对真实的客观世界，从而避免因信息不实或是信息不准确，造成后续报道的反转现象，维护新闻报道的真实性和新闻媒体的公信力。

（二）新媒体环境下新闻专业主义更加强调新闻自由

新闻专业主义对于新闻自由的推崇，源于自由至上主义。自由至上主义主张天赋人权，人在本质上是独立而自由的，人天生具有理性和独立思考能力。在自由至上主义旗帜的指引下，新闻专业主义将新闻自由、表达自由和言论自由奉为圭臬。在欧美等西方国家，新闻自由被视为表达自由的一部分，也被视为人类生存的最基本的权利之一。美国著名宪法学者爱默森认为，表达自由既是个体自我实现的基本手段，也是民主政体得以正常运行的前提。[①]

当然，新闻专业主义在强调表达自由和新闻自由的同时，也强调对于公民合法权益的保护，包括对公民隐私权的尊重。

然而在新媒体时代，信息传播趋于多元化和复杂化，网络出现了异化现象。钟瑛教授认为，“网络异化助长了各种社会异端，并在某种程度上导致社会道德水平的下降，从而引发新的社会犯罪”。[②] 虽然在新媒体环境下新闻自由看似对于新闻专业主义造成了强烈的冲击，但与美国最初提出的新闻专业主义相比，开始的新闻专业主义更多地强调的那种新闻自由是一种言论自由，也就是表达观点的自由，但这种自由也是在新闻专业主义的要求之下的一种自由，也就是说最初提出的新闻专业主义中的自由是一种有限的自由，是专业主义下的自由，而新媒体环境下的自由变得更加宽泛，使新闻自由更加专业。

（三）新媒体环境下新闻专业主义强调专业教育

新媒体环境下的新闻专业教育，更加需要着重培养学生熟练运用计算机和网络技术，熟练掌握信息上传和发布技术，以及数据库的开发和使用技术，并着重培养学生的信息筛选、检索、分析和归纳的能力。在新媒体环境下，受众所接触的信息不是太少了而是太多了，新闻专业教育着重培养的不仅仅是寻找信息的能力，更是对于信息的加工和处理的能力，利用媒体数据链或数据库完善新闻报道，引领受众深入思考社会问题，帮助受众认识新闻事实的真相，推动社会更加和谐与进步。新媒体和数字技术的发展也迫使新闻专

---

① 王四新．表达自由：媒体与互联网［J］．国际新闻界，2007（5）：52－55.

② 钟 瑛．网络传播伦理［M］．北京：清华大学出版社，2005（78）.

业主义思考和回答一些非常现实的问题。

自媒体时代催生“人人都是记者”，人人都可以拥有自己的媒体。如果不采取措施，新闻专业主义所坚守的职业道德底线和行业标准有可能被打破和遭受践踏，新媒体的传播价值就不复存在。在新媒体环境下，新闻工作的重点应转向深入挖掘事实、加工海量信息、综合分析材料、引导受众思考的道路上来。更多的人在掌握信息发布技巧的同时会自觉担当社会责任，自觉做社会的监督员和守望者。新闻专业主义只有与新闻事业的实际相结合，与媒介发展的最新趋势相融合，才能不断焕发出旺盛的生命力。

新媒体视阈下舆论监督的程序正义问题探究

吴月梅

【摘要】 移动互联网技术的发展，媒介正走向融合，不管是媒体场还是舆论场，都在经历着大变局。新媒体兴起和快速发展，尤其自媒体迅猛发展并深度介入舆论监督，搅动着整个舆论监督的格局。移动技术的革新和媒体话语权的扩大，有利于媒体和公民更好地进行舆论监督，在推动司法改革进步、提高公众民主参与的同时，也出现了一些干扰司法独立，挑战司法权威的负面现象。例如媒介审判、隐性采访、话语权乱用等导致了舆论监督中程序正义缺位。本文通过厘清舆论监督相关概念，结合新媒体视阈下舆论监督中程序正义失范案例，分析失范原因，提出维护程序正义的建议，期望舆论监督能够在法治化的前提下更好地支持我国司法改革。

【关键词】 舆论监督；程序正义；新媒体；司法独立

一、新媒体时代舆论监督新格局

这是一个“人人都有麦克风，人人都是‘记者’”的时代。如今，微博作为社会第一大信息源，占到了总信息源的四分之一；微信作为首发自媒体平台的比例在不断上升，影响力不断提高，截至

2015 年 9 月，微信登录用户已达 5.7 亿[①]。社会进入自媒体时代，公众通过微博、微信等平台，在拓展信息渠道的同时，也可以参与其中，发表自己对于社会事件的看法，拥有了表达渠道，增强了话语权。

新媒体时代，80 后、90 后越来越倾向于移动媒体的使用，互联网原住民也越来越多。新媒体技术的发展催生舆论监督很多新的变化。

（一）舆论监督主客体泛化与弥合

去中心化是新媒体的一大特点。舆论监督在一开始是特指媒体及其从业人员通过采用报道等方式对国家机构以及公职人员、社会名人进行的监督。由于新媒体为舆论监督提供了便捷的渠道，人人都可以使用新媒体进行监督。与此同时，每个人也都变成了被他人监督的对象。2016 年 11 月底，罗一笑事件就被广大民众关注，并起底罗尔骗捐。

在主客体泛化的同时，主客体也在弥合，两者的界限也越来越模糊。尤其是自媒体的兴起，改变了以往大众传媒的主体地位。

（二）舆论监督手段多样化

改革开放以来，我国舆论监督经历几十年的嬗变，所依附的媒体也发生了变化。始于纸媒，电视舆论监督走进民生，随着互联网技术的进步，网络舆论监督异军突起。互联网具有即时性、互动性、平等性、海量、覆盖范围广等优势，原本没有发声渠道的个人可借此发出自己的声音。传播手段也呈现多样化、立体化的新

---

① 闫莹雪．新时期媒体舆论监督与反腐工作的思考［J］．中国领导科学，2016（8）：23.

格局。

（三）舆论监督影响范围广

近年来，微信、微博、百度贴吧、知乎等媒体平台逐渐融入人们的日常生活中，信息可以通过它们快速病毒式传播，扩大舆论监督的声势和规模。伴随而来的是，人们的民主意识在增强，越来越多地关注公共事务和社会事件。因此这些平台也成为天然的社会舆论发酵场，影响力辐射范围广泛，易引起舆情事件发生。但与此同时，新媒体时代存在的信息困境、网络舆论的民意代表性缺失、网络暴力与无序政治参与以及舆论监督的越界等问题，也为舆论监督带来了新的实践困境。①

（四）舆论监督效果显著

网络问政、网络反腐成为我国廉政建设过程不可或缺的一部分。2008 年的“华南虎事件”“天价烟”事件，2009 年的云南“躲猫猫”事件、巴东邓玉娇事件、杭州飙车事件，2010 年的宜黄强拆自焚事件、浙江“钱云会案”，2011 年的 7·23 动车事故、郭美美事件等事件均称为我国网络舆论监督成功的经典案例。②

党和国家领导人也越来越重视网上的舆论情况。各地政府都设置了网络舆情研究机构，以便第一时间发现舆情，合理合法解决问题，减少社会成本。网络舆情的处置素养也成了官员亟须提升的素养。“问政银川”的微博就是一个非常成功的案例，加强了政府、媒体、民众之间的良性互动。

---

① 徐顽强，谢静．新媒体时代中国舆论监督的范式转换与实践困境［J］．电子政务，2014（11）：67.

② 周欣．微博与传统媒体行使舆论监督功能的合作模式研究［D］．上海：上海师范大学，2013：1.

新媒体是一把“双刃剑”，给舆论监督带来了新气象新变化的同时，也催生了新的挑战和困境。由于种种原因，舆论监督权利的行使不当和司法的独立性之间产生了冲突。本文将探讨新媒体时代下舆论监督的程序正义问题，希望通过梳理相关事件探寻解决途径。

二、厘清舆论监督相关概念

在讨论舆论监督的程序正义之前，我们必须厘清以下两组概念。

“舆论监督”这一概念是中国语境下提出的。国外与之相似的概念有“watch dog”或第四权，是由宪法所赋予媒体的权力。改革开放以来，我国权力监督体系已初步形成，包括党内监督、人大监督、行政监督、民主监督、法律监督、舆论监督。舆论监督是党外监督的重要形式。舆论监督的本质在于，它是行使自身权利对权力运作，尤其是权力滥用导致的腐败进行监督的一种直接民主形式，是公共领域的一个重要功能[①]。

（一）新闻舆论监督、媒体舆论监督、舆论监督

在讨论舆论监督的时候，我们通常把新闻舆论监督、媒介舆论监督及舆论监督等同。然而三者之间并不能等同。

学者许新芝指出：“舆论监督是指社会公众通过舆论这种意见形态对权力组织及其掌权者进行的监督。舆论监督的方式也有很多，诸如民意测验、揭发控告、批评检举、集会游行、静坐抗议、

① 展江，张余玺．新闻舆论监督与全球政治文明：一种公民社会的进路［M］．北京：社会科学文献出版社，2007：23.

印刷传单和出版物，等等。传媒监督或媒介监督是指社会公众或传播机构通过报纸、广播、电视、杂志、书籍、互联网等大众传播媒介，对公共权力组织以及权力的执掌者、执行者表达意见而形成的客观效果……新闻舆论监督不完全等同于传媒监督或媒介监督：媒介监督是指以大众媒介为主题的监督；而新闻监督则是以新闻为途径或内容的监督。其载体被限定在了开展新闻报道活动的大众传播媒介的范围内。”[①]

以此看来，媒体的舆论监督是舆论监督的形式之一，新闻舆论监督又是媒体监督的一种形式，其主体是大众传媒。本文主要研究的是媒体舆论监督，并侧重于新媒体，尤其是自媒体。相较于其他监督方式，媒体舆论监督具有一定的开放性、范围广、透明度高。

（二）实体与程序

实体与程序都是法律术语。“实体”一词是由亚里士多德提出的，是指能够独立存在的，作为一切属性的基础和万物本原的东西。在社会关系中，“实体”就是社会主体在社会关系中的定性，是地位、资格等以及与之相对应的个体在多大程度上对各种资源、机会的享有结果[②]。“程序法”一词则由英国法学家边沁创造的类名词，用来表示不同于实体法的法律原则和规范体系。简单来说，程序是过程，实体是结果。在媒体舆论监督过程中，程序是指媒体监督中所使用的的手段、方式、过程；而实体是指媒体监督所达到的结果和价值追求。而当下具体的媒体舆论监督实践中，往往是重视结果，忽视使用何种手段，也就是学界业界经常提及的“重实体、轻程序”。

---

① 许新芝，罗朋，李清霞．舆论监督研究［M］．北京：知识产权出版社，2009：55.

② 潘云华．论程序的实体化［J］．七方论坛，2007（6）：145.

法律中经常提及程序正义与实体正义。合理的监督程序是监督实体的必要保障。合理合法平等的媒体舆论监督必须是程序正义和实体正义并重，缺一不可，最佳的状态是达到程序正义和实体正义的完满状态。

三、新媒体时代程序正义问题凸显

新媒体时代，网络舆论监督有利于民众表达诉求，化解社会矛盾，更大程度地还原真相。随着新媒体的兴起和发展，我国媒体舆论监督实践过程中程序正义失范现象凸显，正越来越受到各界的重视。这些失范现象如媒介审判、话语权寻租、隐性采访滥用、监督侵权、车马费等。本文主要就媒介审判、隐性采访、话语权寻租等三个层面进行论述。

（一）媒介审判：妨碍司法独立

“媒介审判”（trial by media），是指媒体在报道司法案件的时候，先于司法程序对涉案人员进行“审判预设”，丧失了客观立场，影响司法公正，是媒体职能错位的一种表现，有悖于法治精神。

改革开放以来，媒体舆论监督的影响力越来越强。随着调查报道兴起，南方报系记者提出“铁肩担道义，妙手著文章”，很多有变革性的舆论监督在此期间产生，推动了整个社会的发展。与此同时，我国处于社会转型期，科技技术、媒体技术迅猛发展，很多法律体制不健全，公民法律素养不高，而舆论监督权的过度扩张，往往形成公众群体舆论压力，导致很多舆论监督由防卫性变成进攻性，进而变成媒介审判，影响司法独立性。

媒介审判多出现在民愤极大的刑事案件中，矛盾冲突明显，媒体及民众都认为自己是为了维护社会的公平和正义，媒体报道多采用煽情式报道。

“药家鑫案”“邓玉娇案”“李天一案”“我爸是李刚案”“河南大学生掏鸟 16 只被判 10 年半”“聂树斌案”，这些都是典型的媒介审判事件。

20 世纪 90 年代，程序正义缺位，导致聂树斌悲剧的发生。2016 年 12 月 3 日，最高人民法院第二巡回法庭对聂树斌案再审公开宣判，宣告撤销原审判决，改判无罪。聂树斌终于沉冤得雪，是基于 2012 年《刑事诉讼法》的修订，以及非法证据排除规则的确立。

聂树斌案是基于传统媒体。而药家鑫案则体现了网络新媒体的威力。药家鑫案发生于 2010 年 10 月份，案件一发就引起社会各界的广泛关注。网上热议此案件，舆论导向一致，强烈要求判药家鑫死刑。事件发生后，药家鑫在父母陪同下自动投案，如实供述犯罪事实，按法律来讲，可认定其为自首行为。但在案件审理过程中，媒体大肆渲染报道无取证的猜测，如“富二代”“军二代”等，引发民间愤怒情绪。这些情绪又被媒体报道，以此影响司法审判。

新媒体环境下，情绪容易被放大。我国的上网人数虽然已经高达 7 亿，但是整体素质还不高，非理性特点比较突出，容易只见树木，不见森林，以偏概全，易被煽动。而且由于教育水平、地域差异、刻板印象等原因，网民无意识侵犯当事人的合法权益，如对其使用语言暴力、侵犯隐私等。

刑诉法第九条规定“未经人民法院依法判决，对任何人不得确定有罪”。媒体确有社会监测的职能，但媒体的舆论监督权也必须在法律允许的范围之内，“法无授权不行”。

而案件的审判也应该是“以事实为依据，以法律为准绳”，尤其是对刑事案件的审判，要综合考虑多种因素，如犯罪情节、犯罪动机，是否坦白、自首，司法人员不应以网上的“民意”来作为衡量的标准。

（二）隐性采访：有悖道德，有违法律

顾理平在《隐性采访：道德价值与法律底线》一文中指出，隐性采访是新闻记者隐去记者的身份采获新闻事实的采访方式①。

1978年以后，普利策新闻奖不再颁发给隐性采访报道。我国司法机关在审理案件中也不采用由隐性采访获取的资料。尽管一再强调隐性采访不合法，但在当下舆论监督中，隐性采访依旧被经常使用，偷拍偷录成风。究其原因，周云倩其博士论文中指出，隐性采访"有利于媒体突破监督阻力，取得较好的监督效果"；"有利于采获独家新闻，增强媒体竞争力"；"有利于迎合受众需求，培养受众忠诚度"。②

受众和媒体都喜欢隐性采访报道方式，但伴随这种关注的是，隐性采访的道德争议和法律争议。而且伴随隐性采访的还有，报道记者被打事件，日前中国教育报记者卧底采访甘南早餐事件被打，并引起了次生舆情。

2015年6月8日，南方都市报记者以"记者卧底替考组织参加高考曝光跨省团伙"为题报道了有团伙组织在江西实施高考替考引起很大反响。很多人认为这种行为具有社会公益性无可厚非。媒体人段宏庆发声力挺，认为记者的替考行为危害性几乎是为零（这个记者不去替考，替考组织仍然会找另外一个人去替考），而记者卧底完成全部过程之后，能够提供完整证据链，这是有意义的。记

---

① 顾理平．隐性采访：道德价值与法律底线［J］．视听界，2015（7）：45.

② 周云倩．程序正义视阈下的舆论监督［D］．武汉：华中师范大学，2010：55—59.

者参与替考是用自身冒险涉嫌违纪来揭发犯罪，法理上也是可豁免的[①]。

然而也有很多人认为这不被法律所允许，并不值得称道。中国人民大学陈力丹教授指出：南都记者涉嫌违法，记者自己都违法，还有什么资格揭发别人。

南都卧底记者如果只是为求证替考组织的犯罪事实，那么记者通过卧底获得替考身份证、准考证还在一定限度之内，但进入考场参与替考，则已违法。隐性采访合法的边界一定要把握清楚。

目前也有许多媒体记者为抢占独家，过度使用隐性采访，侵犯公众的合法权益。而且媒体行为对公众有示范作用，很多公众在处理一些问题时，也采用偷拍偷录的手段。新媒体技术和直播技术的发展加大了偷拍偷录的便捷性，偷拍偷录成风，社会危害性极大。

另外隐性采访中记者通常隐藏自己的身份，采访通常在一个欺骗被采访者的前提下进行的，对于这种介入式的采访，采访的方式和内容都是经过记者事先设计好的，其中自编自导的痕迹比较明显，记者的主观意识比较容易影响新闻事件的走向，使得隐性采访所获得新闻内容的真实性受到了挑战。[②] 隐性采访所获得的新闻一旦失真，“不仅削弱了新闻监督的力度，也使受众对新闻媒体的公信力下降”[③]。

可见，即便目的正义，也不能用涉嫌违法的隐性采访。程序正义是实体正义的有力保障。另外需要指出的是，卧底隐性采访不等同于公职人员暗访。记者并不享有执法人员处于侦查需要可以在一定程度上参与违法活动等行政司法等特权。所以即便以公益性目

① 潘成功．高考替考事件，“卧底采访”是英雄行为吗［DB/OL］．法治快车，2015－06－09.

② 于卓．隐性采访的道德缺失及真实性研究．［J］．今传媒，2014（11）：63.

③ 段丽琴．浅析隐性采访的真实性及合理使用［J］．改革与开放，2011（4）.

的，参与了犯罪行为，记者或者公众都将受到法律追责。

互联网对于隐性采访，既提供了强大的技术支撑，同时也带来了更大的侵权风险。[①]

（三）话语权寻租：背弃新闻专业主义与新闻职业伦理道德

社会媒介化是指社会的各个方面越来越受到媒体的影响，而媒介社会化是指媒介越来越受到权力和资本的影响。我国媒体也是市场经济的主体，资本影响问题凸显。

媒体及其从业人员所享有的话语权越来越大，所以很多企业以及名人需要与媒体构成良好的关系，为自己建构较为良好的舆论环境，提升自己的形象。于是，就出现了话语权寻租现象。

话语权寻租通常表现为“有偿新闻”和“有偿不闻”。有偿新闻为发“红包”和包吃、包住、包旅游的所谓“三包采访”，实质就是一种权与钱道德交易[②]。而有偿不闻，是指媒体及从业人员借舆论监督的名义，接受他人贿赂而终止或改变监督职责的行为，其实质是新闻敲诈。

媒体之所以享有话语权和监督权，本质上公众为公共利益所让渡的权利，让媒体代替自己行使监督权，这是其话语权合法性的根本所在。但“有偿新闻”和“有偿不闻”两种行为都是媒体及从业人员从自身利益出发，漠视公共利益，背弃了新闻专业主义和新闻伦理道德。

2014 年 9 月 3 日，21 世纪网总裁、总编和相关经营、采编人员及上海润言、深圳鑫麒麟两家公关公司负责人，因涉嫌新闻敲诈被警方逮捕。近百家准备上市的公司被迫与 21 世纪报签订广告合

---

① 杨若．互联网时代隐性采访侵权风险规避的法律思考［J］．今传媒，2015（10）：33.

② 陈桂兰．新闻职业道德教程［M］．上海：复旦大学出版社，1997.

同，否则在公司 IPO 的过程中报道其负面新闻。此外除付广告费外，许多拟上市公司或上市公司若出现负面新闻，会找公关公司协调删稿。整个 21 世纪报的经营策略已经走偏。

布里德提出过“潜网”这一概念，是指媒体组织的行为方式会潜在地影响媒体组织成员。21 世纪报话语权寻租的现象也影响了个别从业人员的新闻伦理。21 世纪网长沙记者站夏晓柏、21 世纪经济报道记者王卓铭就是因为涉嫌新闻敲诈被逮捕。然而话语权寻租在舆论监督过程中依旧频繁出现，并产生不良的社会示范效应。

相较于新媒体，传统媒体的公信力要高得多。公信力主要体现在两个方面，一是专业性，二是客观性。公信力是媒体的立身之本，若公信力不在，媒体便无存在的依据。

自媒体发展越来越快，运营比较好的自媒体，其影响力也在提升。自媒体有很多变现模式，诸如广告、打赏、电商、内容、软文等。这些都为滋生话语权寻租提供了可能，敲诈勒索也有转向自媒体的趋势。

自媒体有更多的自主权，新闻专业程度要求不高，具有明显的个人特色。微信公众账号蓬勃发展，但也使得平台红利日益丧失，公众的注意力被分散。微信自媒体公众号运营状态评价标准包括粉丝数、阅读数（十万＋）、转载量、评论数、持续更新与否。很多自媒体为提高自己的关注度，制造耸人听闻的标题、编造虚假信息、使用低俗语言迎合受众。也有很多自媒体人为自己的一己私欲，诋毁中伤其他组织或者个人。通过网络平台及水军，发布负面信息。自媒体在金融相关的内容上寻租现象极为严重。实体正义和程序正义双双被打破。

目前学界讨论媒介寻租的时候，更多集中在传统媒体，关注新媒体寻租现象的研究相对零散、不系统。由于人们越来越喜欢个性化的信息渠道来源，自媒体已经成为人们获取信息和观点的主要来源之一。自媒体的不拘一格是其舆论监督中的独特优势，但无规矩不成方圆，自媒体要想走得长远，也要坚守媒体的专业主义精神和职业伦理道德，坚守法律底线、职业道德底线、专业底线。

四、程序正义失范原因分析

如前文所述，新媒体是一把双刃剑，为舆论监督提供新机遇，尤其是网络舆论监督为舆论监督提供了新的方式和途径，与此同时由于种种原因，导致舆论监督过程中有很多失范行为，触及法律红线。舆论监督过程中涉及政府、企业、媒体及从业人员、公众、司法机关等主体，各方面都存在程序正义失范的行为。

（一）社会处于转型期，社会矛盾凸显

随着改革开放进一步深入，我国社会逐渐转型，社会矛盾也更加复杂，舆论监督环境不容乐观。新媒体的加入又进一步加大了舆论监督的难度。很多灰色边界地带的信息获取很容易违反法律法规。因为社会发展多变，法律滞后法律体系不健全，明确处理事件的法律法规建立不够及时。网络舆论具有盲目性、随意性、表面性和片面性，影响其健康发展。

（二）媒体定位不准

媒体代表公众行使监督权，监督权和话语权都是由公众让渡出来，应该自觉代表公众利益。尤其是媒体从业人员不要把自己当成权利的拥有者。此外，媒体的定位不准还体现在把自己报道的职责和执法人员的职责混淆，容易造成监督越位，如审判本该由司法机关根据法律规定量刑判定，而非媒体自己先于司法机关作出判定，煽动网民情绪施压司法机关是有碍司法公正的，也侵犯了当事人的

合法权益。即便目的正义，手段非法，也是不可取的，不利于舆论监督长远的发展。

(三) 司法机关工作人员独立性不够

在面对网上舆论的时候，尤其是早前没有出现过类似事件的状况下，很多司法机关工作人员容易受网上舆论的影响，没有按照法律规章判处，要不量刑过重，要不量刑过轻。行政、司法自由裁量权过于“任性”。

(四) 公众法律素养不够，非理性因素较多

我国公众的民主参与意识逐渐增强，新媒体的发展也为其提供了技术支持。但是我国公民由于整体法律素养并不高，立法参与度也不高，使用新媒体等技术参与舆论监督时，责任伦理意识不高，媒介素养缺失。

五、建议

针对以上原因，笔者提出以下建议：

(一) 健全相关法律法规，程序正义与实体正义并重

法律法规的建立健全不是一步到位的，也不是一成不变的。立法应该与时俱进，新媒体舆论环境复杂多变，与传统的舆论监督大为不同，应该专门制定相关可操作的法律作为依据，对新闻媒体应严肃纪律条规，规范舆论监督行为，使其合法化。

(二) 媒体及从业人员坚守专业主义和职业伦理道德

不管是新媒体还是传统媒体从业人员，在舆论监督过程中，要

最大限度地还原事实真相，维护公众利益，但是手段、程序要合法合规。要进行隐性采访时应该进行报备，获得批准之后方可进行。西方学者提出“解困新闻学”这一概念，即新闻从业人员不仅要及时报道社会的现状和困境，而且如有可能提供一定的解决方案，而不是仅仅煽动社会的不安情绪。我国媒体工作人员也应该从专业角度寻求可以解决的途径，而不是为博取注意力，报道耸人听闻的信息，增加矛盾对立。

（三）加强法律知识宣传，提升公众法律素养和媒介素养

公众对于社会事件的评论，大多处于情理角度考虑，法律知识较为缺乏。网络舆论监督往往会涉及法律，不能仅仅从感情的角度去判定。与此同时，公众的媒介素养同样重要，要学会辨别信息真伪，使用新媒体技术，自觉维护公共利益和自身的合法权益。

（四）司法机构坚守司法独立性

网上舆论确有借鉴的作用，但并不是要按照网民的情绪走。司法审判需要独立，也需要公平公正公开，程序正义也是司法机关正义的应有之义。随着庭审直播的发展，对于当事人的合法权益保证也应加强注意。

（五）建立新型合作关系，共塑程序正义

善治理即建立良好的管理。俞可平把“善治总结为一种社会管理过程，这种管理的最为核心目标就是追求社会公共利益的最大化。政府与公民之间的关系不再是管理与被管理的关系，而是一种

新型的合作关系，公民应当同政府合作，一起管理社会上的公共事务”①。舆论监督的各个环节都涉及程序正义，如立法过程、采访过程、审判过程都涉及程序正义，需要各界共同合作，才能更好地践行程序正义。

当然我们在强调程序正义的同时，不能忽视实体正义，否则就是形式主义，只有两者达到完满的状态，才能有效促进媒体舆论监督，才能更好地推动中国特色社会主义事业的发展。

参考文献

[1] 闫莹雪．新时期媒体舆论监督与反腐工作的思考［J］．中国领导科学，2016（8）：23.

[2] 徐顽强，谢静．新媒体时代中国舆论监督的范式转换与实践困境［J］．电子政务，2014（11）：67.

[3] 周欣．微博与传统媒体行使舆论监督功能的合作模式研究［D］．上海：上海师范大学，2013：1.

[4] 展江，张余玺．新闻舆论监督与全球政治文明：一种公民社会的进路［M］．北京：社会科学文献出版社，2007：23.

[5] 许新芝，罗朋，李清霞．舆论监督研究［M］．北京：知识产权出版社，2009：55.

[6] 潘云华．论程序的实体化［J］．七方论坛，2007（6）：145.

[7] 顾理平．隐性采访：道德价值与法律底线［J］．视听界，2015（7）：45.

[8] 周云倩．程序正义视阈下的舆论监督［D］．武汉：华中

① 史富．自媒体时代下的我国微博舆论监督研究［D］．西安：陕西师范大学，2014：20.

师范大学，2010：55—59.

[9] 潘成功．高考替考事件，“卧底采访”是英雄行为吗 [DB/OL]．法治快车，2015—06—09.

[10] 于卓．隐性采访的道德缺失及真实性研究 [J]．今传媒，2014（11）：63.

[11] 段丽琴．浅析隐性采访的真实性及合理使用 [J]．改革与开放，2011（4）.

[12] 杨若．互联网时代隐性采访侵权风险规避的法律思考 [J]．今传媒，2015（10）：33.

[13] 陈桂兰．新闻职业道德教程 [M]．上海：复旦大学出版社，1997.

[14] 史富．自媒体时代下的我国微博舆论监督研究 [D]．西安：陕西师范大学，2014：20.

[15] 靖鸣，吴星星．新时期舆论监督的新变局 [J]．新闻与写作，2016（7）：40—43.

[16] 李博文．新媒体语境下舆论监督发展趋势 [J]．新闻与传播研究，2012（5）：14—15.

[17] 孟威．新媒体舆论监督：良心自觉与责任担当 [J]．新闻战线，2016（2）：36—39.

[18] 郭建军，吴慧萍．舆论监督与司法公正浅议 [J]．法制博览，2016（9）：121—122.

[19] 王景东，武伟男．新媒体舆论与公正司法的博弈与和谐 [J]．传播与版权，2016（9）：86—89.

[20] 顾培东．当代中国司法生态及其改善 [J]．法学研究，2016（2）：23—41.

融媒体视阈下的警务公开及其考评

许　珂

【摘要】 融媒体在现代法治建设中发挥的作用愈发重要，尤其对于警务公开工作发展具有重要影响，使得社会舆论引导的参与主体更加广泛、时空领域更加拓展、现实敏感性更加凸显，暴露出警务公开的监督管理机制不健全，警务公开主动性不足、范围有限等问题，为此，根据BSC理论建立科学系统的警务公开考评机制是当务之急，并且警务微信、警务微博、警务客户端等警务新媒体应用迅速发展，多种媒介的交融性和关联性也有所提升，“两微一端一网站”的兼具多种功能的新型智能化电子警务综合服务平台已渐趋成型。因此，需要加强平台之间的协同整合从而提高警务公开服务质量。

【关键词】 融媒体；警务公开；绩效考评

一项由中国互联网信息中心（CNNIC）进行的调查数据显示，截止到2018年的上半年，中国上网人数突破了八亿人次，该数据同比提高了3.8个百分点，同时在全国互联网普及率也达到了57.7%，移动互联网用户人数为7.88亿人次，移动互联网用户在全网中的比重为98.3%，同比提升0.8个百分点。[①] 网民手机上网

① 俞文明．从“相加”迈向“相融”[M]．团结出版社，2018.

比例继续攀升。移动互联网的发展、网络技术应用范围的扩大以及新媒体形式的多元化，使民意表达拥有了更加广泛的媒介，同时也造成了当前网络舆情形势愈加复杂，如果公安机关的权威声明缺失，会对公安机关的公信力造成严重影响，给公安形象造成负面影响。在融媒体的助推下，公安机关的权威发声可弘扬社会正气、维护法律尊严，传播正能量和主旋律，为舆论环境输送高质量内容，扩展内容受众。

一、"融媒体"时代的警务公开

（一）警务公开的必要性

所谓融媒体，就是将多种采编播的方式进行融合使用，通过一次性完成素材采集，实现人力、内容、宣传等资源融通，利用互联网载体整合传统媒体（纸质、广播、电视、户外媒体）和新媒体（网络、手机媒体），实现多元传播的新型媒体。随着《互联网安全法》正式生效，公安部《关于进一步推进"互联网＋公安警务服务"工作的实施意见》的出台，融媒体在现代法治建设中发挥的作用愈发重要，我国公安机关兼具行政机关和刑事司法机关二元属性，通过技术革新、形式拓展，针对警务系统建立融媒体环境，对于警务公开工作发展具有重大意义。

我国公安机关应当积极加强警务公开内容建设，实现传统新闻媒体和互联网新闻媒体的深度融合，对外公开主要职能、管理规范、工作流程等警务信息，便于社会各界予以监督。同时要在警务公开和接收监督方面，持续改进信息公开的方法、拓展公开渠道和范围，提高信息公开及时性和准确性，对社会热点问题进行及时回复，尤其是要在职权、财务等领域强化公开信息机制，确保社会监督的有效开展。

（二）警务公开与新闻法治的互动

在融媒体时代大环境下，随时都有可能发生具有较大社会影响力的突发舆情，这对于警务公开工作是巨大的挑战。针对该问题，本文选择了今年两起备受关注的涉警舆情事件，即“昆山龙哥反杀案”和“红黄蓝幼儿园事件”。

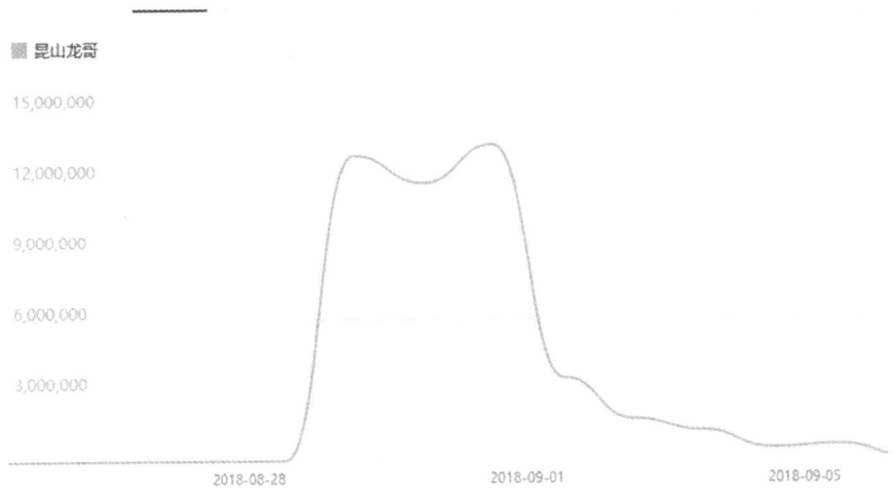

表 1—1　“昆山龙哥”正当防卫案 百度资讯指数

2018 年 9 月 28 日晚间一则名为“昆山龙哥反杀事件”的视频经由微博发布，立刻受到了网友们的强烈关注，针对视频中骑电动车的杀人者是不是正当防卫在网络上掀起了议论热潮，从百度的舆情监控数据（表 1—1）中可以看出，自 8 月 28 日到 29 日是舆情的爆发期，关注指数达到了 10481。9 月 1 日，随着昆山市人民检察院对该事件认定为正当防卫，公安机关已撤案的调查情况进行通报，网络关注度已经开始降低。

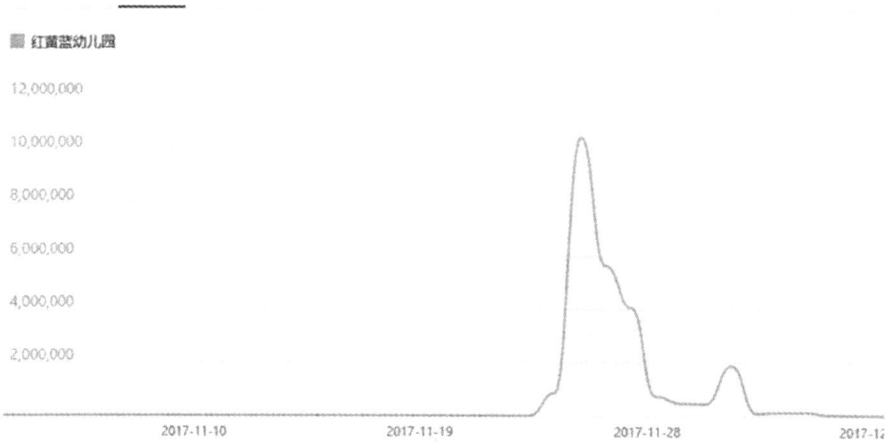

表 1—2　红黄蓝幼儿园事件 百度资讯指数

在去年年底，“红绿蓝幼儿园虐童事件”也通过微博受到了社会的广泛关注，并引发热议。在百度舆情监测（表 1—2）中可以看到自 11 月 22 日—24 日，该舆情持续升温，达到了 10446048 的峰值。该涉警舆情事件也引发了大量网友的焦虑。该事件发生后，28 日，朝阳分局官微针对此事件作出回应，并在此引起了热议，在 29 日再次出现了一个小的波峰。

在融媒体时代，虽然互联网的发展对于打破传播者的垄断地位、消除社会孤立以及打破意见气候都产生了一定的作用，但是却并不意味着“沉默螺旋”就此消失，在这两个舆情事件中，“沉默的螺旋”问题依然存在。这是由于，舆论从来都不是大众对于事件的理性分析，而是充满感情色彩的，在意见领袖的带领下，对主流观点的趋同而形成的舆论结果。[①] 在这两起涉警舆情案件中，存在一定的共性问题：首先，传播媒介多元化，通过微博、微信公众号、贴吧、论坛等多种媒介进行传播。其次，舆情影响范围广，都

① 郭小安. 舆论的寡头化铁律：“沉默的螺旋”理论适用边界的再思考［J］. 国际新闻界，2015：52 —53.

受到了广大受众的热议。再次，舆论声音复杂多样，其中还夹杂了较多的虚假信息。最后，公安机关在事件处理中显得比较被动，都是在舆情事件已经多度发酵之后才出来进行信息公布，对融媒体的应用不充分。[①]

（三）融媒体时代警务公开的挑战

1. 社会舆论引导的参与主体更加广泛，警务公开的监督管理机制不健全

在融媒体时代，信息更加公开透明，因此公安机关开展的一切工作都是在探照灯下，一项工作的失误都可能引发公众“晕轮效应”，从而影响公安队伍以及党政机关的形象。在警务公开领域的探索到今天已经有十几年的时间，但是在这个领域的监管体系还不尽完美，尤其是在考核机制上还有待完善，造成民警在开展相关工作时没有有效的标准，所以造成自主裁量权使用的超规。在警务公开领域主要的规范制度有两项，即《人民警察法》以及《公务员法》，这两项法律都不是警务公开方面的专项法律，因此对于相关领域的规范也不够详细，并在实际操作中缺乏科学的指导性。当前对于警务公开方面的具体规范和标准，大众也并不真正了解，所以对警务公开的认识也比较片面，并且与公安机关和执法人员存在较深的“距离感”。

2. 社会舆论引导的时空领域更加拓展，警务公开范围有限

当前社会舆论在时空领域上呈现出一系列新特点：从时间上

---

① 方跃镇. 融媒体时代地方媒体突发公共事件应对［J］. 传播与版权，2016（34）：168－169.

看，全年365天、全天24小时“不打烊”“不眨眼”，任何时间都可能形成热点话题和焦点舆论；从空间上看，境内境外、虚拟现实，空间界限日渐模糊；从领域上看，关注范围无所不包，公共安全、生态环境等领域成为新热点，民主法治、权利权益、公平正义等成为高频词；从渠道上看，不再以报纸、电视等传统媒体为主渠道，随着新媒体的出现、融媒体环境的形成，互联网对舆论环境进行再造与重构，并已成为舆论主战场。

《政府信息公开条例》在第二条中指出，“在执法过程中，行政机关所获得的以及自主制作的能够保存下来的所有信息都需要进行公开”。在这条法规中，笼统地提出了行政机关的主体，但是没有按照职能加以分类，并指出要公开全部信息，这也就意味着，公安机关在处理案件时涉及行政执法范畴的所有信息都要进行公开，[①] 但是在实际的司法活动中大部分的案件中都认定，公安机关在履职活动中产生的信息，一部分是行政管理范畴内的政府信息，一部分是刑事诉讼过程中产生的执法信息。因此，后面一部分的信息并不在《政府信息公开条例》所给出的范围内。[②] 因此对此公安部专门出台了《公安机关办理政府信息公开行政复议案件若干问题的规定》，其中进一步明确了，“公安机关针对刑事案件的办理过程中所

---

① 长期从事行政审判工作的资深法官注意到，“即使是刑事执法过程中形成的信息，《条例》也并没有明确地将其列为政府信息公开的例外”。参见程琥：《〈政府信息公开条例〉的修改》，载《国家检察官学院学报》2016年第3期，第67页。

② 例如，在“杜某某诉上海市公安局政府信息公开案”中，二审法院认为，“《政府信息公开条例》及《上海市政府信息公开规定》所界定的政府信息，是指行政机关在履行行政职责过程中所形成的信息”。“冀中星诉广东省公安厅政府信息公开案”中，二审法院广东省高级人民法院认为，“对于刑事侦查机关在履行刑事侦查职责过程中形成的信息，原告作为刑事案件受害人可以依据相关法律规定向有关部门申请获取，但因此产生的纠纷不属于《中华人民共和国政府信息公开条例》的调整范围”。相关判例可见：上海市第二中级人民法院《杜某某与上海市公安局政府信息公开一案二审行政判决书》[（2011）沪二中行终字第86号]、广东省高级人民法院《冀中星诉广东省公安厅政府信息公开二审行政裁定书》[（2013）粤高法行终字第742号]。

涉及的所有政务信息，和以政府信息公开为理由，申请进行的法律政策咨询等信息，未列在政府信息的范畴中”。在明确该问题后，又进一步说明了政府信息公开在公安领域的规范原则。

但有一点值得关注的是，在政务信息公开的范畴中，剔除掉刑事案件履职过程中产生的信息，这明显不符合警务公开的大方向，刑事执法警务信息这一处于公开与不公开的空白区域，这使得信息公开内容的内在逻辑结构发生紊乱，《政府信息公开条例》“公开为原则，不公开为例外”的基础被解构。

3. 社会舆论引导的现实敏感性更加凸显，警务公开主动性不足

随着公众的参与意识、监督意识、民主权利意识逐渐增强，传统的新闻宣传和舆论引导方式已经无法满足公众的需求，加上当前社会矛盾的增多、政府公信力的下降、部分媒体的炒作，导致公众的“感官”越来越敏锐，刺痛公众的敏感神经，而且也会由一个很小的舆情事件引发社会大轰动。情况往往是网络热门事件反响最为强烈时，公安机关才进行舆情引导，反应极度滞后，甚至一些警种故意堵塞信息传播，缺乏平台共建、信息共享的意识，导致公安机关丧失舆情控制最佳时机。当下的涉警舆情引导工作，已经不再是单向反馈、单向输出，而变成了一个双向输出、交替往复、互相影响的过程，并且在方式方法、细小环节、话语选择等方面的要求也是越来越高。一个环节没做好、一句话没说好、一个细节没注意，就可能横生枝节，导致舆论引导的效果大打折扣。

二、警务公开的考评机制

（一）警务公开考评现状

考评机制的设立目的在于综合评估各级公安机关警务公开的工

作情况，并由此设立正反向的激励措施。以县级公安机关考核为例，当前尚未形成科学系统的警务公开考评机制，关于警务公开的考评内容分散于各部门和警种的考核标准中。

政工监督室、安全保卫大队、法制室的考评指标体系中均有此项群众满意度和投诉情况的考评指标。详见图表2。

表2—1　群众满意度和投诉情况的考评指标

评价指标	指标体系说明	
服务工作	等级	界限说明
	1	对待基层民警，人民群众态度生硬，服务不到位引起的投诉
	2	对待基层民警，人民群众态度一般
	3	积极主动为基层、为办事群众服务，受到民警、群众的好评

表2—2　法制室关于警务公开的考评指标

评价指标	指标体系说明	
行政复议、诉讼和国家赔偿	1	复议案件不作答复或答复敷衍，复议、诉讼案件被撤销，维持率低于90%
	2	复议案件书面答复规范，复议、诉讼案件维持率95%以上，考核周期内无理赔事项
	3	复议案件书面答复规范，复议、诉讼案件维持率100%，考核周期内无理赔事项
行政案件审核	1	案件事实不清，定性不清，处罚偏重、偏轻，案卷材料发生遗失事故的
	2	案件事实清楚，定性清楚，处罚恰当，案卷整理归档工作规范的
	3	案件事实清楚，定性清楚，处罚恰当，案卷整理归档工作规范，执法质量考核获得优秀的

表 2—3　警务保障室关于警务公开的考评指标

评价指标	指标体系说明	
财务公开	1	超过半年未公开收支账目，接受财务监督和审计的
	2	半年内至少公开一次收支账目，接受财务监督和审计的
	3	半年内至少公开一次收支账目，自觉接受财务监督和审计，且未发现财务漏没事或财务问题的
政府采购	1	政府采购制度未落到实处，未定期对各下属单位的采购情况进行督查
	2	严格执行政府采购制度，并对各下属单位的采购情况进行定期督查
	3	严格执行政府采购制度，并对各下属单位的采购情况进行定期督查，成效显著

表 2—4　网安大队关于警务公开的考评指标

评价指标	评价指标体系说明
网络舆情导控	针对网上热点和敏感事件，按照上级的要求和部署，适时开展互联网舆情控制工作，积极引导网上舆论不少于 3 次，完成任务得 10 分，未完成任务扣 3 分

（二）警务公开考评机制的问题

1. 考评定位模糊以致流于形式

从表 A 中可以看出，目前警务公开的考评指标主要是依据主观判断标准，是否群众满意，是否遭到投诉，而部门领导为了维护科室成员的和谐团结，实践中往往给出三分的满分，不会按照真实情况进行客观考评，掩盖了各科室的真实警务公开建设情况，使得各科室在该类考核项目上表现并无差异，失去了考评该项目的本质意义。其次，政工监督室、安全保卫大队、法制室的群众满意度考评指标均采用了该主观判断标准，每个科室所承担的不同，用一套考评体系并不科学，容易造成考评结果的准确性和可应用性大大降低，不能起到激励作用，也无法形成监管效果，考评应用无法落地。

2. 考评指标内容欠缺执行力难以量化

目前，公安系统中主要应用的考评体系分为两部分指标，一部分是综合性指标，一部分是任务完成指标。在二级指标下只有考评指标的概念和大方向，不具有具体的考评指标和标准，这种考评方式降低了绩效考核的科学性和合理性。以“服务工作”这一项一级指标为例，二级指标为对待人民群众态度和是否遭到投诉，其中对待群众态度的考评标准是“积极主动”“一般”“生硬”，这一定性指标难以量化，不具有可操作性，在执行上有很大困难。同时我们还应注意到，产生这一问题的根源在于公安机关的职责是保障公共安全，这一劳动成果是难以物化的，是免费提供给人民群众的，企业可以通过金钱成本和收益来衡量绩效，然而公安机关的工作却不能以同样的标准进行考核。

3. 考评主体单一，过程较为封闭

对于各科室的考核工作是由上一级领导完成，缺乏群众和第三方测评机构的多元声音，考评的公平性需要进一步提升，所以对于考评主体的监督也往往流于形式。并且由于考评机制逐渐固化，虽为警务公开情况考评，但考核结果和流程并不向社会公开，只在公安内网公开，这样就很容易给有不良居心的人留下钻空子的机会，使被考评者形成应付考核，突击完成任务的习惯，造成考评结果缺乏指导价值，比如在考核周期内故意拖延处理理赔事项，钓鱼执法增加行政复议案件数等。

4. 融媒体时代的警务媒体运维能力较差

在当今时代，警务公开的一项重要任务就是要提高与民众的交流，提高警务信息公开的及时性，提升公安执法系统的权威性。现今，尤其是县级公安机关的警务公开建设步伐较慢，不能适应融媒体时代下对警务公开提出的新要求。由于缺乏专门技术人才，警务新媒体的版面设计、内容运营等方面的交互性能较差，因此在警务微博、微信和客户端的开通后，和官网公开栏目尚未实现协调对接，比如很多通过新闻发布会等方式发布的政策解读文件，不能与新媒体实现实时同步更新。

（三）警务公开考评机制存在问题的原因分析

1. 领导和民警存在思想认知偏差，主动信息公开力度弱

针对警务公开工作，在公安系统内部从上到下都未形成应有的重视意识，尚未把这项工作作为重要工作来安排，大部分县级公安机关在政府公报、警务微博、警务微信等平台主动公开政府信息的数量极少，因为没有警务公开的相关监督和惩戒机制，警务公开的绩效考评分虚高，所以多数县级公安机关对于警务公开工作的态度极其消极被动，存在不求无功、但求无过的工作心理。所以，在具体的实践中，造成警务信息公开内容浮于表面，信息量小，人民群众不能及时从许多关乎人民群众重大生命财产利益的利好政策和惠民文件中理解和获益，不能有效地获取警务工作的最新动态，使警务信息公开成了做“表面文章”。

2. 警务公开考评中的沟通和反馈机制欠佳

我国警务公开的考评采取的是事后评价机制，奖优惩劣的考核

结果公布就意味着考核过程的结束。对于考核落后的科室，需要对工作做总结和反思，然后现行考评机制忽略了既不属于优秀也不属于落后的“中游”科室，这些科室更是需要督导跟进，让其将工作中的薄弱环节和不足及时反馈给相关部门。绩效反馈关系到绩效管理的成败，这一环节需要民警和考核主体积极沟通，回顾考评结果，确认下一步工作的整改和完善方向。[①]

3. 缺乏相对科学的理论指导

当前对警务公开绩效考评的学术研究成果较少，同时在实务界各地公安机关对绩效考核的价值认识不到位，因此尚未构建完善的警务公开绩效考评体系。针对警务公开这项工作，不同的警种和单位都是一样的分值，虽然这项工作的权重有所不同，但对应的工作内容也比较笼统抽象，缺乏内在的层次逻辑关系。

三、完善警务公开考评制度的构想
——以警务微博考评设计为例

（一）警务公开考评指标的优化思路

警务微博需要切实提高其服务质量、持续地吸引公众关注才能实现可持续发展。针对微博的绩效考核工作是要常态化开展的一项工作，考评体系要做到“四个统一”，即日常与全年统一、单位与部门统一、定性和定量统一、专项工作和综合工作统一。[②] 警务微

① Tegan Herchenrader，Steven Myhill Jones，GIS supporting intelligence－led policing，Police practice and Research，2015，Vol16（2）.

② 徐茜茜，朱进．网络发展对公安工作的挑战初探［J］．公安研究，2009：（6）.

博从落地生根到质量全面优化升级需要经费、人才、技术、体制、机制等多方面的支持和保障。

1. 建立以激励为导向的考评机制

对警务微博的考核建立在对警务微博运营团队激励的基础上，通过适当的奖励和鼓励增强团队的凝聚力，提高成员的工作主动性，进而实现有效提升警务微博服务水平的效果。

2. 加强质化指标的考察

在考核指标的设计上，不但要包括最基本的粉丝数量、评论量、转发量、用户活跃度等可以定量体现警务微博运营情况的指标，同时也要将质化标准引入其中。警务微博内容质量的高低、服务效果的大小和互动效果的好坏才是反映警务微博服务水平和质量的重要标志之一。[①] 所以，开展定性考核工作才是警务微博考核方面的关键所在。

3. 动态考核、综合评估

建立考核机制需要有整体意识和局部意识，对其考核不仅要考量其总体情况，同时还要考量其动态变化，以便得到更为客观全面准确的结果。此外，要注意各级别公安机关和警种我播账号之间的整体布局和关联评估，以促进警务微博的协同关联和整体发展。

① 刘文芳，新媒体时代公安群众工作改革创新研究［J］．电子政务，2013：(3)
.

（二）BSC绩效考核理论的应用

1. BSC的原理和流程

平衡计分卡（The Balanced Score Card，简称BSC），是目前在绩效管理中常用的方法，同时也可以在组织管理中应用。平衡计分卡的应用要在有统一组织愿景的前提下开展，从发展战略出发，基于有效性、可应用性的原则，来建立的绩效评估标准，它将组织的总体战略目标按照一定的层级关系分解为具体的指标，并对指标的完成情况进行定期的考核，为逐步实现组织的整体战略目标提供基本的保证。

平衡记分卡的绩效评价体系分为4个领域，即财务领域、内部管理领域、创新和学习领域以及顾客领域。要在不断朝着组织战略目标发展的过程中开展股指战略管理绩效评估工作，其科学理论和操作实践如下：

首先，以组织的共同愿景和整体战略为中心，从系统的角度对组织的各个方面统筹兼顾，并根据组织的架构，把组织机构在愿景和战略上的总体规划细分为组织内部财务（Financial）、内部流程（Internal Processes）、顾客（Customer）、创新与学习（Innovation & Learning）几个维度的一系列详细的目标，并各设置一张对应的计分卡。

此外，基于可实施性以及可量化分析的原则，基于上面的四个领域对不同的部门进行绩效评估体系的建设，在指标的设计上不但要能够总体上符合组织的战略目标，同时还要确保指标在层次上由优先和滞后、外部和内部、长期和短期、约束和激励、财务和非财

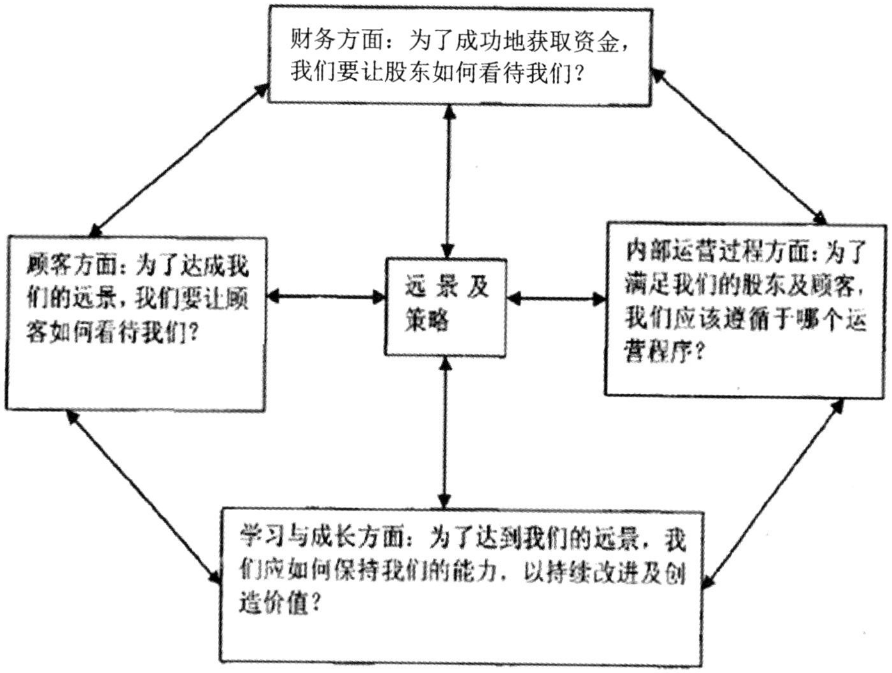

表 3－1　BSC **模型**

务方面的综合性。[①]

再者，在最终的细化评估方案确定之前要进行部门的集体商议。通常的情况是先设定一个“差异率—评分值表”，通过比较法将所有的指标从目标值和评估值两个方面来做比对，从而获得每一种差异率，然后把差异率与评分制相对应。采用综合评分的原则，按照固定的周期（具体周期可以自行确定）从上面的四个层面对不同的部门开展考评，将考评结果报送至组织，并且进行动态调整，从而确保战略方向没有较大的偏离，或对制定好的战略方向进行及时的优化和完善，使组织能够有效、平稳地达成战略目标。

① 吕元智．政府信息资源管理绩效评估研究［M］．北京：中国出版集团、世界知识出版公司，2012：82.

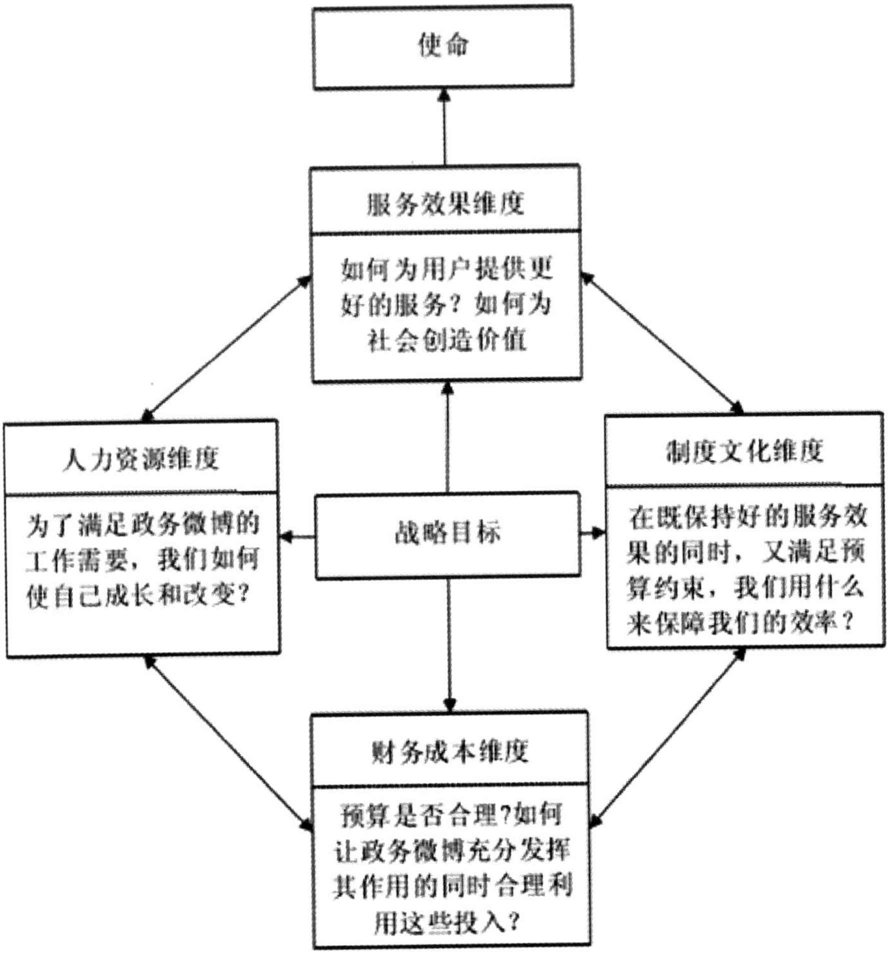

表 3—2

2. 基于平衡记分卡的警务微博考评指标体系框架设计

（1）建立警务微博管理绩效评估所特有平衡计分卡框架（表 3—2）。

针对警务微博管理开展绩效评估，从总体上来看是公共部门绩效评定的范畴内。针对警务微博管理来确定指标体系，必须要从其自身的管理模式和特殊性入手，对评估的目的进行明确。在这方面，可以参考发达国家的先进经验，从警务微博管理的发展综合和目标入手，基于行政机关管理评估的基本原则，采用平衡记分卡公开来搭建考核评估框架，结合实际管理的实际情况，从四个方面明确考评的体系，并加以优化和完善，针对警务微博管理从服务效果、人力资源、制度管理、财务管理四个方面开展绩效评估，在表3—2中就是针对警务微博管理的绩效评估管理体系。

①使命。所谓使命，就是组织开展活动的统一目标和初衷，这是组织成立的基础，也是组织的责任，更是组织成员凝聚在一起的目的。警务微博管理的使命是基于警务工作与广大民众之间的紧密关系形成的，根本目的是为了提升公安机关的公信力，促进服务型政府的建设。

②战略目标。所谓战略，就如同组织开展活动的方向，它为组织的发展指明了方向和目的地，并明确了到达目的地的途径。[①] 从战略维度上看，警务微博管理开展的目的就是为了能够在法律规范的范围内，通过开展一系列活动，促进信息的公开和透明，促进多种资源的优化配置，从而确保警务微博能够达到自身功能的实现。

③服务效果维度。在十八大工作报告中提出了公安机关的改革方向，即要建设服务型警务。所以在绩效考评体系中，要从服务效果的维度对警务微博管理进行评估。这是由于建立警务微博的目的就是为了更好地服务于民众。所以要从服务的能力和效果上进行考评，了解警务微博的管理是否让民众满意，是否真正发挥了自身的作用。

④人力资源维度。在这方面的考核一方面是要对微博运营的相关人员的个人能力、学习提升的空间以及发现方向进行评估，另一

① 李伟成．基于平衡计分卡的政府部门绩效管理研究（博士学位论文）．武汉：华中科技大学，2011.

方面还要对人才储备和管理效率进行评估。[①]

⑤制度文化维度。公安机关要想履行好自身职责，需要有健全的制度依据。这里的制度不仅涵盖了具有法律效应的规范文件，同时还涵盖了一些由正确经验汇集而成的指导意见、管理办法，等等。这是公安机关切实增强办事能力，依法办案，科学服务的有效做法。针对公安机关的文化体系中，具有公安机关所独有的文化特色和遵循的价值体系，即服务于民、清正廉洁、奉献精神、秉公执法，等等。

⑥财务维度。无论是在任何的绩效评估体系中，都不能缺少资金使用效率方面的评估，这方面的评估是最基础的一方面。没有资金作为保障，也无法使工作开展下去。警务微博管理工作的成本投入不是没限制的，所以需要从财务维度进行绩效评估，一方面要看警务微博的管理有没有合理的资金，一方面也考核资金使用的效益。

（三）如何实现信息融合？

大多数开通警务微博的公安机关同时也拥有官方网站、警务微博、客户端等警务信息服务平台，多个平台虽然丰富了公安服务的方式和渠道，但分散的渠道也降低了综合服务的效率和质量。随着新技术和新应用的不断拓展，未来警务新媒体应用将继续保持多元化的发展态势，但随着公众一体化、一站式公共服务需求的大量增加，多平台联合、跨平台整合的综合性警务服务将是大势所趋，立

---

① 在本文中，人力资源的智力存量是指警务微博管理部门所拥有的全部工作人员综合水平；人力资源的应用效率是指工作人员在具体工作当中的能力发挥水平。

李婷，刘存玲．我国政府绩效管理和评估制度化问题研究．商品与质量，2012（4）：32.

足本地做小而精的整合性移动作为服务平台也将逐渐占据主流。[①]

从当前我国网络警务公开的实践应用来看，公安机关网站正处于转型期，警务微博、警务微博、警务客户端等警务新媒体应用迅速发展，多种媒介的交融性和关联性也有所提升，“两微一端一网站”的兼具多种功能的新型智能化电子警务综合服务平台已渐趋成型。因此，提高警务微博信息服务质量就必须加强平台之间的协同整合，围绕着整合做文章。HTML5 等新技术的发展也为各种警务信息资源和各个警务服务平台的整合式应用提供了可靠的保障。对于警务微博的管理而言，重点在于整合，只有做到全面整合，才能促进综合服务能力的提升。

1. 整合警务微博功能

基于公安机关的行政管理职责，充分发挥微博平台在信息传播、用户活动、业务服务、办公等方面的功能，着力促进警务微博建设成为一个将信息发布、民众互动、办理服务、机构办公整合为一体的综合平台。通过专业的第三方微博公众平台技术开发商，将更多的警务微博打造成一站式、一体化的便民服务平台，最大程度上保证民众提出的警务公开需求能够被满足。

2. 整合部门警务微博

对同一地区政府部门中那些业务关联性强、职能有交叉的多个部门或警种的警务微博进行有效整合，打破层级、区域和部门之间的壁垒，革除账号之间各自为政、条块分割的碎片化布局和架构的弊端，将警务微博打造成集多部门、多领域、多业务于一身的关联

① Jorpe Goncalves, Yong Liu, Bin Xiao, Saad Chaudhry, Vassilis Kostakos, Increasing the reach of Government Social Media: A Case study in Modeling Government—Citizen Interaction on Facebook, Policy&Internet, 2015, Vol7 (1) .

式的警务微博群或警务微博矩阵，促进警务微博的关联协同和整体发展。

3. 将现有的警务新媒体平台进行统一整合

实现区域内各种警务信息资源共享、业务整合、功能聚合、平台联合、服务综合，努力构建一个协同联合、功能完备、高效运行、安全可靠的跨平台移动警务服务网络。

4. 线上线下服务的有机衔接与联合

积极利用警务微博等警务服务平台倾听民意、关注民生、服务公众，打通线上与线下之间的公共服务通道，拓展民意表达的渠道，使百姓关注的社会问题真正得以解决。总之，提升警务服务水平和质量的目标，既要求警务微博更加贴近公众，挖掘共性需求和个性要求；又要求其更加贴近业务，挖掘整合功能与综合服务。[①]

结　语

本文开篇通过阐述警务公开的必要性，遭遇的挑战以及警务公开与新闻法治的互动，来介绍“融媒体”时代的警务公开的情况。随后对警务公开考评机制的现状、问题和原因进行分析，在分析出原因、找对问题后以警务微博绩效考核为例，思考优化考评机制的路径，借鉴国外广泛使用的平衡记分卡（BSC）考核理论，从宏观层面对警务微博考评指标体系做了框架设计，缺乏对其他特定警务媒体的绩效评估指标进行具体的思考，也缺少实证方面的研究和绩

① 彭国甫．地方政府公共事业管理的绩效评估与模式创新研究［M］．北京：人民出版社，2010：86.

效评估体系整体的、系统的把握，也缺少对评估主体的研究。在警务微博的考评方面，国内还没有成熟的理论和科学的实践，本文的创新之处就在于，把警务微博考评工作提高到与电子政务绩效评估同等的高度，并探索出一套属于警务微博考评指标体系。警务微博考评是一个非常复杂的问题，其评估的指标体系要随着技术的进步和社会的发展而不断调整，使警务微博考评工作始终坚持以服务于服务型政府建设的需要。

Public Policing and Its Evaluation from the Perspective of Medium Fusion

Abstract: The role of financial media in the construction of modern rule of law is becoming more and more important, especially for the development of police affairs publicity. It makes the participants guided by public opinion wider, the space－time field wider and the realistic sensitivity more prominent. It exposes the problems of imperfect supervision and management mechanism of police affairs publicity, insufficient initiative of police affairs publicity and limited scope. According to BSC theory, it is imperative to establish a scientific and systematic public evaluation mechanism of police affairs. With the rapid development of new police media applications such as police micro－blog, police micro－blog, police client, the integration and relevance of multiple media have also been improved. A new intelligent electronic police integrated service platform with multiple functions has gradually taken shape. Therefore, it is necessary to strengthen the coordination and integration between platforms so as to improve the quality of public service of police affairs.

Key words: Financial Media; Public Policing; Performance Evaluation

参考文献

[1] 俞文明．从“相加”迈向“相融” [M]．团结出版社，2018.

[2] 郭小安. 舆论的寡头化铁律:“沉默的螺旋”理论适用边界的再思考 [J]．国际新闻界，2015：52 —53.

[3] 方跃镇. 融媒体时代地方媒体突发公共事件应对 [J]. 传播与版权，2016（34）：168—169.

[4] 程琥:《〈政府信息公开条例〉的修改》，载《国家检察官学院学报》2016 年第 3 期，第 67 页。

[5] Tegan Herchenrader，Steven Myhill Jones，GIS supporting intelligence—led policing，Police practice and Research，2015，Vol16（2）.

[6] 徐茜茜，朱进．网络发展对公安工作的挑战初探 [J]．公安研究，2009（6）.

[7] 刘文芳，新媒体时代公安群众工作改革创新研究 [J]．电子政务，2013（3）.

[8] 吕元智．政府信息资源管理绩效评估研究 [M]．北京：中国出版集团、世界知识出版公司，2012：82.

[9] 李伟成．基于平衡计分卡的政府部门绩效管理研究（博士学位论文）．武汉：华中科技大学，2011.

[10] 李婷，刘存玲．我国政府绩效管理和评估制度化问题研究．商品与质量，2012（4）：32.

[11] Jorpe Goncalves，Yong Liu，Bin Xiao，Saad Chaudhry，Vassilis Kostakos，Increasing the reach of Government Social

Media：A Case study in Modeling Government－Citizen Interaction on Facebook，Policy&Internet，2015，Vol7（1）.

［12］彭国甫．地方政府公共事业管理的绩效评估与模式创新研究［M］．北京：人民出版社，2010：86.

浅谈新媒体暴力与应对策略

杨文慧

【摘要】　随着后现代信息社会的到来，意义发生内爆，人们在新媒体语境下产生了认知与态度的一系列改变，由此引起了若干包括网络线上线下的暴力问题。本文通过对新媒体暴力的特点及突出症候的分析，并结合现实相关案例，对其产生机制进行社会心理学方面的解读。同时，参考麦克卢汉“媒介即讯息”的观点，探究技术更新在新媒体暴力方面起到的硬件支持作用，从而建构客观条件与主观意识之间的联系，以此考察社会转型期存在的媒介失范现象。由新媒体暴力产生的原因及后果，进而阐述建立有效应对机制的可能性与必要性，在客观合理的范围内，讨论有效应对策略。新媒体暴力作为网络时代的普遍现象，应得到重视，若一味忽视，可能在社会转型的关键期引起蝴蝶效应，不利于国家法制意识的普及与法制建设的实施。

【关键词】　新媒体暴力；社会心理；技术；媒介失范；应对策略

一、网络环境下新媒体暴力表现

随着网络覆盖率提高和移动客户端的日渐普及，人们在享受媒介进步带来的一系列社会变革与自身愉悦的同时，新媒体暴力正携带着更崭新的特质侵入个人与公共领域，其特点包括：多元性、隐蔽性、荒谬性、持久性和强破坏性等。

（一）以微博为代表的网络暴力

网络暴力为新媒体暴力下的最直观表现，其形式通常是网民对未经证实或已经证实的网络事件在网上发表具有攻击性、煽动性和侮辱性的言论；在网上公开当事人的个人隐私，侵犯当事人隐私权，对当事人及其亲友的正常生活进行言论和行动侵扰，致使当事人人身权利受损。

案例代表为微博热门话题“袁姗姗滚出娱乐圈”，由于娱乐业竞争的白炽化，网络暴力开始从原来的网民自发向利益集团操控的方向转化，即利益团体策划进行话题议程设置——营销号、段子手抱团炒作——网民跟风。整个事件的发生过程具有很强的操纵意味，污名化痕迹明显，网民在铺天盖地的信息冲击中失去自我独立判断的能力，跟风谩骂。

网络暴力实质是一种集合行为，是社会暴力在网络上的延伸，并极有可能对当事人造成现实生活中的困扰，例如人肉搜索，继而完成了一次线上线下的集体大侵犯。

（二）以微信为代表的信息污染

网络数据表明，近几年以弱关系为社交基础的微博呈现式微趋势，无论从关注度的增长还是转发数量。与此同时，作为以强关系为社交基础的微信却正值使用高峰。如同微信宣传文案，“微信，一种生活方式”，微信作为一个社交类APP的确已经用它惊人的爆发力改变了人们的现存生活方式，短信的几近消亡，互晒朋友圈的点赞之交，微信计步运动，微信红包等无一不在印证着麦克卢汉“媒介即讯息”的观点。这一观点在效果方面强调，一种新的媒介一旦出现，无论它传递的是什么样的讯息内容，单单是媒介本身就会引起人类社会生活的变化，以及社会结构的变化。

在我们感叹“人分两地，而情发一心”的微信情谊便捷化时，由微信引发的信息污染也成为新媒体暴力中的一大问题。例如朋友圈虚假养生类信息的传播，其传播主体通常为新媒体使用的滞后者——长辈一族，他们渴望融入新生事物圈，对信息内容的传播过程充满好奇，信息批判性较弱；微商、代购的持续性刷屏是微信信息污染的重灾区，从剥离道德的层面来看，这类信息是对受众注意力的浪费，它挤压了人们在个人领域表达情感的空间；无关微信群信息爆炸问题呈凸显性，因为现实中人际及工作关系可能无法退出相关群，由此带来的微信无意义群聊占用流量、时间资源现象被现代人所诟病。

除微信信息污染外，微博的信息问题在于娱乐同质化现象严重。起初有望担任公共领域的微博议题，已经被无休止的娱乐头条占据，炒作化、无营养、虚假性、谄媚趋向逐渐培养了一堆沙发土豆，以此产生了对网民精神的强制暴力污染。

（三）无处设防下的信息泄露

技术改变世界，我们却不能得出技术使世界更美好这个绝对化结论。因为伴随着移动终端智能化昂扬高歌的今天，相对于以往较为单一的电脑终端搜索记录的历史痕迹收集，如今由各类 APP 定位服务引起的信息泄漏问题浮出水面。与其说科技带来人类个人表达领域的扩大化，不如说也是由于科技使得我们的信息，在一个无处设防的环境中公开裸奔。

首先，在网购等要求填写真实信息的活动中，传播作为一个不得不进行的过程，将个人信息暴露在陌生人或群体面前；其次由于手机定位功能的存在，甚至强制配对技术的发明，使得我们每个人处于位置的监视中，结果便是我们在进入某一特定区域时，会收到各类保健、娱乐等垃圾短信；最后网络系统会综合大数据分析受众的喜好，将其潜在的消费、搜索、行程进行预测，在节省大众时间方面，这也许不是坏事，但对于注重隐私的人群来说，这却是建立在信息不对称下的消费欺诈。

二、新媒体暴力生成的社会心理基础及原因

正如我们无法抛开本质看其表面，新媒体暴力表现形式的多样性恰好说明暴力生成原因的复杂性。其生成并得到分化的缘由，可追溯到以个人为单位、以群体为单位以及媒体等方面的多重心理因素，并结合社会、技术原因分析如下：

其一，网民的情绪宣泄与身份认同。网络扮演着“排气阀”的作用，由于网民非理性、匿名性、虚拟性、群体性等的存在，部分网民会借助网络平台宣泄情绪，而且不排除存在娱乐化诉求的网民，即只出于“好玩”的心理，这与心理学家威廉·史蒂芬森提出的“游戏理论”[①] 有契合之处。例如网络语言的层出不穷，“我也是醉了”“我不会轻易狗带”等戏谑用词，反映了大众对权威的反抗和对严肃权力的解构。而在对待网络事件，尤其是娱乐明星绯闻事件上的语言攻击，更是凸显了情绪宣泄这一功能，因为与其说网民针对的是这件事，倒不如说他们在意的是这件事情背后隐含的价值判断。

移情与认同是新媒体暴力生成过程中的另一大心理因素。正如宗教的存在是给予人心以抚慰，偶像乃至其他理想事物的存在也是

---

① 威廉·史蒂芬森：《The Play Theory of Mass Communication》，1987.1，第117页。

人生追求中的乌托邦式寄托，因为寄托的存在，在自身能力范围内现实中无法实现的目标，或者喜爱、憎恨的情感转移到相关事物之上，便是移情，移情概念是弗洛伊德理论机制的一个重要部分。而认同，弗洛伊德将其看作是持续长久的心理感情，并认为模仿是一种短暂的认同。[①] 究其案例，可参考原出柜民谣歌手陈粒，作为女同圈标杆性的公众人物，原始歌迷相当一部分为女同性恋群体，在她们对偶像进行移情并将美好期望寄托于她身上后，强烈的身份认同借此形成。而一旦偶像分手继而相恋男友，成为她们身份认同体的反叛，愤怒、攻击、谩骂便成为网络暴力的表征体现。

其二，网络环境中乌合之众的众声喧哗。人是理性的存在，本能是趋利避害、教育习得辨别是非善恶，当个人以独立意志存在之时，通常表现为理智、宽容。而当个人并入群体时，个人意识逐渐丧失，并表现出冲动、易变、急躁和易受暗示与轻信的特性。由于群体中传染、暗示机制的作用，非理性力量占据主导地位，发生群体性催眠，进而出现群体极化现象。

纵观网络暴力事件，在匿名机制下，由舆论领袖潜在引导，网民表现出的非理性攻击、谩骂甚至延伸到现实中的打击报复，均能看到群体心理的影子。“处于群体中的个人会感受到一种强烈的‘正义’力量，对他们来说群体就是正义，数量就是道理；即或不然，群体中的人也会有一种‘法不责众’的想法，因而在他们的行为时就表现得理直气壮”，[②] 勒庞在《乌合之众》中对集体心理做出了写实描述。也正是以这种心理为基础，网络成了一个众声喧哗的地方，所有的人都在说，而没有人有耐心去听。

其三，文化工业下的媒介失范。阿多诺在与霍克海默合著的

---

① E. M. 罗杰斯：《传播学史：一种传记式的方法》，上海译文出版社，2012.8，第76页。

② 古斯塔夫·勒庞：《乌合之众》，新世界出版社，2011.8，第123页。

《启蒙辩证法》一书中主张用“文化工业”代替“大众文化”来表示现代大众传媒及其传播的流行文化。[①] 文化工业这个概念存在两层批判性含义，一是文化工业以艺术为名义，兜售的其实是可以获取利润的文化商品，使大众的闲暇时间变为另一种被剥削的劳动；二是文化工业具有浓厚而隐蔽的资产阶级意识形态，在人们忘乎所以地享受文化快感时，隐蔽地操纵了人们的身心乃至潜意识活动。阿多诺对于文化工业的无情批判在今天看来也恰如其分，不宽容地说，正是在文化工业的腐蚀下，媒介失去了最初的舆论导向责任感，一步步失去客观真实独立的底线，潜在性地引发了新媒体暴力。

这是一个物欲纵横的时代，这是一个商品拜物教盛行的时代，这是一个不怎么好的时代。正因如此，媒体作为社会公器才更应坚守职业操守，坚定价值底线，做好舆论思想引导工作。而非像斯麦兹提出的“受众商品论”中，一味追求点击量与收视率，在注意力经济的驱使下丢盔弃甲。例如为博取眼球哗众取宠的标题党、为满足受众猎奇心理的犯罪变态案件细节暴露文、为获取关注度制造明星“伪事件”等，因为这些牵扯纯感性领域的内容，因受众理解能力的不同和偏差，最易引起所谓的“撕”战。甚至有些媒体为保持自身被关注黏度，刻意制造话题冲突，制造网络暴力空间，这些都是违背职业道德及媒介失范的突出表现。

其四，转型期间的社会失范与技术本身的特质也为新媒体暴力提供了客观发生条件。我国正处于社会转型期，传统的价值观念发生断裂，新旧价值观相互冲突，“失范”现象不断出现，引发了众多社会问题。在法律无法企及之处，网民群体试图通过放大道德威

① 马克斯·霍克海默、西奥多·阿道尔诺：《启蒙辩证法》，上海人民出版社，2006.4，第197页。

慑力，通过对失范者的自发惩罚来呼唤理想的社会秩序，使法律的空白部分得到补偿。因此，以“人肉搜索”为代表的网络暴力深层的社会原因是中国社会转型导致的传统道德弱化和社会秩序的破坏。

而近几年技术发展带来的自身特质，社会化媒介如微信、微博的蓬勃发展，使得传播成本普遍降低，人人皆可为传播主体，从而为新媒体暴力表达提供了技术上的支持。

三、新媒体暴力引发的后果

网络暴力、信息污染、信息泄露等内容构成的新媒体暴力，在多元环境下产生了广泛影响，加快了对过去价值观的解构和重建，并由此引发了一系列后果。

个人层面。第一，个人本身更大可能地遭受新媒体暴力，并受到情感伤害；第二，微博等弱关系社交媒体中，个体逐渐将“本我”释放，而微信等强关系社交媒体中，又表现出极为刻意的“超我”，从而导致了类似人格分裂趋向。由于惧怕新媒体暴力发生在自身，从而在陌生人领域阐释弗洛伊德在《释梦》中所说的“快乐原则”，在“首属群体”面前践行“现实原则”；① 第三，促使虚拟现实的建构，由库利的“镜中我”理论②可知，人们通过他人心目中对自己的印象及态度，来获取认知并改变自己的行为方式，新媒体暴力的泛滥也促使个人通过察言观色，来修正自我的行为，这个过程在一定程度上违背本意，是对虚拟现实的建构。

媒体层面。第一，媒体制造噱头，未客观真实报道的行为损害

---

① 弗洛伊德：《释梦》，商务印书馆，1996.12，第399页。

② E. M. 罗杰斯：《传播学史：一种传记式的方法》，上海译文出版社，2012.8，第154页。

了自身公信力，而公信力是任何企业的无形财产，一旦破坏需要漫长的修复过程；第二，过于注重短期利益及经济效益，过多利用粉丝经济博取关注，不利于严肃话题议程设置的进行，造成版面的不平衡发展，对以后发展埋下后患；第三，新闻媒体作为政府的喉舌，对政策类新闻报道的缺失或报道方式不完善，不利于提高公民参政议政的热情，不能对我国依法治国战略的实施进行有效宣传推进。

社会层面。第一，意义发生后现代主义的“内爆”。[①] 波德里亚的“内爆理论”首先是指真实与虚构之间界限的内爆，即意义的内爆，媒介真实与客观现实之间存在差异，而在媒介传播过程中，媒介不仅吞噬意义，而且拼接意义、制造意义，不自觉中将非真实的事件呈现在人们面前。在信息推送泛滥、信息爆炸、网络暴力的生态环境下，整个社会对意义的界限产生了质疑；第二，由于对社会意义产生的质疑，进一步导致了焦虑社会的到来，历史虚无主义、享乐主义皆与此有关；第三，社会风气加剧恶化，道德伦理感丧失，容易形成充满恶意的世界。

四、应对机制建立的可能性与必要性及策略方法

如同新闻报道“易疏不易堵”，对于不良的新媒体暴力现象，应对机制需要适时引导、适度引导。在言论自由与应对管理中间寻求平衡点，这不是最好这样做，是只能这样做也必须这样做。

应对机制建立的可能性在于，由分析得知群体心理是诱发新媒体暴力中的极大因素，正因为我们深知这一因素的形成过程，进而在发生暴力事件时，应从受众心理分析，将损害降到最低；受众也

---

① 让·波德里亚：《符号交换与死亡》，译林出版社，2006.4，第 163 页。

非完全无理性之人，对其进行思想引导，信息公开透明、举报机制建立完善等措施有助于提高媒体、政府公信力。而应对机制建立的必要性在于，一个社会想要稳定健康地发展，社会风气，思想信仰，集体的价值观、道德观是组成文化软实力的必要成分，因此媒体的社会公器作用必须得到正确有效的发挥；世界文化碰撞的今天，意识形态已经成为各国激烈争夺的制高点，维护我国优秀文化，依赖于文化产业，尤其媒体方面的协作努力。

在个人层面，首先，应注重网民媒介素养的提高，从在校学生开始增加媒介批判课程，使其了解媒体报道的只是事实的一方面，提升其辨别报道隐含价值观及偏见的能力；其次，扩大法制教育的范围，认真落实依法治国理念的推广，促使公民自觉知法、懂法、守法，网络管理也是法制管理的一部分，并不是无法之地，在网络环境中犯罪同样应受到法律制裁；最后，通过知识讲座、竞赛论坛等形式实践教育广大公民，提高其对新媒体的正确、合法、有效使用能力。

在媒体层面，首先，要纠正新媒体的自我定位。相对以前的纸媒，新媒体由于其信息碎片化、快餐化特性，谣言肆虐等不负责现象屡禁不止，例如有关老艺术家阎肃死亡假讯息的报道，以及关于歌手姚贝娜病房外的“等待死亡”。此类职业道德缺失、人性沦丧的行为，并非新媒体特性所致，根本原因是媒体职业伦理的缺席，新媒体虽在深度报道方面存在缺憾，但这并不是降低自我要求的理由；其次建立法律问责机制。有法可依是有法必依、执法必严、违法必究的先决基础，建立真实有效执行性强的法规条例，是杜绝谣言、恶意中伤、信息剽窃等新媒体暴力的根本保障，媒体若因不实报道对公民造成人身伤害，应由媒体机构承担相应责任。

应对机制建立的过程中，应注意绝不可侵犯言论自由。明确区分个人领域与公共领域的界限，不可越界执法，在公共事件的讨论中，对言论的限制应尽量遵循最小化原则，不可扩大范围因言治罪。若批评不自由，则赞美无意义，结尾引用《批评官员的尺度》一书中汉德大法官判词：正确结论来自多元化的声音，而不是权威的选择。对于许多人来说，这一看法现在和将来都是无稽之谈，然而，我们却把它当作决定命运的赌注。①

参考文献

[1] 威廉·史蒂芬森：《The Play Theory of Mass Communication》，1987.1，第117页。

[2] E.M. 罗杰斯：《传播学史：一种传记式的方法》，上海译文出版社，2012.8，第76页。

[3] 古斯塔夫·勒庞：《乌合之众》，新世界出版社，2011.8，第123页。

[4] 马克斯·霍克海默、西奥多·阿道尔诺：《启蒙辩证法》，上海人民出版社，2006.4，第197页。

[5] 弗洛伊德：《释梦》，商务印书馆，1996.12，第399页。

[6] E.M. 罗杰斯：《传播学史：一种传记式的方法》，上海译文出版社，2012.8，第154页。

[7] 让·波德里亚：《符号交换与死亡》，译林出版社，2006.4，第163页。

[8] 安东尼·刘易斯：《批评官员的尺度》，北京大学出版社，2011.7，第319页。

① 安东尼·刘易斯：《批评官员的尺度》，北京大学出版社，2011.7，第319页。

新媒体语境下公共危机治理的舆论导向管控研究

——基于两个案例分析的视角

叶　楠

【摘要】 近年来，我国重大公共危机事件频发。在危机发生时的事件起因与事后处理都是社会所关注的重点，随着新媒体的发展，对于公共危机事件的发言者不再仅仅局限于官方消息和官方媒体，社交媒体作为一个特定的沟通平台，近年来使用和影响力呈级数增长，这一方式使得沟通过程变得更加民主化，这种可行且为沟通者的这些行为承担了一定的风险的方式使得社交媒体变得更加受人青睐。通过新媒体传播方式下的消息鱼龙混杂，如何在新媒体语境中管控舆论消息的传播至关重要，这与诸多复杂因素和深层次矛盾有关，但新媒体语境中舆论所起的作用不可小觑。因此，新媒体语境中的重大公共危机事件与舆论的关系问题，亟待深入研究。本文以加拿大与中国在应对公共卫生危机事件的两个案例为例，从新媒体语境中的舆论角度切入，阐述两者之间的区别，并以此提出对新媒体环境下舆论管控的思考。

【关键词】 公共危机；新媒体；舆论

一、新媒体下公共危机传播模式的多样化

（一）科技发展的必然选择

纵观历史，人们通常都会在逆境中积极地去应对发生的灾害，

用参与和修复危机的能力去展现他们的韧性。他们通过创新和适应性的技能以及手头上可使用的资源来证明这一项能力，包括现在越来越广泛使用的信息和通信技术。换句话说，公众群体及成员越来越倾向于使用同行生成的信息与官方信息一起更进事件发生的一系列后续讯息。早于通信技术传播现象发生之前，社会科学风险行为研究曾表明，包括朋友、家人、邻居等公众群体会在他们可使用、可获取的信息源范围内做出决策。近年来，信息通信技术不仅使渴望寻求信息和具有强烈自我组织意愿行为的民众群体变得更为凸显，它也将社会互动拓展到了更大的规模，并将通讯模式从短暂的可移动模式转移到了可追踪模式，这个新兴的可用于应对灾害危机处理的媒介正开始在各级社会组织中奠定基础。

清华大学新媒体研究中心主任熊澄宇教授提出："新媒体是建立在计算机信息处理技术和互联网基础之上，发挥传播功能的媒介总和。"他在中国网络媒体论文上补充道："新媒体是在计算机信息处理技术基础上产生和影响的媒体形态，包括在线的网络媒体和离线的其他数字媒体形式。"

新媒体也分广义和狭义，广义的新媒体指的是所有应用数字技术的媒体，包括升级版的传统媒体，如公交车视频、楼宇视频等；狭义的新媒体是在传播技术和理念上都有本质差别的媒体，如网络和手机。现在很多新媒体危机传播的研究都仅限于狭义的新媒体中的这两种媒体，但是，由于广义的新媒体在社会公共危机传播中已有所应用或者有利用价值，所以，本文界定的新媒体不仅仅是网络和手机，还有公交车视频、公共场所大型 LED 屏等。

（二）群体行为的必然导向

支持对等通信的通信技术，特别是"社交媒体"或"Web2.0"应用程序以及网络应用程序，国外的如 Facebook、Flickr、Instagram、Twitter 等提供信息服务的社交媒体，国内的如微博、贴吧、论坛等社交媒体服务，这些应用程序为好奇的旁观者和慈悲的帮助者找到了一种新的手段来利用信息去协助他人。在今天的网络世界，公众越来越依赖彼此发布的信息，因为这种方式经常能更及时准确地了解他们想要知道的大部分内容。来自事件发生所在环境中的无数双眼睛获取的信息来源会比官方新闻来源更有帮助，这些信息如飓风一样在空间中扩散、如野火一般旷日持久，因为这些信息更具有地理参考性的可信度并且其快速的更新更能够帮助到那些立刻作出决定并付诸行动的人。国内权威的学者陆定一将新闻定义为新近发生的事实的报道，但是，新媒体技术的发展，让社会公共危机事件传播达到了以秒计算，甚至是与事件发生几乎同步的速度。传统媒体报道突发信息，从信息产生到被受众接受需要一个出版周期的时间，而新媒体通过现场信息传递，可以边经历边传播，其“直播”效应满足了处于危机混乱时期的人们对真实信息的迫切需求。新媒体的复制、粘贴、超链接等技术优势，又使得社会公共危机信息的转载、群发轻而易举，信息的蔓延以几何倍数的速度增加，新闻的时效性有了一个质的飞跃。

此外，社交媒体服务在危机事件的空间边界的内外为人们提供了新的交互方式，当然信息的了解程度取决于技术通信基础设施的状态，然而，在这个时间点，由于每个事件在实践过程中的快速变化和信息传播本身的扩散性质，这种相对于官方信息来说对等的危机信息通信使用行为在很大程度上变得非常不容易测量和可量化。在一系列研究计算机中介通信特征程序中，启用信息共享后产生的一系列事件，所注意的第一目标便是关注如何描述社会技术变化的特征，并促使这个目标能更好地预测公众的应急反应并为未来的创新和政策变革指明方向。

（三）信息共享的必然趋势

将这样的通信技术所支持的通信从非官方的“反向通道”转移到某种更正式的可纳入组织应急管理中去的一个关键性的挑战在于如何研究这种迅速变化的社会现象。危机事件具有十分强烈的固有地理功能，但是现在虚拟参与的机会变得更为广泛，并能获得更多社会趋同的快速支持。因此灾害治理和信息技术研究人员都在为这些短期得以迅速发展的社会现象寻求严谨的解释，越来越多的非常规并具有同样难度的问题在这个刚刚萌芽的电子社会科学领域同时进行。由于集体努力解决、收集、整合并共享大型数据库并进行分析，在所谓的常规情况下这种行为是很容易被解决的，但是在面临非常规的、紧急的情况下去捕捉当时的社交情况可能会产生的一个问题就是信息资源井喷和量化的加强以及被压缩的时间帧数。还要补充的一点就是，危机灾害治理往往是用保守谨慎的虚拟调查来替代现场调查，危机灾害的管理活动这个领域的出发点是要利用经验去纠正不准确、耸人听闻的媒体报道，电子信息技术的应用在一定程度上改变了紧急事件的性质（演示如图 1），而虚拟的研究已不再是一个单纯的物理上的框架和窗口：虚拟调查在危机发生的互动领域需要产生自己的分析和新的社会节点及活动来吸引公众的注意。这正是危机信息学所关注和感兴趣的领域和想要研究的观点：考虑更多可以纳入学术范围和实用性的应急方法来解决公共危机问题。危机信息处理拓展了对应急响应受众人群的范围（包括官方反映者，他们往往是政策和技术事项的焦点但同时也是公众成员的一部分）。

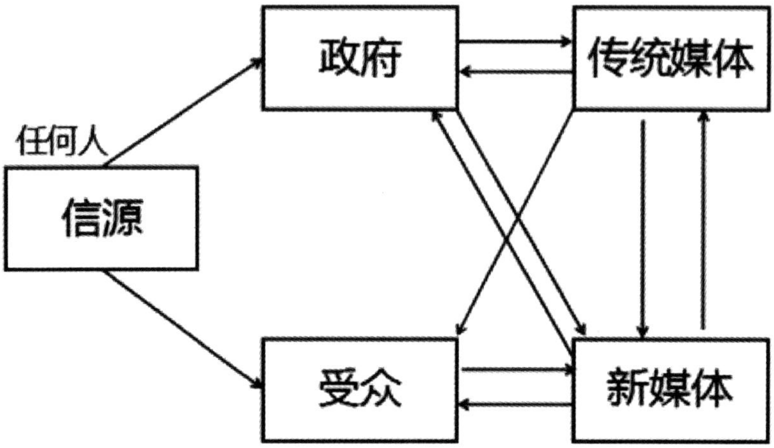

图 1：新媒体传播流程

二、新媒体语境下舆论管控案例比较

在社会公共危机事件发生时，任何人都有可能接近信源，一部分信息由政府和传统媒体发布，他们会对信息的内容进行把关，与新媒体共同分享信息资源，再将信息传递给受众处；一部分信息由受众利用传统媒体官方网站的平台传播，或者利用自媒体如手机短信、BBS、博客、邮件等，再通过传统媒体或直接传播给包括政府在内的其他受众。政府也不再是社会公共危机信息发布的唯一主体，受众也可以成为发布社会公共危机信息的主体，这样，受众和政府之间既可以通过新媒体和传统媒体的交融沟通，又可以直接通过传统媒体沟通，受众的意志反馈给政府，从而影响政府决策。在受众传播社会公共危机信息的过程中，会出现信息的走样，即噪音，其能量也比传统媒体要更加强大，它们的传播也是呈几何数的方式增长。传播活动可以在传播流中的任意一个环节开始，信息在传播过程中迅速扩散，并且以叠加的方式保留在传播链条之中。信息在时间上尽量缩短，以跟进社会公共危机不同时期受众的需要，传播链条的每一环，信息在量上呈几何倍数增长。

（一）加拿大 H1N1 病毒公共安全危机事件案例

在 2009 年爆发的并持续 5 年影响加拿大公共卫生安全的 H1N1 病毒所带来的医疗保健重大公共危机事件时，它给专业传播者带来了迫在眉睫的巨大压力。一项成功的公共卫生运动涉及许多重要的后勤功能，比如协调卫生保健工作者们用公共资源为公众接种防疫措施，同样重要的还有通信功能。在用沟通功能去解决公共卫生危机这样一个狭隘背景下，所设下的挑战就是用一种温和有条理并循序渐进的方式向公众和医生及利益相关者通报这一危机并去确保缓解这种情况可以能够有效地警示大众。加拿大公共卫生官员在处理 H1N1 危机所作出的行为，在后续阶段是遭受了许多民众的不满的。批评者指出统计数据表明并没有足够的加拿大人接种疫苗，且疫苗普及率仅仅只达到 70%，以实现“群体免疫”的既定目标却太多花在广告，运营和疫苗供应（Blackwell，2010）；并且“夸大”了事实，因为在大型疾病传播案例中加拿大人很少有重病或死亡的案例（Hall，2009）。

而部分责备的声音出现在沟通者的环节上。正如环球邮报的 Andre Picard（2010）所说，政府卫生官员在选择进行“大型、集中化的疫苗动员时，来自僵化的公职人员的消息”是错误的。根据多伦多大学生物伦理学研究联合中心的 Ron Upshur 的说法，缺点是政府的信息传递很混乱，在混乱的状态下做的事情自然是去保守的选择”（Alphonso，2010 ）。流行病学家 Alison McGeer 在整个 H1N1 期间都在卫生保健和媒体的前线，他承认在危机发生时的应急系统未能有效地传达大流行病所需要做的规划和准备，特别是疫苗供应的“不确定性”，在这一点上系统上的通信以及媒体传达，可能是导致问题的症结所在（Fitzpatrick，2010）。另外一些政府公共卫生官员反驳说，事实上，通信功能是有效的。根据联邦卫生部部长 Leona Aglukkaq 所说，通信交流系统的目标是与加拿大人进行交流，以便他们能够在应对 H1N1 时做出明智的选择，而且由于许多加拿大人注意警示了这一消息，才使得没有发生那么多被传染或死亡的病例（Fitzpatrick，2010）。然而，安大略省卫生首席医务官 Arlene King 承认，在免疫接种期间出现了公众的混乱，而且这很可能导致公众对该省应急反应能力的信心降低。（Howlett&Alphonso，2010）。[①]

如果对于应对 H1N1 的应急措施确实是失败的，那么通信发挥了什么作用，以及从舆论沟通的角度可以学到什么？虽然 H1N1 等危机中的许多行动者参与了通信，但鉴于上述的失败，分析原因要从不同视角阐述，尤其是三个特别重要的角色：政府、媒体和一般公众。第一组行动者由政府官员和前线工作人员组成，他们的任务是设计和实施一项防范潜在危险的行动。第二类广泛地包括媒体（主流和社会，有报酬和无报酬，国内和国际），向公众和其他利益相关者过滤、构建、评估和传播关于危机的信息。最后，一般公众，他们在危机中的作用通常是双重的：(1) 作为公共卫生传播和免疫方案的目标人群；(2) 对这些方案作出反应，而这些反应的性质最终决定这些计划是否被视为成功。因此，所有三个主体对成功或未能应对公共卫生保健危机都负有一定的责任。

（二）中国登革热疫情公共安全危机事件案例

2014 年，登革热席卷广州 ，以政府为主导的各主体都加入了这场公共卫生危机的持久战。从年初广州市报告输入型病例开始，

---

① Andrew Laing ，2011，The H1N1 crisis：Roles played by government communicators，the public and the media.

登革热复苏，进入 3、4 月，受气候影响，以蚊子作为传播媒介的密度骤升，登革热发出疫情信号，但由于全城各主体反应滞后，疫情并未得到有效抑制。从 6 月到 8 月，登革热疫情进入扩张期，开始引起政府重视，但处置僵化盲动。9 月，登革热进入爆发期，疫情呈现多点开花局面，高热难退。在政府主导下，各主体协同参与，形成了一道从“防”到“控”的防线，向登革热发起了战略反攻。10 月中下旬，疫情出现转折，登革热新增病例开始回落，疫情步入稳定期。11 月以后，登革热疫情趋于稳定，开始步入休眠期，但防控形势依然不容小觑。

在疫情极度紧张的情况下，广州市为抵抗疫情形成了以卫生局、城管委（爱卫办）为中心，通过其下属部门（机构）和其他部门、医疗机构、基层组织和媒体向外辐射，最后到达居民的联防联控机制。其中，政府宣传部和疾控中心与媒体在信息上沟通合作。从 2014 年 9 月 1 日起建立疫情和蚊媒密度每日通报制度，通过政府门户网站和媒体进行网络直播，主动、及时地向媒体提供疫情信息，并与媒体合作发布疫情信息。但由于先期媒体舆论传播频率不够，依旧造成了不必要的市民恐慌和不实消息的肆虐，造成了公共资源的浪费。

三、新媒体背景下公共危机治理难点

（一）政府与媒体的信息不对称

在当前的政府与媒体的协作关系中，主要问题在于政府与媒体不能合理地分享公共信息发布权力。一方面，作为更专业的信息发布主体，媒体没有获得更大的权力发布有关登革热疫情的信息；另一方面，政府自身的媒介发布的信息受众面很窄，导致重要信息流通渠道闭塞，信息无法高效快速地到达群众。疫情信息本身也是一种公共资源的产物，但在利用这种公共资源的时候，政府与媒体在协作上的不平等导致了信息发布迟缓、重复，从而产生资源浪费。

在政府与媒体的协同方面政府与媒体的关系是有限的合作关系。政府为媒体提供疫情资料，媒体自行编撰新闻稿，这种关系并没有最大程度地发挥协同的优势，导致政府与商业媒体发布的信息存在重复的情况，没有节省公共资源，还造成了信息资源配置的浪费。此外，在当时的传染病通报机制下，疫情到达一定严重程度政府才会向媒体通报，加上政府对媒体的传染病信息发布渠道不畅通，传染病信息发布权被省一级卫生行政主管部门控制，导致了媒体掌握信息滞后。

（二）获知渠道多样真假难辨

在传统媒体的环境中，人们的危机压力是无法排遣的，因为受众是传播链的最后一环，他没有发出信息的渠道，顶多只能和身边的人进行小范围的人际传播。新媒体技术出现以后，大家将恐惧和质疑表达到新媒体上，交流感情，传递信息，让大家的困惑得到解答和帮助。尽管有些人的观点和言辞比较偏激和片面，但这才是公众最真实的情绪，也只有这样的情绪被表达出来，政府才能对舆论引起重视，积极采取措施控制和解决。人处在突然到来的危机之中，由于身体和精神的威胁，会产生强烈的反抗意识和逃避愿望，当对周围的危机无力抵抗或者无法预知时，这种恐惧意识会无处消减，越积越多，继而引发新的危机。新媒体的快速互动，和它赋予公众的话语平等权，使得公众在社会公共危机中的主动参与性被激发出来，但在这种情况下，在紧急情绪的激发时期对于信息真假的辨识度大大降低。

在社会公共危机传播中，新媒体由于把关人的弱化，给虚假信息的传播提供了温床。首先，受众掌握传播信道，可以自由发表新闻和评论，不管他们是否接近信源和掌握全面的事实真相；由于社会公共危机的突发性，传者仅凭借自己的经验就作出判断，大多数人在短时间内也无法对信息的真伪作出清晰的认识，继而又将信息转发出去。关于社会公共危机事件人们对信息的渴求特别强烈，暂时满足人们信息渴求的虚假信息就应运而生了。汶川大地震过后，有一则“揭露”部分国外大牌公司吝于捐款的传闻盛行一时，“在中国发大财而又不捐款的国际‘铁公鸡’排名”，其中三星、诺基亚、LG 等知名品牌名列前茅，这样的帖子在不知内情的感性受众中一度疯传，给这些公司的正常经营和声誉带来了极大的破坏，但是在诸多论坛的帖子回复中，大多数的网民对这个排名也提出了质疑，有的网友用实例指出这些公司的捐款数额，5 月 22 日，商务部部长陈德铭在新闻发布会上进行了澄清，指出这些公司大部分都进行了物质援助，有的超过 1000 万元。

在新媒体环境下，“议程设置”的功能得到强化。在网络媒体中，一般网站会把比较希望公众重视的信息放在首页，且用红字、大字等明显的标示强调起来，一旦你点中这条新闻，新闻的下方还会有关于这条新闻的所有链接，以形成聚合效应，扩大影响。如登革热时期，关于登革热最新进展，如最新病例数据、病毒变异等话题都会出现在互联网媒体或社交网络的首页，而且用大红色的字凸显出来，而为了让受众更加了解这一社会公共危机的具体情况，发出自己的声音，网站还配合了最新进展设置专题讨论，汇聚民意。博客、QQ 这些自媒体上发表的言论，还能够成为重要的新闻源，能够为传统媒体设置新的话题，群众的力量是巨大的，社会公共危机的处理离不开民意的导向和群众的行动。

(三) 未受约束的言论自由

在新媒体的传播领域里，公众的身份经常是隐匿起来的，这样传播者的社会责任感会降低，发表言论的心理压力也会减小，把关人的缺失，缺少必要的法制法规的监管，给信息传播开了绿灯。这样，谁都可以是传播者，传播者可以站在自己的角度随意发表言论，所以在传播初期，舆论氛围还不是很清晰，公众无法立马分辨出自己是处于大部分人认可的地位还是被孤立地位，在一定的时间段和一定的范围中，“沉默的螺旋”失效。但是随着时间的推移，新媒体社区内公众的身份会逐渐清晰（如手机号码是和身份证挂钩的）；而且随着传播范围的扩大，信息的舆论倾向也会逐渐清晰，这时，“沉默的螺旋”理论又会逐渐产生巨大效应。新媒体发出的感性声音比理性声音要多，在意见领袖的舆论引导下，跟风的人容易被煽动，由于网络的匿名性，其间的枪手也会对形势的发展起到推波助澜的作用，新媒体的传播力和对受众的影响力强大，当有关部门没有及时作出解释，在萌芽状态处理危机情况，就会失去发声的主动权，有可能矛盾激化，让小的危机事件演变为大的社会公共危机事件。

四、新媒体下公共安全危机舆论管控的几点思考

(一) 三重角色的协调共治

公共危机传播离不开政府、媒体、公众这三个基本要素，信息将其联结在一起，三者各自独立发挥作用，同时又相互影响、相互制衡，形成了一个动态的信息传播系统。在我国改革开放前的总体性社会中，国家与社会几乎是合一的，所以在公共危机传播过程中

并不存在所谓三者之间的互动关系，一切都尽在政府的严密掌控之中。在现代“风险社会”的大背景下，现代公共危机和公共危机传播具有与以往不同的特征，而随着全球化进程的不断推进、国家与社会之间关系的变迁、媒介技术的蓬勃兴起及媒介产业迅速发展等因素更使得公共危机传播中政府、媒体与公众之间的关系发生了根本性的转变，但现行的制度设计对于这种关系的建构并没有跟上时代的步伐。

当前我国公共危机传播中政府、媒体、公众三者之间的关系是一种恶性循环的低水平的均衡，中央政府与地方政府、政府各部门之间委托—代理关系中存在的各种弊端和我国现行的媒介管理体制是导致问题出现的根本原因。因此，必须从政府层面出发，通过体制改革对这一关系进行自上而下的调整，这是实现三者之间良性互动的高水平均衡，维护社会稳定和公共利益的关键。

（二）自上而下组织框架的优化

胡百精教授认为，危机传播包括核心要素，即一般传播的 5 个 W；次级要素，即危机信息的起源，如何传播和反馈等；边际要素，即传播的目的，传播场域等；干扰要素，即干扰传播的噪音，噪音如何发挥作用等。本文要研究新媒体环境下的社会公共危机传播，所以，把危机传播限定在新媒体环境下的传播，认为它是传统媒体和新媒体在危机状态下，针对外部混乱环境和内部不善管理，进行的沟通公众和组织，引导舆论，最终解决危机的信息传播方式。[①]

在公共危机治理的整个结构相对紧密的联防联控体系中，自上

---

① 徐红，吴玉如．新媒体环境下的社会公共危机传播［A］．中国传媒大学研究生院．中国传媒大学第四届全国新闻学与传播学博士生学术研讨会论文集［C］．中国传媒大学研究生院，2010：15.

而下的组织框架基本上是以政府为起点，信息逐层向下传递最终到达民众。但从自下而上的方向看，信息流通仍存在问题：缺乏完善的意见反馈机制。由于没有一条从民众直通到政府等上层行政部门的渠道，只能借助与其紧密接触的互联网自媒体来表达自己对实时公共危机事件的诉求和想法，再通过反映问题基数的膨胀达到由下至上的效果，这样的反馈机制无疑是滞后的，且出错率极高。从协同治理理论来看，这个问题体现了政府与民众协作方面存在的不足。政府和民众分别是整个公共危机事件传播体系的起点和终点，他们之间的关系很大程度上反映了这个体系的基石的稳固程度。公共权力是由公民赋予政府的，因而居民对政府的监督反馈是公共权力有效行使的保证。对于处理不当的公共危机，缺乏有效的居民监督反馈机制，导致公共资源的浪费，对居民本身及政府的公信力都产生了不利影响。

（三）新媒体传播模式的法制化

中央与地方之间的委托—代理关系导致地方政府在公共危机治理方面的“虚假治理”，体现在公共危机传播上就是地方政府封锁消息，并且对官方媒体进行控制；在政治控制占据主导地位的媒介管理体制下，国内传统媒体选择了沉默或是充当政府的“传声筒”；这种情形促使公众不得不从其他渠道寻求信息资源，这就为以网络为代表的新媒体以及境外媒体提供了广阔的策略空间，在利益的驱动下，它们往往会选择“夸大事实”的策略来赢得“眼球”；而如此矛盾混乱的信息环境也必然导致公众的非理性应对，引致了公共危机的进一步恶化和蔓延，这不仅损害了公众的利益，违背了公共危机治理的基本原则，也最终削弱了媒介的公信力和政府统治的合法性，最终形成了三方利益均受损的低水平均衡。

虚假网络信息，不仅会对民众的切身利益造成严重损失，同时也使得民众产生“狼来了”的怀疑心理，利用法制化框架规范新媒体传播模式的方式，有利于规范化管理网络语言的真实度，在政府做到信息源真实可靠的前提下，引导数字媒体落实主体责任，净化网络环境，在法制化管理下推进新媒体时代治理公共危机的高效率路径演进。

结　语

在重大公共危机事件多样而高发、政府和媒体对舆论引导不力的矛盾日益突出的情况下，政府和媒体亟须基于系统理念，着眼于重大公共危机事件舆情识别、舆论处置和与公众交流沟通机制的全方位创新，切实提高新媒体语境中舆论的应对和引导能力。有学者指出：过去许多基层领导干部对媒体存在着“不敢说，不会说，不能说”的问题。现在互联网传播时代，除了这三大问题之外，还有许多领导干部对当前网络传播的规律理解程度不深，还习惯于“宣传部把关”，结果导致“小问题引爆大热点”，最终损害的是党和政府的形象。这充分说明：提高舆论引导主体，特别是领导干部新媒体语境中舆论应对能力和引导能力迫在眉睫。

参考文献

［1］赵路平．公共危机传播中的政府、媒体、公众关系研究［D］．复旦大学，2007.

［2］丁柏铨，夏雨禾．新媒体语境中重大公共危机事件与舆论关系研究［J］．当代传播，2012，02：10－14.

［3］丁柏铨．新媒体语境中重大公共危机事件舆论触发研究［J］．新闻大学，2012，04：109－117.

［4］丁柏铨．新媒体语境中重大公共危机事件舆论规律浅探

[J]．中国地质大学学报（社会科学版），2012，06：60—67.

[5] 黄冠．我国政府公共危机管理中的媒体运用问题研究[D]．长安大学，2013.

[6] 温立宇．新媒体时代我国政府公共危机管理研究[D]．华中师范大学，2013.

[7] 李建树．公共危机管理中的媒体责任研究[D]．山东师范大学，2014.

[8] 王欢．新媒体环境下公共危机中的舆论引导[D]．吉林大学，2014.

[9] 顾春园．新媒体视域下的政府公共危机管理[D]．苏州大学，2014.

[10] 耿飞．新媒体时代公共危机下的政府舆论引导与管理研究[D]．内蒙古大学，2014.

[11] 苏国平．论公共危机管理中政府与媒体的沟通[D]．上海交通大学，2007.

[12] 林汉鹏．新媒体环境下地方政府公共危机公关研究[D]．华侨大学，2014.

[13] 陈永怡．新媒体时代我国公共危机治理研究[D]．南京师范大学，2014.

[14] 冯春．新媒体与政府公共危机管理[D]．复旦大学，2009.

[15] 张舒扬．公共危机管理中政府与媒体互动关系探析[D]．吉林大学，2013.

[16] 李科．公共危机管理中政府与媒体的互动关系研究[D]．山东师范大学，2013.

[17] 肖艳．论新媒体视域下的中国政府公共危机管理[D]．南京航空航天大学，2012.

[18] Leysia Palen Sarah Vieweg Sophia B. Liu Amanda Lee Hughes Connectiv IT Lab，University of Colorado，Boulder. Crisis in a Networked World Features of Computer—Mediated Communication in the April 16，2007，Virginia Tech Event. 2009.

[19] Andrew Laing，TheH1N1crisis：Roles played by government communicators，the public and the media，2011.

论微博监督员的合理注意义务

张晨红

【摘要】 本文基于部分对网络服务商、出版社等“合理注意义务”的探讨的研究，采用联想的研究视角，论述了微博监督员的合理注意义务。本文运用文献研究的研究方法，梳理了对于“合理注意义务”相关研究的领域及其着重点，本文提出微博监督员机制推出的必要性、微博监督员的合理注意义务，以及相关展望的研究问题。

【关键词】 微博监督员；合理注意义务；涉黄信息

引　言

（一）研究背景

2017年8月4日中国互联网络信息中心（CNNIC）在京发布第40次《中国互联网络发展状况统计报告》，《报告》显示，截至2017年6月，中国网民规模达到7.51亿，占全球网民总数的五分之一，同时我国互联网普及率为54.3%，超过全球平均水平4.6

个百分点，我国新浪微博用户规模达2.91亿。[①]

互联网有着开放、平等、自由、匿名的特性。在互联网中信息自由流动、用户言论自由、用户使用自由，互联网是一个自由的虚拟世界；互联网的开放性使得在互联网中用户可以实现资源共享；互联网作为一个虚拟交互平台，它的匿名性在增强了网民身份的平等性的同时，弱化了法律、道德等对于网民内在心理和外在行为的约束性。[②] 正是由于互联网的这些特性，信息大量繁衍的同时降低了信息的质量，网络中不乏一些虚假、冗余、有失偏颇、色情的信息，这些信息如果不能有效地遏制而被大肆传播，会给社会带来严重的信任危机。互联网的普及极大程度拓宽了青少年人群的视野感官，但尚未健全的辨识能力不足以确保他们可以在信息流中获取真实、客观、积极健康的信息，为了保证青少年人群健康成长，净化网络环境刻不容缓。

随着微博用户规模不断扩大，微博逐步成长为一个新的话语平台，为落实企业主体责任，强化网民监督，净化微博社区环境，有效处置微博上的涉黄、违法及有害信息，在北京市委网信办的指导下，微博专门建立了社区监督员机制，面向所有用户公开招募1000名微博监督员。微博监督员将通过特殊的举报机制针对微博上的涉黄、违法及有害信息进行举报处理，并且将根据举报统计情况向合格的微博监督员按月发放网费补贴，并赠送微博会员，同时对每月有效举报数量最多的微博监督员给予物质奖励，奖品包括苹果手机、国产手机或笔记本电脑等。微博社区监督员机制于2017年10月份正式上线。

---

① 中国互联网络信息中心：第40次《中国互联网络发展状况统计报告》(2017)，检索于http：//www.cac.gov.cn/2017—08/04/c_1121427672.htm.

② 王丽莎：《微博监督的困境及其对策研究》，中国矿业大学，2014年硕士论文。

（二）研究目的及问题

目前对新闻传播领域“合理注意义务”的研究主要涉及的是对出版、网络服务商等的合理注意义务的探讨，研究多在已发生相关侵权事件的基础上加以分析。微博监督员作为一个比较新的词汇，对此还没有做出相关的合理注意义务方面对可能发生侵权行为的规避性的研究。一切新生事物都需要在摸索中前进发展，如何将微博监督员的作用最大化发挥，微博监督员的合理注意义务有哪些。基于这些疑问，本文将从“微博监督员”这一视角入手，探索微博监督员设置的必要性以及合理注意义务等问题。

（三）研究意义

网络技术的迅猛发展，使信息以前所未有的方式和速度进行传播。自由表达思想见解，表现自我、展示个性，成为网络创作和传播的重要的价值取向。[①] 但与此同时，网络侵权行为越来越“大众化”，仅仅依靠网络服务商履行相关合理注意义务和网民的自我约束力很难构建一个绿色、开放的网络信息互动平台。微博监督员机制的设置，将监督责任平民化的同时，明确微博监督员的合理注意义务，强化网民监督，才能真正净化微博社区环境。

一、文献综述

（一）合理注意义务概念渊源

《牛津法律大辞典》对注意义务作出了如下解释：“一个人对他

① 张今：《数字环境下恢复著作权利益平衡的基本思路》，载《科技与法律》2004年第4期。

人造成损害后，只有当法院判定被告在当时情况下，对原告负有不为加害行为或不让加害行为发生的法律义务，而被告却未加注意，或未达到法律所要求的注意标准，或未采取法律所要求的预防措施而违反此种义务时，他才在法律上对受害人承担过失责任。如果在当时不存在注意义务，由此发生的损害都属于无侵权行为的损害，被告不承担责任。”

英美法系注意义务的确立条件主要包括考虑合理可预见性、紧密关联性（近因性）以及对行为人施加的注意义务有无违反“公平、公正、合理”的原则。德国法认为一般注意义务主要包含对自己控制范围内的安全承担的义务、因履行职责所需承担的职业义务以及对于先危险行为须承担的义务。大陆法系遵从“良家父”标准，英美法系则认同“理性人”（the reasonable man）标准。

我国学界对注意义务标准的观点主要包括以法律、法规等规范所确定的注意义务为标准，以一个合理、谨慎的人所应当具有的注意义务来判断，特殊情况下，采用特殊的标准。比如要考虑专业人士、不同行业、无行为人的特点等。

（二）合理注意义务概念应用

冯刚在《出版社的合理注意义务研究》一文中，以“出版《梁启超教子满门俊秀》引发纠纷”案为例，探讨了出版社是否尽到了合理注意义务的相关问题。他认为在作者的身份和创作能力问题、审查时间问题等上被告（即出版社）并非未尽合理注意义务，并以此为踏板，阐述了出版社的具体合理注意义务及相关法律依据。

王栋、眭鸿明在《论网络服务商的合理注意义务》中，从损害结果控制理论、收益与风险均衡原则、社会成本控制理论等角度论证了网络服务商履行合理注意义务的必要性，并分析了网络服务商合理注意义务的类型。

彭桂兵在《“避风港”规则与网络服务商合理注意义务的确立——以卓易公司案为中心的探讨》一文中，以卓易公司案为缘起来探讨网络服务商的合理注意义务确立的要素，其中涉及网络服务商设置搜索的方式、是否直接获利、设置来源网站的既定判决。文中着重论述了法官对合理注意义务确立因素客观性的坚守使得卓易公司案二审得以改判，并对一审法院的判决忽略的一些问题做出相应解答，比如快播公司非法经营的时间性问题。

董斌、郑林丽在《红旗规则下新媒体网络编辑防范侵权的合理注意义务》一文中通过分析网络侵权归责的两个重要法律规则即“避风港规则”和“红旗规则”的适用条件，探析了新媒体编辑从业人员在编辑实务中的合理注意义务，从实务操作层面探析了新媒体降低网络侵权法律风险的必要措施。

李颖、宋鱼水在《论网络存储空间服务商合理注意义务——以韩寒诉百度文库案判决为切入点》一文中，对网络存储空间服务提供商“合理注意义务”进行个案具体考量，对如何具体确定其变动的“合理注意义务”以及由此决定的“预防侵权的技术措施”的合理限度，以实现个案中的公平正义和社会整体层面行为自由与权益保护的平衡，进行了具体的分析。

通过对已有文献的研究，笔者认为目前对新闻传播领域“合理注意义务”的研究较少，且主要涉及的是对出版、网络服务商等的合理注意义务的探讨，研究多在已发生相关侵权事件的基础上加以分析。微博监督员作为一个新生词汇，对此还没有做出相关的合理注意义务方面对可能发生侵权行为的规避性的研究。

二、微博监督员的合理注意义务

（一）概念界定

1. 注意义务

注意义务是指利用传统媒体、网络媒体进行传播或辅助传播的行为人，分别以职业标准、善良管理人等合理的标准，以作为或不作为的形式，避免给他人人身或者财产造成损害的义务。在民法上，判断行为人是否存在过失的标准是其“是否达到了应当达到的注意义务”。

注意义务的内容包括注意义务的确立和注意义务的违反两个方面，前者探讨如何依据社会必要交易秩序之需要确立注意义务；后者在事实层面上研究危险避免的可能性，以及对可预见的危险是否有采取合理的预防措施加以避免。① 注意义务的判断标准是变动多元的，对他人权益负有一般义务的人，应尽到诚信善意之人的注意义务；对他人权益负有特别义务的人，应尽到法律、法规、操作规程等要求的特别注意义务。②

2. 微博监督员

微博监督员是指通过审核后利用特殊的举报机制针对微博上的涉黄、违法及有害信息进行举报处理的人员的统称。站方会根据举报统计情况向合格的微博监督员按月发放网费补贴，赠送微博会

① 廖焕国：《注意义务与大陆法系侵权方的嬗变——以注意义务功能为视点》，载《法学》2006 年第 6 期，第 28 页。

② 李颖、宋鱼水：《论网络存储空间服务商合理注意义务——以韩寒诉百度文库案判决为切入点》，载《知识产权》2013 年第 6 期。

员，并且对每月有效举报量最多的微博监督员给予一定的物质奖励。在监督员实行一段时间后，基于操作判断的局限性，只保留对涉黄信息进行举报处理。

（二）设置微博监督员机制的必要性

1. 网络匿名性

在微博中，用户可以自由地发表言论，在匿名的保护伞下部分用户甚至会发表一些平时不可能发表的过激的言论，网络舆论呈现出一种分散、偏激、不理性的形态。在微博中，人们以匿名或化名方式进行交往，道德和职业准则都失去了约束力。互联网的匿名性在增强网民身份平等性的同时，也弱化了法律、道德等对于网民内在心理和外在行为的约束性。[①] 微博中充斥着大量的信息，其中不乏一些虚假、冗余、有失偏颇、色情的信息，这些信息如果不能有效的遏制而被大肆传播，会给社会带来严重的信任危机，有些信息在传播的过程中如果被不法分子有目的地加以渲染，信息将会以流言或者谣言的形式加以扩散，最终会产生严重的消极后果。

2. 网络监管不完善

微博监管制度在不断完善的过程中，在技术层面仍然存在一些问题。3G 或者 4G 是个庞大的系统工程，涉及许多复杂的层面，目前对于手机上的通讯数据存在很大的监管难度。这些问题在微博监管中同样存在，比如微博在触犯法律、违背道德等关键词的设置中，网络媒体缺少过滤与监管。目前来看，单纯依靠监管技术来限制有害、色情等信息的流动扩散是不现实的。

---

① 王丽莎：《微博监督的困境及其对策研究》，中国矿业大学，2014 年硕士论文。

在网络给社会、经济、政治及个人生活等各个方面带来了极大的方便的同时，也存在着不小的监管漏洞。网络谣言借助微博、QQ 等方式，瞬间便可“让谣言飞”。网络暴力、黄色网站、网络游戏等各种传播病毒、攻击网站、利用网络从事欺诈、赌博、洗钱等非法活动威胁网络安全，危害着未成年人的健康成长。[①] 我国第一部全面规范网络空间安全管理的基础性法律——《中华人民共和国网络安全法》正式施行，网络安全进入法制化时代，但是针对互联网涉黄信息的规定并不完善。网络监管技术不完善、法律依据不健全、人员不到位等种种因素使得互联网监管还存在巨大的上升空间。

3. 网民媒介素养失衡

根据腾讯安全《2017 年度互联网安全报告》第三项第 1 条，2017 年共举报垃圾短信超 13.8 亿条，非法诈骗类短信一家独大；第三项第 3 条，2017 年累计拦截恶意网址访问 6729 亿次，色情及赌博类占比近 7 成；第三项第 4 条，网络金融诈骗引入传销手法，P2P 平台潜在风险最高。[②] 数据显示，目前互联网生态处于一种严重失衡的状态。究其根本，互联网用户基于不同的职业、年龄、受教育程度、家庭背景等，网民在面对媒介各种信息时的选择能力、理解能力、质疑能力、评估能力、创造和生产能力以及思辨的反应能力是不尽相同的，即存在巨大的媒介素养落差。

中国社科院社会发展研究中心发布的《互联网在中国使用状况及影响调查报告》中指出：“在面临一种新技术所带来的社会变迁

① 赵天富：《互联网的表达自由的保障与限制》，西北民族大学，2009 年硕士论文。

② 腾讯安全综合实验室：《2017 年度互联网安全报告》（2017），检索于 http：//sz. southcn. com/content/2015－12/19/content _ 139192276. htm。

时，理论上的机会均等和历史时点上的巧合，并不能保证我们有事实上的平等。在从社会空间向虚拟空间的转移过程中，我们不仅需要付出经济上的资源或成本，还需要跨越许多无形的障碍，包括教育鸿沟、性别鸿沟、代沟（反映在年龄上的差距）、社会分工（职业差异）的观念上的差异（对互联网的态度）。”[①] 在使用微博的网民中也存在同样的媒介素养失衡的问题，面对相同的信息，不同的网民有不同的观点和决断，这也是舆论交锋的原因根本所在。

正是由于微博本身存在的匿名性、网络监管不完善、网民媒介素养失衡等特点，微博中各种信息良莠不齐，管理者很难涉足所有涉黄、违法等信息，审核合格的微博管理员存在于不同的微博社交圈，他们可以利用特殊的举报机制帮助管理员更好地管理社区，净化微博社区环境。

（三）微博监督员的合理注意义务

1. 微博管理员机制初步实施成果

为了有效处置微博上的涉黄信息，新浪微博于 2017 年 9 月 27 日上线了社区监督员机制，面向所有用户公开招募微博监督员。根据“微博监督员”微博，得知从 10 月 1 日截止到 10 月 10 日，共收到微博监督员有效举报的涉黄信息 9 万余条，且经过近两天的复查核实，确认准确率为 93.9%，平均每天有效举报 1 万余条。

微博监督员自始就设置了被举报人申诉的纠错机制，所有被微博监督员有效举报的内容，均会私信告知被举报人可以申诉。以二次人工审核确保监督员举报的准确性，对多次错误举报的微博监督

① 涂永珍：《微博反腐：公众的知情权与官员隐私权之博弈》，载《领导科学》2012 年第 5 期。

员将予以清退。2017 年 10 月 7 日“微博监督员”发布“微博监督员@大五莲因违反《微博监督员工作条例》第 15 条，现已被清退”的通知。作为一个最新的试运行的管理机制，微博管理员要明确自身的合理注意义务，以身作则净化网络环境。

2. 合理注意义务

(1)“举报淫秽色情信息”的注意义务

《微博监督员工作条例》对微博监督员的工作做了具体要求，其中第 3 条要求微博监督员通过专门的举报机制对微博上的涉黄信息进行举报，涉黄信息的界定标准以《微博举报投诉操作细则》第四章第十二条的规定为准，除此之外的都不在涉黄信息范围。

根据《微博举报投诉操作细则》，淫秽色情信息主要表现为：a 淫秽：具体描绘性行为或露骨宣扬色情的淫秽性信息；b 色情：1）以现行法律法规为依据，有关规定中明确禁止的露点图片、视频，以及直接表现性行为文字、音频内容；2）发布非色情类内容，但是通过暴露身体等引诱性的图片、音视频，将用户引导至其他第三方平台，进行线上线下的色情服务交易；3）通过“发福利”“套图”等特定引申义的文字描述，将用户引导至其他第三方平台，进行线上线下的色情服务交易。

微博监督员在使用微博的过程中，如发现有账号发布淫秽色情信息要加以举报，充分履行监督员的合理注意义务，致力于营造一个绿色、健康的信息交流环境。

(2) 红旗标准中的注意义务

我国《信息网络传播权保护条例》第 22 条第 3 款规定：只要网络服务商能够意识到用户上传的文件中明显存在侵权内容，就负有主动迅速移除或屏蔽这些内容的义务。如果此时网络服务商采取“鸵鸟政策”，像一头鸵鸟那样将头深深地埋入沙子之中装作看不见侵权事实，不闻不问，那么就需要承担责任。[①] 这是《信息网络传播权保护条例》对于网络服务商合理注意义务所做出的相关规定，虽然并没有提及微博监督员，但是在微博监督实际操作过程中同样适用。

根据《微博监督员工作条例》第七条，微博监督员绩效考核方式为每月有效举报不少于200条（举报对象为微博、评论）。这就要求微博监督员在面对能够明显推出侵权行为的事实和情况下，必须尽到合理的注意义务，不能掩耳盗铃，故意装瞎。对已经像一面鲜亮的红旗的涉黄信息在微博管理员面前公然飘扬，以至于“理性人”都可以辨别时，要及时举报。微博监督员更应该作为一个“理性人”，明辨信息，对于明确禁止的露点图片视频、引诱性图片视频、引申性文字描述等加以举报。

(3)“主动审查”的注意义务

数字指纹和过滤技术的发展使得对特定内容的审查成为可能，加之搜索引擎服务商在主动查找和删除大量反动或黄色等非法内容的过程中已经积累了大量的审查经验，这都证明搜索引擎服务商在特定条件下承担主动审查义务是具有现实可能性的。[②] 搜索引擎服务商有“主动审查”的注意义务，而对于微博监督员而言，法律并没有要求其承担主动审查义务，我国法律对此也没有明确规定。但是根据监督实际操作情况来看，微博监督员有着极高的能动性，与

---

① 王迁：《再论“信息定位服务提供者”间接侵权的认定》，载《知识产权》2007年第4期。

② 王栋、眭鸿明：《论网络服务商的合理注意义务》，载《南京邮电大学学报（社会科学版）》2009年第11卷第4期。

机器相比具有更高的辨别信息的能力，同时《微博监督员工作条例》第九条规定站方将根据举报统计情况向考核合格的微博监督员按月发放 200 元网费补贴，并赠送微博会员。所以微博监督员不应该被动、消极地对待其用户的侵权行为，而应积极地与微博服务商共同承担起发现和阻止网络侵权行为的义务，净化网络环境。

（4）“不得”的注意义务

微博监督员也是网民中的一员，在实施监督的过程中不得出现恶意举报、敲诈勒索等有损微博监督员形象的行为，不得发布涉黄、违法、有害信息。微博监督员接受网友监督，不得有其他违反国家法律法规和微博社区规则的行为。如果出现以上情况，将直接撤销微博监督员资格并取消其认证信息和标识。微博监督员已被纳入首都互联网协会网站自律专员体系，在体系中，微博监督员除了要认真履行监督举报的工作要求，最基本的前提是严于律己，保持高度警惕，从自身做起，积极维护互联网自由、开放、绿色、健康的环境。

微博监督员只有明确自身的合理注意义务，才能使监督员机制发挥其最大的效用，实现互联网社区信息的有效监督。微博监督员要积极举报淫秽色情信息，明确“红旗规则”，不采取“鸵鸟政策”，主动审查热点话题发帖，主动维护微博监督员的形象，接受网民监督，以身作则，积极履行相关合理注意义务。

三、反思与展望

随着互联网数字技术的不断发展，社交软件的日益普及，微博已然成为新时代的一个全貌的舆论场，信息泛滥、良莠不齐是话语权逐步开放的必经之路，为了营造一个合理、全方位、健康的信息交流平台，管理办法不断更新，立法者们不断积极探索，不断完善立法。与此同时，微博社区监督员机制的提出是一次尝试，也是一种创新，同时面临着一些挑战，“微博监督员”机制要走得更加长远，有效净化微博环境还需要网民们的共同努力。

（一）合理定位

对于微博监督员的合理定位，是确认其所应承担义务的基本前提。微博监督员在审核通过后要进行相应工作培训，在培训过程中要准确定位自己的职责，明确监督员的合理注意义务，在之后的监督工作中认真履行注意义务。微博监督员设置的被举报人申诉的纠错机制要求微博监督员在监督的过程中要擦亮双眼，对于涉黄信息不隐瞒、不窝藏、不容忍，也不能因为私人情感恶意举报，更不得发布涉黄、违法、有害信息。同时，监督员接受网友监督，不得有其他违反国家法律法规和微博社区规则的行为，微博监督员要本着真实、客观的态度进行监督，而不是站在“上帝视角”为所欲为。

监督员要积极举报淫秽色情信息，主动审查热点话题发帖，主动维护微博监督员的形象，在监督的过程中以身作则，以《微博监督员工作条例》作为基本准则，共同构建一个和谐、共享、健康的网络生态环境。

（二）提高网民媒介素养

互联网上的行为方式体现了网民的媒介素养，在新闻客户端跟帖、在微信朋友圈调侃、关注微博上的话题榜、追看新闻热点等无一不体现个人的媒介素养。南方都市报旗下凯迪网络凯迪数据研究中心发布《中国网民网络媒介素养调查报告》，报告针对目前中国互联网用户的网络媒介素养进行在线调查，调查显示网民的媒介素养平均值为3.6（最高5分），高收入高学历人群媒介素养水平相对较高。[①]

而互联网作为一个融合的交互平台，聚集各个阶层的使用者，单单依靠部分媒介素养较高的群体的声音很难营造一个健康、绿色、发展的话语平台。所以，有关部门要加强对微博的管理、规范和引导，大力提倡文明上网的社会风气，形成人人自律的网络氛围，网民要严格遵守互联网的法律规定，用道德约束自己，不能动辄侵害他人隐私和名誉，谨防微博监督变成“网络暴力”。[②] 建立文明网络、法制社会，提高网民媒介素养。正确分辨网络上良莠不齐的海量信息，不跟风、不信谣。

（三）完善网络立法

立法是实现网络有效监管的根本。首先，要逐渐改变我国网络立法以行政规范为主导的现状，大力推进全国人大及其常委制定更多的法律对互联网内容进行管理。其次，加大对网络违法和不良信息的处罚力度，强化对未成年人的保护法律对违法犯罪人的威慑作用在于其具有后果上的惩罚性。再次，完善权力监督和权力救济的法律体系。[③] 网络实名制的推行在某种程度上推动了网络空间朝着更加健康的方向发展。

2017 年 6 月 1 日，网络安全领域首部《中华人民共和国网络安全法》正式施行，新法的颁布将让广大网络用户在虚拟的世界中有法可依，《网络安全法》在时下最热门的个人信息保护等领域均有新规，更以法律的形式对“网络实名制”作出规定：用户在使用

---

① 陈杰生：《网络媒介素养报告，你是一个合格的网民吗》，载《南方都市报》2015 年。

② 姜胜洪：《当前中国微博监督的特点、问题及对策思考》，载《社科纵横》2012 年第 27 卷第 4 期。

③ 贺春艳：《我国网络监管的缺陷与完善》，载《江西青年职业学院学报》2014 年第 24 卷第 4 期。

信息发布、即时通信等服务时，应提供真实身份信息。网络实名制为网络信息传播实现有效监管迈出了重要的一步，网络实名制约束了部分网民在网络中匿名的情绪化狂欢，提升了网民的自律性，有利于净化网络环境，从而建立文明绿色和谐的网络氛围。只有加强立法，才能实现网络信息的有效监管。

结　语

互联网的急速发展给这个时代带来了新的冲击浪潮，网民在互联网的世界狂欢，以微博为代表的社交媒体成为时代的新宠儿。海量信息在虚拟世界中交融碰撞，人们可以自由分享接收大量的信息，而在信息浪潮中一些低俗、色情、违法信息的存在阻碍了网络空间的健康发展。由于我国信息监管的技术手段落后于互联网的高速发展，为了强化网民监督，净化微博社区环境，有效处置微博上的涉黄信息，在北京市委网信办的指导下，微博建立了社区监督员机制。

本文以“微博监督员”为出发点，对微博监督员的合理注意义务进行探究。微博本身存在的匿名性、网络监管技术不完善、网民媒介素养失衡等特点，证实微博社区监督员在网络信息有效监管方面设置的必要性。与此同时，微博监督员要明确自身的合理注意义务，积极举报淫秽色情信息，主动审查热点话题发帖，主动维护微博监督员的形象。绿色健康的网络环境的实现不能仅仅依靠微博监督员的约束，只有网民共同努力，提高个人媒介素养，政府加强立法，高度重视和大力发展信息科技，着重在软件核心技术的研发和创新上加大资金和人力的投入，有效制约违背社会道德和违反法律的网络内容的传播，提高监管实效，[1] 才能早日构建一个健康的网络话语平台。

① 赵天富：《互联网的表达自由的保障与限制》，西北民族大学，2009 年硕士论文。

新媒体时代消费维权舆情的引导与法律规制

张 玲

【摘要】 消费是我国经济发展的主动力，在国民消费力持续增长的同时，消费问题也层出不穷，消费者权益遭到侵害的事件时有发生。作为重要的维权管道，新媒体具有快速、强影响力等特性。而在使用新媒体维权的过程中也潜藏着名誉权、个人信息权受侵害的风险，为切实保障消费者、企业、媒体的合法权益，需要及时引导消费维权舆情并进行法律规制。文章在借鉴相关经验的基础上，从媒体立法及建立配套制度的角度提出建议。

【关键词】 消费维权舆情；舆情引导与规制；媒体立法

我国的司法与传媒的政治责任和社会责任在总体上和终极上具有一致取向，[1]法律鼓励大众传媒积极发挥监督力量，维护消费者合法权益，2013 年修订的《中华人民共和国消费者权益保护法》第 6 条规定："大众传播媒介应当做好维护消费者合法权益的宣传，对损害消费者合法权益的行为进行舆论监督。"第 37 条第 8 款规定："对损害消费者合法权益的行为，通过大众传播媒介予以揭露、批评。"而新浪微博联合黑猫投诉重磅发布的 2019 年《315 消费者权益保护白皮书》显示，在过去一年的时间里，微博维权投诉用户达 1104 万，博文量为 3438 万，博文阅读量高达 166 亿，互动量为 3008 万。[2]可见新媒体已成为消费者维权的重要通道。从 2012 年的“三亚宰客门”事件，到2015年的“天价虾”事件，再到2019年的“西安奔驰女车主”事件，自媒体曝光，微博发酵，传统媒体跟进的媒体监督模式日愈成熟。但是在使用新媒体维权过程中，由于相关法律的缺失，潜藏着不良企业利用新媒体进行恶意营销，对竞争对手进行商业诽谤，一定程度上破坏营商环境及个人信息泄露的风险。本文将分析消费维权舆情的内涵与特征，新媒体时代消费舆情引导与规制的现状与问题，并借鉴相关经验，探索舆情引导与规制新路径。

一、媒体消费维权舆情概况

所谓舆情是指在一定的社会空间内，围绕中介性社会事项的发生、发展和变化，作为主体的民众对作为客体的国家管理者产生和持有的社会政治态度。在此基础上，网络舆情即是由于各种事件的刺激而产生的通过互联网传播的人们对该事件的所有认知、态度、情感和行为倾向的集合。[3]而消费维权舆情则指消费者通过互联网传播的与维权事件相关的认知、态度、情感和行为倾向的集合。2019年多个领域的维权热点事件爆发，包括食品安全领域的成都七中实验学校食堂事件，汽车行业的奥迪致癌、奔驰女车主维权、小鹏汽车遭集体维权，房产领域的乐伽公寓破产、龙湖业绩会遭维权，教育行业的韦博英语疑似跑路，快消行业的冈本假避孕套等事件，经统计分析发现，热点维权事件的舆情发展呈现以下特点：

（一）发酵周期长，长尾效应显著

据统计，热点维权事件的舆情发酵周期在3天到一个月以上不等，且与相关部门反应速度呈正相关。在奥迪致癌事件中，事件始于3月12日，但奥迪官方的检测回应迟迟未出，直到5月14日一汽一大众奥迪销售事业部给出官方回复函称车内挥发物质符合国家标准，并会与用户保持联系推动事件解决，舆情才告一段落，历时约70余天。

维权事件关注度居高不下，部分与事件本身特点相关，另一方面也与维权形式的变化有关。在西安奔驰女车主维权事件中，旁观者发布在抖音的短视频以极具感染力的事实与情感传达首先带动了大众情绪，接着女车主在梨视频发布一段音频，进一步满足大众的知情欲，使大众的注意力延长并加强。在较长的舆情发酵期内，众多网民形成了强大的话语场和传播力，网络舆论监督的长尾效应凸显。

（二）维权者引导，带起舆论高潮

维权者善于利用自身弱势角色，在舆情发展中博取大众同情，并主动设置关注点，占据舆情发展主导地位，最终借助舆论压力实现自身利益诉求。西安奔驰女车主维权事件中，维权视频与音频在舆情传播节点上成功引爆舆论，车主适时提出8点诉求，其有理有据、有步骤的维权作为，使其被设定为理想的维权代表，调动更多网民对此事的参与。而在经历此维权事件后，新媒体成功为其赋权后，女车主以另外的方式投入市场，包括洽谈企业代言，维权形象同款手办在市场上被售卖等。

另外，运用新媒体对企业进行恶意中伤的行为发生。如成都七中实验学校食堂事件中，爆料者运用视频、图片展现吸引人眼球的霉变食物，引发家长集体维权，后官方权威调查证实均为摆拍，造成了公众注意力的浪费，也破坏了学校食堂形象，并为其带来经济利益损失。

（三）焦点易转移，个人信息遭泄

公众的窥私欲在维权事件中也展现出来，甚至随着对维权者的深度挖掘，舆论焦点从事件转移到当事人本身。视频完整清晰地将人物状态呈现在大众眼前，在帮助女车主激发网民同理心的同时，也将其完全暴露在大众之中，其个人信息，包括学历、家庭住址、公司等均成为网民讨论对象。网络上一度流传其曾实施诈骗的消息，当事人回应称其受到骚扰及网络暴力，网传消息大部分为假，且已经委托律师处理。

二、消费维权舆情的引导与法律规制情况

目前来说，我国对消费维权舆情的引导与规制已取得一些进展，但也存在一些问题。

在立法层面，消费维权舆情适用于网络舆情的一般情况，目前已有《全国人民代表大会常务委员会关于维护互联网安全的决定》《中华人民共和国电子签名法》《全国人大常委会关于加强网络信息保护的决定》共 3 部法律，《电信条例》等 7 部行政法规，30 多部部门规章以及 5 个司法解释。[4]目前的网络立法多为部门立法，存在立法层次较低、交叉、重复等的问题。而专门针对消费者权益保护的法律，如《消费者权益保护法》肯定了利用媒体进行市场监督的方式，但并未明确界定监督范围和责任。在行政管理方面，消协和监管部门在舆情发酵后往往处于被动地位，缺乏及时发声的应对机制，难以对舆情起到引导作用。在社会层面，作为舆论发酵重地，微博推出黑猫投诉监测舆情，但除微博外，抖音、梨视频等短视频平台也逐渐成为舆情引爆地，舆情引导与规制变得更加困难。

三、新媒体时代消费维权舆情法引导与法律规制新路径探索

对于网络舆情引发网络暴力、网络谣言、网络诽谤等问题，其他国家也有发生，并已经在舆情引导与规制方面做出一些尝试，我国在对消费维权舆情进行引导与规制的过程中，应立足本国国情有选择地对外国经验加以借鉴与发展。

（一）将传播侵权纳入侵权法，并完善相关法律

1. 传播侵权列入侵权法

目前传播侵权并未作为一项专门的侵权行为被列入《中华人民共和国侵权责任法》（下称《侵权责任法》），但出于其特殊性，民法学界在相关《侵权责任法》建议稿中建议列入“媒体侵权”行为，[5]新闻法学界也起草了媒体侵权责任认定的司法解释草案建议稿。因此本文认为传播侵权入法具有合理性。

传播侵权是指“媒体组织或其他利用新旧媒体的组织或自然人，在利用媒体面向大众进行传播时，侵害自然人或者法人名誉权、隐私权、个人信息权、荣誉权、姓名权、名称权、肖像权、（精神）健康权、知识产权、财产权等其他权益的行为”。[6]学者罗斌认为，“传播侵权”作为法律概念，主要涉及民法即侵权法领域的问题。[7]根据侵权客体的不同，传播侵权适用不同侵权归则原则。针对侵害精神性人格权，适用过错责任归则原则，针对物质性人格权和非人格权客体的特殊类型的传播侵权，适用过错推定或无过错责任的归责原则。[8]在消费维权舆情中，存在名誉权及个人信息权受到侵犯的情况。

（1）名誉权

名誉权是指“法律规定的民事主体所享有的获得和维持对其名誉进行公正客观评价的一种人格权”。[9]依享有主体的不同，名誉权分为两种：一是自然人的名誉权。指自然人依法享有的个人名誉权不受侵害的权利，是就其质量、信誉、声望等获得的社会评价不受他人侵犯的权利。二是法人名誉权。指法人对其全部活动所产生的社会评价享有的不可侵犯的权利。[10]

消费者维权过程中，较常见的情况为法人为维护其名誉权，起诉新闻媒体或者消费者的情况，即法人名誉权受到侵害。例如 2013 年 2 月 26 日，《每日经济新闻》及每经网（www.nbd.com.cn）用包含头版在内的 5 个整版刊登《360 黑匣子之谜》等一系列质疑“360 公司”及其产品的报道，并使用了“‘癌’性基因”“互联网的癌细胞”“工蜂般盗取用户信息”“肆无忌惮地破坏”“‘一枝黄花’式地疯狂成长”“癌性浸润”“网络社会的毒瘤”等语言对“360 公司”进行抨击。因此，“360 公司”将《每日经济新闻》告上法庭，上海一中院 2015 年终审宣判被告公开赔礼道歉，消除影响，赔偿原告 150 万元，创造了当时中国名誉权案件的最高赔偿纪录。[11]在另一案例中，涉及自媒体平台被告侵犯法人名誉权的情况。2016 年 11 月 4 日晚 23 点 17 分，冯东阳在今日头条的自媒体平台上发表了一篇标题为《人民日报曝光不合格产品，淘宝与京东差距明显》的文章。淘宝遂将其告上法庭，冯东阳于 2017 年 1 月 14 日收到了浙江余杭法院的传票，被要求赔偿淘宝 1000 万元。[12]出于对言论自由及公众知情权的保护，在司法裁判中，应对新闻媒体正常的舆论监督进行保护，媒体也应当进行平衡报道，以真实为生命，加强行业自律。

另外，消费者因对企业的负面评价而引起的诉讼也有发生。最高人民法院《解释》中规定："消费者对生产者、经营者、销售者的产品质量或者服务质量进行批评、评论，不应当认定为侵犯他人名誉权。但借机诽谤、诋毁，损害其名誉的，应当认定为侵犯名誉权。"但企业的社会评价是否降低，影响程度有多大，在现行的法律法规和相关司法解释中并没有确立明确的标准，多依法官的专业素养进行判定，但不同的法官做的判断往往不同，这种单单凭借法官内心确定的标准往往不能令当事人信服。[13]学者罗斌进一步认为在消费者与作为生产者、经营者的法人之间的名誉权纠纷中，许多案例在法律适用中出现偏颇、错误，一些案件甚至颠覆民事法律的基本原则，消费者败诉得莫名其妙。最典型的当属恒升公司诉王洪侵害名誉权案。[14]而这无疑会给消费者维权带来消极影响，需要在立法过程中对于权责进行进一步明确，以切实保障消费者合法权益。

（2）个人信息权

有学者认为："狭义的个人信息指可以直接识别个人身份的信息，包括姓名、性别、年龄、婚姻、家庭、教育程度、种族、职业、住址、健康状况、个人经历、社会活动、电子邮箱等，以及信用卡、交易账号等。广义的个人信息包括以直接识别个人身份的狭义个人网络信息和可以间接识别个人身份的个人网络活动（网上搜索及通信等）信息。"[15]我国2017年通过的《民法总则》第一百一十一条确立了个人信息的民事权益属性，但没有确认其"权利"地位。学者认为："个人信息具有独特的法律属性：第一，个人信息是自然人人格权要素之一，是人格权客体。第二，个人信息不仅承载着精神利益，还承载着财产利益。第三，个人信息承载的财产利益，归根结底仍是对人格要素财产价值维度的考察，财产利益也是从人格要素中发挥出来的。"[16]个人信息权属于特殊传播侵权行为。

在消费维权事件中，由于消费者和企业之间存在商业行为，消费者的个人信息在一定程度上被企业所掌握，另外网络时代技术的隐蔽性及关系网络的强大，导致个人信息易被泄露。如奔驰女车主维权事件中出现的情况。但由于网络的匿名性，网络谣言的侵权主体难以被锁定，维权困难加大。而在具体案例中，因缺乏对个人信息权益明确的、具体的民事法律规定，当事人多以隐私权被侵犯为由起诉，但很难胜诉。例如 2014 年原告顾某主张其下载安装的 360 安全浏览器 5.0 正式版本软件收集其计算机中安装软件信息和浏览网页记录信息并上传至服务器，侵害了其隐私权。法院一审和二审均驳回顾某诉讼请求。[17]因此，在传播侵权中，应明确个人信息权的范围及侵害个人信息权的惩罚方式。

基于传播侵权是包含一般侵权和特殊侵权的混合型侵权，有其单独被列入《侵权责任法》的必要，随着权责的明确，消费维权舆情的引导与规制也会呈现出新的局面。

2. 完善专门消费法律

与消费者权益保护最直接相关的法律，有《民法通则》《消费者权益保护法》和《产品质量法》。当然，还有调整具体领域的法律关系的法律，诸如，食品安全领域的《食品安全法》、医药领域的《药品管理法》，广告领域的《广告法》等，都会涉及对消费者的权利、经营者的义务以及相关的法律责任的规定。[18]但《消费者权益保护法》所规定的法律内容太宽泛，有些条款甚至模糊不清，没有相关的惩罚措施，使得法院在具体的操作过程中难度极大，消费者败诉的情况也较多。而在消费者选择运用媒体进行维权后，针对消费舆情的特点，法律也没有相应条款进行规制。因此建议将媒体传播的责任与界限清晰纳入消费相关法律法规中。

（二）健全舆情规制配套制度，以加强正面引导

首先，一方面可以借鉴日本、澳大利亚、法国的网络媒介素养教育的有关制度，[19]将网络素养教育纳入学校教育，包括编写符合青少年成长特点的网络媒介素养教材，进行相关社会实践等，使国民懂得用网络维护自身权益，并从小树立正确用网观念。另一方面，要进行网络空间社会责任感和法律意识宣传教育，避免维权者在维权过程中出现违法行为而不自知或利用媒体进行虚假维权的情况。其次，监管部门建立舆情监测预警机制，并建立相关发言人制度。由于消费维权舆情涉及领域广泛，需要广纳人才，包括专业领域人才与技术人才等，构建核心舆情应对队伍，在此基础上建立并不断完善消费舆情监测预警机制，做到及时发现舆情、及时响应舆情、及时处理舆情，争取在舆情发酵过程中主动引导舆情发展。针对重大典型消费舆情，要召开专门发布会，及时向公众说明情况。再次，加强信息保护。一方面要求公众有个人信息保护意识，另一方面网络平台要以过硬技术为防护手段，防止用户信息泄露。

消费维权舆情的引导与规制是一个系统工程，关键是企业切实关心消费者利益，创造良好的消费环境，消费者合法维权，进而营造良好营商环境。随着相关法律法规与机制的构建，可以期待企业与消费者实现良好互动。

参考文献

［1］陈根发．司法与传媒［M］．北京：知识产权出版社，2015：251.

［2］新浪微博数据中心．黑猫投诉：315消费者权益保护白皮书［R］．2019－03.

［3］［4］毛欣娟，张可，王新婷．国外网络舆情规制经验及启

示［J］．中国人民公安大学学报（社会科学版），2014，30（02）：116—123.

［5］杨立新．中华人民共和国侵权责任法草案建议稿及说明［M］．北京：法律出版社，2007：17.

［6］罗斌．传播侵权研究［M］．北京：国家图书出版社，2018：4.

［7］罗斌．传播侵权研究［M］．北京：国家图书出版社，2018：24.

［8］罗斌．传播侵权研究［M］．北京：国家图书出版社，2018：43.

［9］张宝新．中国侵权行为法［M］．北京：中国社会科学出版社，1998：307.

［10］王利明．人格权法研究［M］．北京：中国人民大学出版社，2012：450.

［11］赵刚．《每日经济新闻》侵害360公司名誉权被判赔偿150万［N］．人民法院报，2015—1—26（8）．

［12］卢松松．自媒体人冯东阳被淘宝索赔1000万［EB/OL］［2017—02—21］．http：//www. tbqw. com/art/83388，html.

［13］罗斌．传播侵权研究［M］．北京：国家图书出版社，2018：295.

［14］罗斌．传播侵权研究［M］．北京：国家图书出版社，2018：297.

［15］罗斌．传播侵权研究［M］．北京：国家图书出版社，2018：540.

［16］张涛．个人信息权的界定及其民法保护［D］．长春：吉林大学，2017：27—28.

［17］杭州市中级人民法院（2014）浙杭民终字第1813号民事

判决书.

[18] 展江，吴薇. 开放与博弈：新媒体语境下言论界限与司法规制 [M]. 北京：北京大学出版社，2013：187.

[19] 陈媛，古丽阿扎提·吐尔逊. 论网络舆情法律规制的国外经验及其启示 [J]. 情报理论与实践，2016，39 (02)：44—49.

新媒体背景下司法公正形象的构建与传播

赵雅文　贾亚强

【摘要】　实现“让人民群众在每一个司法案件中感受到公平正义”的目标，要求司法机关不仅要公正司法，而且还要善用媒体，特别是善用新媒体，通过有效司法信息构建和传播司法公正形象。新媒体对司法公正形象构建与传播的影响，有正面的也有负面的，正面的如实施舆论监督、促进司法公正、推进法治宣传、推动全民守法等；负面的如过度曝光信息，干预司法审判，损害司法公信等。由于新媒体与司法机关所处地位和职责不同，表达立场和方式不同，因此通常面临冲突和矛盾，二者之间的关系主要体现为表达自由与公正审判、舆论监督与独立行使审判权、公众知情权与当事人个人权利等三个维度的关系。要想构建司法机关的公正形象，司法部门要提升法官“媒商”，善于使用新媒体讲好司法故事，积极引导涉法舆论，利用自身话语构建司法公正形象。

【关键词】　新媒体；司法公正形象；媒介审判；舆论监督

媒体与司法是一种难以分割的关系，司法实践中的常态是碰撞与磨合，由此达成默契和平衡，即司法借助媒体传播信息，接受媒体监督，媒体监督促进公正司法，也需要得到司法保障。新媒体时代的到来，二者关系呈现出新的内涵与要求，传媒进入“人人都是麦克风、人人都是记者”的新生态，网络论坛、微博、微信、客户端的广泛运用,[①] 不仅使信息的传播速度空前提高、传播区域空前扩展，而且也使得一些正在审理的司法案件、法官的一言一行以及法官与当事人的关系成为新闻关注焦点和公众热议的话题。[②]

随着依法治国的全面深入推进，中国法治建设的重心逐步由立法时代转型到以司法维系社会公平正义，不断彰显司法权威的司法时代，“人民美好生活需要日益广泛，不仅对物质文化生活提出了更高要求，而且在民主、法治、公平、正义、安全、环境等方面的要求日益增长”。[③] 人民群众对法院司法活动的知情权、参与权、表达权、监督权的意识更加强烈，公众通过新媒体对司法公正的关注达到了前所未有的高度。为此，习近平总书记提出了“让人民群众在每一个司法案件中感受到公平正义”的目标。这就要求司法审判工作，不仅要案件处理得公正，还要通过有效的信息传播让人民群众感受到公正。如何善待、善用新媒体了解民意，回应群众关切，成为新时代人民法院必须认真回答的重要课题。

在新媒体背景下，媒体与司法的传统规则，有些仍然在发生作用，有些则已然失效，需要及时制定新的策略来调整和规范媒体与司法的关系。近些年，由于个别法官司法能力不足、司法作风不好而引发媒体炒作事件逐渐增多，加之法院的新闻宣传和舆论沟通出

---

① 据2018年度《中国互联网发展报告》显示，截至2017年底，中国网民规模达7.72亿人，普及率为55.8%，人均周上网时长为27小时，其中手机网民7.53亿人。网络直播用户规模达3.98亿人，预计2019年将突破5亿人。

② 近年来，通过新媒体对司法案件传播引发舆论风暴案件，主要有2003年的孙志刚案，2005年的佘祥林案，2006年的许霆案，2007年的彭宇案，2008年的三聚氰胺“毒奶粉”案，2009年的吴英案、邓玉娇案、李昌奎案，2010年的赵作海案，2014年的呼格吉乐图案，2015年的南京虐童案，2016年的赵春华案，2016年的聂树斌案，2017年的于欢案，电梯内劝阻老人吸烟案、朱振彪追赶肇事逃逸案，这些案件审理过程中，新媒体给予充分关注，形成舆论风暴，司法积极回应，共同推进了中国法治的进步。

③ 《党的十八届中央委员会向中国共产党第十九次全国代表大会的报告》。

现偏差，促使公众对司法形成了负面刻板印象，严重影响和降低了司法公正形象和司法公信力。因此，新媒体背景下司法与传媒关系的失衡仍然是我们面对的一个重大难题，亟须研究并构建良性互动机制，以充分、理性、有效的沟通实现保障公众知情权与促进司法公正、提升司法公信力的多赢局面。

一、新媒体的传播特征及对司法公正形象的影响

（一）新媒体信息传播的主要特征

新媒体（new media）一词，源于美国CBS技术研究所所长p.戈尔德马克（p. goldmark）的一份商品开发计划（1967年），数字化和互动性为其根本特征。[①] 相比较于传统媒体，其特征主要表现为：

1. 时效性增强。报纸、广播、电视等传统媒体，信息传播通常具有滞后性，表现为“你先见我后见”，传播依梯次性渐大；而网络媒体基本是实时传播，表现为“你见即我见”并迅速扩散，有时呈几何级增长。几乎所有的网络新闻媒体都采用全天24小时滚动发稿的模式，不必像广播电视那样考虑摄像、录音等辅助问题；手机上网用户将所见所闻摄录下来直接按键即可上传至论坛、微博、微信朋友圈等，一经转发，几分钟甚至几秒钟就可以传至数十万网民。

2. 自由性提高。传统媒体背景下，广播电视数百数千，报纸期刊成千上万，但全部都实行许可制，所有信息均由政府机关和宣传部门严格把关，因此传播内容有意识形态和主旋律、正能量等导

① 匡文波：《“新媒体”概念辨析》，《国际新闻界》2008年第6期。

向的重重限制；新媒体背景下，新闻网站有数百万家，社交媒体随处可见，主要实行的是备案制，所有信息均由网络主编、编辑、版主、群主等进行筛选和把关，出于点击率、转发量和评论量等基于商业追求考量，相对来说把关尺度较宽、信息门槛较低，传播主体思想开放、表达多元，新闻自由和言论自由得以拓展。

3. 互动性明显。与传统媒体由传播者指向受传者的单向关系不同，网络媒体在传播方式上最大特点是信息传播的双向（乃至多向）互动性，网络传播既有点对面的传播，又有点对点、面对点、面对面、多点对多点的传播。网络传播过程中，传播者和受传者不仅完全处于平等的地位，而且可以意义互换，受传者可以成为信息传播者，传播者也可以成为信息接受者，信息传播由此进入“传受合一”时代。网络媒介本身所具有的开放性和交互性改变了受众的角色与身份，促进了民间话语体系的崛起，在一定意义上标志着以传播者为中心的媒体时代终结。

4. 真实性弱化。“真实”本应是媒体传播的本质要求，然而由于媒体本身时效性的要求和探究客观事实手段的限制，使其在作出相应报道或披露相关事件时不能最大限度地顾及内容的真实性。新媒体信息传播多为事后审查，由于信息量很大、查处不及时和“把关人”缺位，导致事件真实性弱化。反映在司法领域中，有的刑事案件关键证据缺失，无法认定有罪，但被害人不能理解，披孝衣、打横幅，在法院门前闹访，如被经过路人拍下传到网上，就可能给公众造成法院司法不公的负面印象，严重影响司法公信力。

5. 侵犯性增强。新媒体语境下，信息的发布和传播在相当程度上不再受制于体制性的控制，多体现为自由、多元、散点、碎片，这种信息更为契合网民的需求，因此能够更快捷地为人们所识别，能够更容易地调动人们参与传播与塑造信息的积极性，与传统媒体相比往往更具优势。一般而言，多元化和散点化舆论更具侵犯性。

（二）新媒体传播对司法公正的正面影响

微信、微博、新闻客户端等新媒体的迅速发展和广泛应用，使几乎所有案件和判例都会置于社会公众参与监督的阳光之下，从而使滥用权力和违背司法公正的现象愈无处藏身。新媒体对于监督促进司法公正、表达合理诉求、构建司法公信起着不可估量的作用，对司法部门的形象宣传和舆论引导正在产生着积极而正面的影响。

1. 宣传法律规范，推动知法守法。近年来，司法部门大力加强新媒体建设，新媒体在扩大司法公开、加强舆论宣传、塑造司法公正形象等方面的作用日益凸显。表现在：报道立法动态，及时公布新通过的法律、法规、司法解释；解读法律条文，邀请专家、学者对其予以深入解读，加深民众对条文的理解；回应民众咨询，通过专门版块、专门机制对民众各类法律问题予以解答，消除民众对法律的疑惑。通过传媒的宣传，促使全社会形成学法、守法、用法的大好局面，促使法的实现具备坚定的社会基础，促使法院审判与其他活动得到公众普遍接受与认同。

2. 报道审判活动，推进法律实施。审判活动既是司法机构的核心职能，也是具备新闻价值的社会事件，尤其是重大、敏感、疑难案件的审理，更是万众瞩目的焦点。传媒通过报道案件开庭审理，吸引公众关注个案；通过以案评法析法，加深公众对法律的认识；通过直播庭审和执行活动，表明国家执法必严、违法必究的决心与态度。① 通过新传媒对审判活动的报道，能够充分发挥法律的指引作用与预测作用，有助于弘扬社会正气，建构和谐秩序，震慑

① 如2013年8月22日济南中院对薄熙来案借助新浪微博、人民微博进行图文直播，引起社会高度关注，博得网民好评，尤其是网上意见领袖对此事给予认可，为薄熙来案的依法公正审理审判奠定了基础。

违法行为，威慑犯罪分子。[①]

3. 树立正面典型，增进法治信仰。司法公信是社会公众对司法制度和在该制度下的法官履行审判职责的信心和信任程度。[②] 推动司法公信建设，树立公正高效权威的法院与法官形象，深入传递司法正能量，切实建构人民对司法的信赖，离不开传媒的有效宣传。如暴走漫画侮辱英烈案等弘扬社会主义核心价值观的正能量案例和最高人民法院第四巡回法庭法官方金刚等新时代好法官典型，这种维护司法公正、树立良好形象的宣传，取得了良好的舆论效果。

4. 实施舆论监督，促进司法公正。当前，我国正处于社会转型的关键时期，司法改革过程中，少数法官职业方向迷茫，职业精神缺失，司法作风与道德操守不佳，极个别法官违法违纪现象、司法判决不公现象时有发生。[③] 对此，司法部门除从主观上勇于补过和补救外，还要充分利用客观上外界的舆论监督，来促进司法公正和提升司法公信力。微博、微信等新媒体使得法院的一举一动、法官的一言一行都可能因为各种因素成为舆论关注的焦点，会有利于遏制司法工作中的种种不正常现象，如“白字”文书、庭审失范等，敦促法院与法官展现专业良好司法形象，彰显司法公正，提升司法公信。

5. 传递社会呼声，表达主流民意。“让人民在每一个司法案件

---

① 据统计，截至2008年11月27日，全国各级法院依托中国庭审公开网累计直播案件庭审超过200万场，网站总访问量超过130亿次。单日最高庭审直播超过1.3万场，单场庭审最高观看量达3363万人次。经济日报新闻客户端，http://static.jingjiribao.cn/2018/11/28/154532.html? tt_group_id=6628573304305222158，2018年12月3日登陆。

② 毕玉谦：《司法公信力研究》，中国法制出版社2009年版，第3页。

③ 李少平：《法官职业精神：司法公正的灵魂和根基》，载《法律适用》2013年第1期。

中感受到公平正义”，这既是新时代人民法院的奋斗目标，也是评价法院工作的根本标准。在我国，司法权来自人民，必须服务于人民，司法为民是人民法院的宗旨。司法部门的各项工作，不仅要让案件当事人感受到公平正义，也要让广大人民群众感受到公平正义。在与新媒体的互动过程中，司法部门应及时吸收大众舆论对某一重大问题的根本看法与认识，依此深入分析原因并对症下药，准确回应人民日益增长的对司法公正的新期待新要求。

（三）新媒体传播对司法公正形象的负面影响

新媒体时代的网络舆论在推进司法公开、提升司法公信、促进司法公正等方面日益发挥着重要作用。但是，新媒体网络舆论也给司法公正的实现带来一系列的负面影响，新媒体所带来的网络虚假信息、负面情绪任意宣泄、恶意变造传播负面消息等行为通过网络信息平台在短时间内形成强大的负面舆论效应，给司法审判工作带来巨大压力，对司法公正形象和司法公信力造成严重的负面影响。主要表现为：

1. 媒体介入审判，影响司法权威。新媒体有时就具体个案予以聚焦报道，引发社会关注，并借各种渠道，创设讨论平台，使关注持续升温，甚至对案件予以预先定罪、定性，并引导舆论跟进，造成一边倒的现象，从而对案件审判带来巨大压力，如药家鑫案、许云鹤案等。即使是非焦点性案件，一些人借助新媒体，使用预先定罪、定性的话语，扭曲表述原意，降低司法公信，甚至借势生风，断章取义，无中生有，扭曲原意，吸引舆论“轰炸”致使司法成为舆论“暴力狂欢”的牺牲品，使司法权威面临进一步弱化危险。

2. 过度曝光信息，妨害司法审理。有些新媒体为迎合公众渴望了解诉讼当事人隐私的心理需求，对诉讼参与人及其亲友的种种案外信息予以挖掘，极大妨害司法审理。表现为：一是通过“人肉搜索”等方式披露私人隐秘信息，关注与案件事实本身无关、诉讼参与人不愿公开的“背景知识”，造成诉讼参与人心理或名誉受损，甚至激发新的纠纷。[①] 比如道德品行、遭害细节等；二是暴露证人身份情况，危及其人身安全或遭到打击报复，从而妨碍取证工作；三是跟拍、侵扰诉讼参与人及其家庭成员，造成当事人不堪其扰和精神陷入崩溃。

3. 个体盲目监督，干预司法程序。一些新闻记者、公共知识分子、网民群众借助新媒体之便利，参与到“个体监督”的大潮中来，通过在微博、微信等社交媒体上“爆料”，吸引民意关切，提出建议诉求，这种个体监督带有强烈的非理性因素，偏听偏信，先入为主，逻辑不强，曲解事实，对法治信仰造成极大破坏。特别严重的是，一些律师代理案件时，利用新媒体恶意炒作，把一些普通案件炒成热点案件，把一些敏感案件炒成政治案件，散布攻击党和政府、抹黑司法制度等负面言论，以此要挟司法部门，试图干预司法程序，干扰正常的司法活动。[②]

4. 恶意抨击司法，有损司法公信。一些媒体在报道涉法信息时，往往出现评论与批评“对事也对人”的现象，民众通过论坛、微博、微信等对办案法官及所属法院进行冷嘲热讽甚至人身攻击的情况屡见不鲜。这种抨击一方面污染传播环境、模糊是非曲直，另一方面严重损害司法部门及人员的名誉，必然破坏公众对司法正常工作的信赖。欧洲人权法院规定，司法机构具有特殊性质，法院应

---

① 如药家鑫案中，药家鑫的父亲药庆卫不断遭受“网络暴力”：人肉搜索、匿名举报、电话骚扰、失实抨击，不堪骚扰的药庆卫状告药家鑫案原告民事诉讼代理人——张显（同时也是“网络暴力”煽起者）名誉侵权。

② 《北京锋锐律师所多名律师被刑拘，央视揭秘死磕派律师黑幕》，载 www.guancha.cn，2018 年 12 月 2 日登陆。

享有民众信赖，必须保护此种信赖免受根本无理的摧残打击，[①] 这种对法院的保护态度值得我们思考与借鉴。

当然，这些负面影响的背后，也需要司法者从司法能力水平和司法政策执行等层面深刻自省。有的案件审判过程不够公开透明，导致外界误解，如范冰冰偷税漏税案；有的裁判说理不够透彻清晰，让人产生误解，如彭宇案；有的判决触及道德伦理，引发道德评判，如于欢案；有的判决所涉法律规定与迅速变化的社会现实脱节，如赵春华案。这些都对司法提出了新的更高要求，司法审判必须与时俱进，不断满足和回应新时代人民群众对社会公平正义的新期待。

二、新媒体与司法部门在信息传播中的差异

（一）司法与新媒体在认定事实上的差异

首先，司法权本质上是一种高度理性判断和推理的过程，对同一个事实，司法审判是依据事实和法律作出的专业性的判断；而新媒体则是以社会一般大众的视角或者以当事人自身的感受对案件进行评判。由于社会大众缺乏专业的法律素养，其基于朴素正义观的判断往往基于同理心，因此依据新媒体碎片化信息来源进行非理性的冲动性判断，必然会谬之千里，最终给司法工作带来审判压力。

其次，司法处于居中裁判的地位，兼听两方，公允持平，要求法官尽可能保持一种不偏不倚的中立态度，审判过程中尽可能排除情感因素以及外界非法律因素的干扰和介入；而新媒体传递的声音往往来源于当事人一方，而且多是引起舆论关注的一方，限于其所

① Falter v. Austria (no. 2), 18/9/2012, no. 3084/07.

处立场倾向和掌握信息程度，认定事实难免偏颇。

最后，司法审查的事实已经时过境迁，法官只能通过在案证据推测和还原事实真相，只能做到接近而不可能完全真实再现，因此判决结果与事实真相难免会有些许出入；而社会公众对于知情权的满足有着无限的要求，新媒体不受证据规则限制而随时发出不必经过严格审查的隐私或内幕信息，必然引起网民的关注和好奇，而形成先入为主的印象，对司法认定事实造成干扰和压力。

（二）司法与新媒体在判断标准上的差异

司法追求规则之治下的公平正义，司法具有中立性，法院作为典型的法律适用机关，其首要职责是适用法律。“法官除了法律，没有别的上司”[①]，法官只对法律负责，法院依法独立公正行使审判权，公平正义是法院的核心价值追求。

新媒体语境下，其传播主体身份复杂多样，代表的个体话语权也是在为特定利益代言，由于缺少法律常识和不负责任，导致法律解释偏颇。特别是世俗化和功利化的媒体，其价值观受个人主义、功利主义和拜金主义的深度影响，存在对传统价值审美的颠覆、对主流价值的质疑反抗、对正当秩序的否定背离。[②] 而由此引发的大众舆论，更倾向于从伦理与道德层面对事实进行感性评判，这种主观性评价更容易引起民众的强烈反响，诱发巨大的舆论热潮。

（三）司法与新媒体在追求效果上的差异

司法是社会公平正义的最后一道防线，是决定案件审理和双方权利义务归属的最终权力。司法的功能在于“定纷止争”，案件生

① 《马克思恩格斯全集》第一卷，人民出版社 1995 年版，第 180—181 页。

② 单士兵：《自媒体的核心价值与理性发展》，《青年记者》（2018 年 6 月下）。

效裁判具有终局性，以使被破坏的社会关系得到修复。因此法院法官在处理案件过程中更希望“平稳”，过多的社会舆论关注往往不利于司法功能的实现。

而新媒体往往热衷于吸引眼球，制造舆论。我国的传媒机构，除一部分承担着社会公益职能外，大多数已经走向市场，尤其是新媒体，有业绩的考核和利润的追求。如此，自负盈亏的体制和自身逐利的属性要求新闻媒体在提供新闻产品时不仅要重视社会效益，更要兼顾经济效益。因此，为了吸引读者并取得良好的经济效益，新闻媒体在报道对象的选择上、在语言风格的表现上、在报道主题的策划上，就要朝可读性、娱乐性、轻阅读、感性化方面发展，由此就会与司法“定分止争”的功能与定位产生矛盾与冲突。

三、新媒体与司法关系的良性互动与协调

在新媒体背景下，媒体与司法通常是冲突和有差异的，但同时也是可以和谐共存的，这也是二者背后隐藏的三组价值考量的必然要求。传媒追求表达自由、舆论监督、维护公众知情权三大价值，司法追求公正审判、司法独立、保护私人权利价值，这三组价值在发生冲突的同时完全可以进行协调，二者之间是对立与统一的关系。正如美国大法官本杰明·卡多佐所言：“司法的职能坚持回应了人的需要，正是这种需要使司法的职能繁荣起来并坚持了下来。”[①] 新媒体与司法在追求各种价值的背后统一于满足“人的需要”，二者之间的弥合可从以下三组价值间的关系来实现。

① ［美国］本杰明·卡多佐：《司法过程的性质》，商务印书馆 1998 年版，第 6 页。

(一) 表达自由与公正审判

传媒权利的正当性来源是“表达自由”(freedom of expression),但是传媒在对司法事务行使表达自由时,往往会涉及另一公民基本权利,即获得公正审判的权利(right to a fair trial,下称公正审判)。[①] 我们认为,表达自由与公正审判至少应属同一价值位阶,不能认为表达自由当然具有优先性。尽管有人认为,我国需要“小心呵护”得来不易的表达自由,[②] 但若过分“呵护”表达自由,极可能导致权利滥用,使司法一再沦为传媒暴力的牺牲品,危及公正审判,最终损害当事人及其他诉讼参与人的合法利益。

当然,表达自由与公正审判完全可以进行协调。第一,法官判案应以“社会中具支配力的法伦理”与“通行的正义观”为其评价行为的标准。[③] 而只有保护表达自由,才能在冲突与碰撞中形成社会主流的观点与意见,从而构建“社会中具支配力的法伦理”;第二,法官的专业背景易导致思维模式与知识结构单一。法官既需要精通事理,也需要政治学、经济学等多方面知识。[④] 鼓励表达自

---

① 虽然我国《宪法》对该权利并无明文规定,但我国《宪法》规定了人民法院“公开审判”(《宪法》第130条)与“独立行使审判权”职责(《宪法》第131条),且《刑事诉讼法》与《民事诉讼法》针对“辩护权”“非法证据排除”“检察机关民事监督权”“审判人员回避”等进行详细规定,可以认为,我国实际认可并通过基本法律的修订发展作为公民基本权利的“公正审判”,参见张军、江必新主编:《新刑事诉讼法及司法解释适用解答》,人民法院出版社2013年版,第1—2页;奚晓明主编:《中华人民共和国民事诉讼法修改条文理解与适用》,人民法院出版社2013年版,第24—32页、第83—88页。

② 高一飞:《媒体与司法关系研究》,中国人民公安大学出版社2010年版,第63页。

③ [德国] 拉伦茨:《法学方法论》,陈爱娥译,商务印书馆2003年版,第7页。

④ 李少平:《法官职业精神:司法公正的灵魂和根基》,载《法律适用》2013年第1期。

由，让传媒发声，可促使法官跳出思维定式，获得多种知识，对审判产生有益参考；第三，只有保护言论自由，通过新媒体了解人民法院各项工作的社会影响与评价，才能查漏补缺、改进工作。譬如，在了解社会对判决结果的接受程度、鼓励公众积极参与司法解释制定等方面，新媒体均发挥了重大作用。

（二）舆论监督与独立行使审判权

舆论监督是公众的表达自由经由新媒体传播产生的客观效果，舆论监督有效运作的前提是新媒体客观公正地报道案件真相和揭露有关问题。积极的舆论监督对于促进司法公正、遏制司法腐败具有不可替代的重要作用，但如果过度推进舆论监督，则有可能危及司法权独立行使。遗憾的是，当前大量案件中人民法院依法独立行使审判权受到新媒体以“舆论监督”为名进行的干涉，舆论监督与司法独立发生了激烈冲突，且这种监督具有严重不均衡性。一方面，新媒体集中对人民法院的特定工作环节与特定案件进行监督，不可避免地造成“过分监督”，“影响了法院的独立和法院作为社会纠纷最终裁决人的地位”；[①] 另一方面，新媒体对其他工作环节与其他案件又出现“监督缺位”，无法实施全面监督，这同样会对人民法院排除不正常干扰、坚持司法独立造成不利影响。

当然，舆论监督与司法独立完全也可进行协调。首先，体现在舆论监督与司法独立价值层面的高度一致性，二者的意义均是从社会公正和保护人权的价值理念中获得说明的。其次，正当行使舆论监督，一方面有助于保障人民法院审判案件公正无偏私，另一方面能够确保错案得到及时发现与纠正，树立司法权威，从而间接促进司法独立，如聂树斌案和于欢案的依法改判。最后，正当的舆论监

---

① 信春鹰：《中国需要什么样的司法权力》，载《环球法律评论》2002年春季号。

督还有助于震慑对审判的不当干预，维护司法独立。

(三) 公众知情权与当事人个人权利

知情权（right to know）又称接近信息权（right of access to information)，是公民、法人或者其他组织知悉、获取官方或者非官方信息的自由和权利。[①] 知情权在司法领域中对应的是“司法公开原则”。司法公开有助于预防腐败行为，促进法治建设，还有助于保证当事人对抗秘密审判，增进公众对司法公正的信赖，增进公众对法院事务的了解，减少对司法程序的无知及不准确的评论等。[②]

新媒体对公众知情权的维护具有重要作用，2008 年《亚特兰大接近信息权宣言》（以下简称亚特兰大宣言）认为，自由与独立的媒体是充分行使公众知情权的根本要素。不过，如果仅以维护公众知情权为由，片面追求深挖司法信息也会导致严重后果。一是由于新媒体的无孔不入和及时传播等特性，会使涉及个人隐私、商业秘密的案件遭到曝光，有损诉讼参与人权利，即使案件不涉个人隐私与商业秘密，由于诉讼传统上被视为“羞耻之事”，其诉讼信息的过度传播可能违反诉讼参与人意愿。二是在证据认定上，有些案件的证人出于安全考虑，要求对自己身份或证言进行特殊处理，若传媒予以公开，可能对其造成危险。三是如诉讼参与人为未成年人等特殊主体，媒体报道可能不利于其身心发育、接受培养。四是在严重刑事犯罪或有伤风化案件中，若允许新媒体进行无限制报道，将便利犯罪手法传播、造成连锁反应，危害其他社会成员的私人利

① 周淑云：《阐述信息获取权的宪法基础》，载《图书馆工作与研究》2009 年第 2 期。

② Michael Tugdhat Q. C.; Iain Christie, The Law of Privacy and the Media, Oxford University Press, 2002, p. 479.

益。综上所述，维护公众知情权与保护私人权利间可能发生严重冲突。

但是，一方面即使是依法不公开审理的案件，也必须公开宣判，因此公众有理由了解该类案件的结果，适度维护公众知情权，有助于纠正这类案件中出现的不正常现象，从而保护私人权利。另一方面，英国等国家和地区的相关经验表明，[①] 通过适当途径，既可满足公众的知情权又可保障私人权利，从而发挥这两大价值追求的效果，实现公众与个人利益的均衡。由此可见，维护公众知情权与保护私人权利同样可以进行协调。

四、司法运用新媒体构建公正司法形象的现实路径

立足于传媒与司法关系的三大维度，正确把握新媒体宣传规律与司法运行规律，善待传媒，善用传媒，塑造司法公正形象，不断提升司法公信力，构建传媒与司法良性关系。

（一）提升法官媒商素养，努力讲好司法故事

现实中不少法院和法官应对不好与传媒的关系，源于少数法官专业水平低下、服务意识不强、传媒素养缺失。新媒体时代，司法宣传和应对舆论不再仅仅是法院新闻宣传部门的职责，每名法官都

---

① 譬如英国，其分为两类诉讼，一类为普通诉讼，以公开为原则，不公开为例外；一类为家事诉讼，以不公开为原则，公开为例外。并通过民事诉讼规则等法律，在参与旁听、接触案件卷宗、报道案情等几个主要方面，规定了公开与不公开的各种情形，并以 1981 年《藐视法庭法》为保障，明确赋予法院权利，禁止在法庭外公布法院已同意不对外公布的、与涉案事由有关的姓名或事项，这项禁令不但约束公众，也约束当事人，若违反禁令，即构成“藐视法庭”（contempt of court），这就保证了英国法院在特定情形，可以有效隔绝传媒对案件的报道，从而保护私人权利不受侵犯。See Michael Tugdhat Q. C.；Iain Christie，The Law of Privacy and the Media，Oxford University Press，2002，pp. 481－517.

不能置身事外，既要有智商和情商又要有媒商；既要养成在新媒体监督下开展司法工作的习惯，又要能够以包容心态积极面对新媒体和运用新媒体，善于引导承办案件带来的舆情，全面提升法官各项能力，不能把媒体的追踪当成工作重压和负担，而应视为普法宣传和树立司法公正形象的重要平台。

1. 法官运用法律能力。全面提升法官适用法律、庭审问案、制作文书的能力，避免案件在法律适用与说理上出现重大瑕疵而引发舆情，实现法律效果和社会效果的统一，不断增强司法的亲和力和公信力。要严把裁判文书质量，字斟句酌，确保不出现低级错误，避免诸如“彭宇案”针对相撞所做出的三种拙劣式裁判推理，切实维护法律的正义和生命。

2. 提升法官社会理解能力。法官不仅应是法律人，更应是社会人。法官在进行裁判时，应在区分社会公平正义感与非理性的情绪的基础上，以全社会的公平正义感作为自由裁量、价值判断、漏洞填补的判断因素，[①] 善于从法律视角和社会视角通盘考虑法理、事理、情理，避免违背常识的推理出现。

3. 提升法官传媒素养能力。通过专门培训等方式，促使法官理解大众传媒的影响，主动地以多角度、批判性的方式认识、分析、评判、回应大众传媒。[②] 通过模拟测评等方式，推动法官与传媒沟通与交流水平提升，避免出现不恰当的言语与行为。通过建设水平高、反应快的舆情分析队伍，积极总结司法界的正面经验与反面教训，定期就言语与行为规范问题对法官予以提醒与通告。

4. 恪守法官职业言论限制。法官职业的特殊性要求其受到比

---

① 孔祥俊：《从司法的属性看审判与民意的关系》，载《法律适用》2010 年第 1 期。

② ［美国］朱莉娅·伍德：《生活中的传播》，董璐译，北京大学出版社 2009 年版，第 340 页。

普通公务员更多的限制，包括法官不应当评论案件、法官与媒体要保持距离、法官应当保守司法秘密和法官应当维护自身公正形象。[①] 特别是在与媒体打交道时要注意：不必要向媒体解释自己的看法，个人不应当回应媒体的批评，应谨慎参加广播和电视节目和不应当兼任记者或者通讯员。

（二）顺应把握传播规律，构建良好公共关系

在新媒体无孔不入的现实面前，司法部门不可能“遗世而独立”，如果放弃发声权只会使自身变得更为被动，因此司法部门要顺应传播规律，把握传播规律，既要懂得传统的“喇叭式”传播方式，也要利用新型的“关系链”传播模式，大力提升新媒体时代的舆论引导能力，通过构建良好的公共关系，逐渐从被动受制转变为互动共赢。在国外，诉讼公共关系管理早已得到大规模应用，其有助于抵消负面宣传、确保传媒报道平衡、帮助传媒与公众理解复杂法律问题、冲淡敌意气氛。[②] 适当运用诉讼公共关系管理模式，对树立良好司法形象、推动司法权威地位具有重要意义，近年来陆续颁发的《司法公开规定》和《新闻监督规定》等将诉讼公共关系管理内容纳入其中，今后为防止传媒风险和化解舆论危机，应注意与传媒建立信任关系，科学引导信息流动。注重做到：

1. 完善新闻发言人制度，及时主动公开信息。各级司法部门都要建立新闻发言人和舆情分析队伍，新闻发言人直接领导舆情分析队伍并负责与传媒沟通，同时定期分析日常舆情，及时处理突发舆情，将总体舆情提交上级领导过目审阅，将个案舆情制作舆情通知书，必要时制作舆情档案送交承办法官供其参考。

---

① 高一飞：《互联网时代的媒体与司法关系》，《中外法学》2016 年第 2 期。

② Fitzpatrick，K，Practice management：The court of public opinion，Texas Lawyer，pp. 30.

2. 既要确保信息质量，又要讲求公共策略。对案件实体问题应避免发表看法，如涉案嫌犯可能判处的最高刑期、涉案法律关系的认定与过错责任的分担等事项，以免被媒体曲解为人民法院对该案的处理意见，影响司法公正、中立，尤忌与传媒进行“辩论”，以免影响传媒、公众对人民法院的认知。

3. 严肃新媒体纪律，规范信息传播管理。不允许任何司法工作人员就待决案件以任何方式向公众发表个人看法和披露案件进展，以便信息统一有序流出，尤其是工作人员使用社交网站发布信息时更要有严格的规定和细化的管理。

（三）落实“三同步”原则，积极引导涉法舆论

2014 年 5 月时任中央政法委书记孟建柱首次正式提出依法处置、舆论引导、社会面管控“三同步”理念。2018 年，中央政法委再交以文件形式重申，并要求将“三同步”贯彻到政法工作的全过程和各环节。司法部门贯彻落实“三同步”原则可从以下三个方面入手。

1. 坚持法治思维引导涉法舆情。在应对司法舆情的过程中，不能忽略社会舆情而片面强调个案正义，更不能迎合社会舆情置司法公正于不顾。司法机关应当积极主动，坚持运用法治思维和辩证思维来看待舆情问题，正向引导社会情绪，将舆情释放纳入法制化和规范化轨道当中。

2. 始终保持司法工作高度理性。司法权是建立在理性和专业基础之上的判断权。司法部门在回应舆论和引导舆论过程中，首先要坚持让证据发言、用事实说话，坚持依法独立审判的底线不动摇。要努力当好信息传播的“把关人”，加强对舆情信息的甄别，在坚守公平正义的前提下，选择性地吸纳有用信息，发挥好裁判文书和法律释明的教育功能，寻找公正司法与道德民意之间的“最大

公约数”。

3. 提升运用新媒体的话题设置能力。新媒体背景下，谁能敏锐抓住话题、科学设置话题、巧妙运用话题，谁就能掌握网络舆论场的主导权和话语权；谁能善于设置特色话题、制造热点话题、建立理性话题，谁就能满足公众知情权和求知欲、展示出公正司法形象、提升公众对司法的信任度。

(四) 构建自身话语体系，培育公众法治信仰

创意性的语言、悲情故事的刻画、强烈的视觉冲击是新媒体用来吸引广大人民群众的“法宝”，而与之形成鲜明对比的是，司法语言充满理性、措辞谨慎，要尽可能削弱其吸引力和号召力。[①] 为此，司法部门应积极构建自身话语体系，积极回应社会关切，释法解惑，昭告真相，消除误解。

1. 司法话语要通俗易懂。回应新媒体舆情时，要考虑网民的接受能力，尽量将“法言”和“法语”转换成符合法律规范的“网言网语”；要善于运用网络传播形式制作政法宣传产品，如新闻标题要做精做实做活做靓，让人一看就被吸引住、点进来、看下去，善于用群众心目中的“理”解释法律的规定，提升语言的亲和力、感染力和说服力，使广大人民群众听得懂、听得明、愿意听。

2. 司法话语要体现人文关怀。司法部门回应新媒体及广大人民群众的关切时，在确保客观、中立和理性基础上，语言要充满关心和同情，争取引起广大人民群众的情感共鸣，让人民群众不仅感受到公平正义，还要感受到司法的温度和暖意。

3. 司法话语要践行和弘扬社会主义核心价值观。社会主义核

① 王东：《司法回应新媒体产生的问题及其对策研究》，载《北京邮电大学学报（社会科学版）》2015 年第 2 期。

心价值观是当代中国精神的集中体现，凝结着全体人民共同的价值追求。司法的天平既关乎事实更关乎价值，司法追求的是公正与公平，因此司法展开过程就是核心价值观的传播过程。司法工作者努力办好每一个案件，都在自觉践行、传播和弘扬社会主义核心价值观，因此司法话语要充分展示司法案件中承载、蕴含、护佑的社会主义核心价值观，从而赢得群众的真心信服和尊重。

结语：司法应对新媒体的根本之道

——持续深化司法公开

新媒体的发展正方兴未艾，新媒体对公正司法的影响必然是长期且深远的，因此司法必须与时俱进和随机而变，但万变不离其宗，司法应对新媒体的根本之道在于持续深化司法公开，满足群众的司法知情权、监督权，以公开促公正、树公信，让人民群众以看得见的方式感受到公平正义。

阳光是最好的防腐剂，谣言和质疑止于公开。我们要按照习近平总书记提出的“让暗箱操作没有空间，让司法腐败无法藏身”的要求，依托信息化手段，健全完善审判流程、庭审活动、裁判文书、执行信息四大公开平台，构建开放、动态、透明、便民的阳光司法机制。要勇于倒逼法官提升司法能力，让司法公正真正经得起“围观”，促进网络舆论与审判执行工作良性互动发展趋势的平衡，促进审判执行工作更加高质量高效率地开展，维护和促进司法公正，提升司法公信力，进而培养全社会法治信仰，推进全面依法治国进程。

从江歌案看新媒体时代议程设置

郑一铭

【摘要】 在媒体形态更加多样化的今天，通过各种信道传播的信息堪称海量。传递者并不只是职业的新闻生产者，信息是“部分真相+情感+意见”的杂糅体，专业媒体被解构。如何在媒体被解构的信息环境中去重塑话语规范？本文以江歌案为例，从议程设置理论的主体、手段、效果在新媒体时代的适用情况入手，探讨媒体在该案传播过程中的传播策略和叙事方式，并得出要明确角色定位，回归新闻专业主义；加强全媒深融，遵循平台传播规律；警惕新闻侵权，平衡舆论监督与司法独立等思考。期望为专业媒体重新取得新媒体时代议程设置主导权，更好地控制舆情导向有启示作用。

【关键词】 新媒体；议程设置；新闻专业主义；江歌案

一、研究缘起与研究问题

新媒体时代，媒介格局发生了新的变化。新信息技术的出现打破了传统新闻业的行业垄断局面，媒体形态更加多样化，传递者并不只是职业的新闻生产者，公众获得更多机会、在更多样和开放的平台上参与公共讨论，任何主体都可能成为舆论的引导者。通过各种信道传播的信息堪称海量，事实性信息生产和流通更加便捷，传播者被隐匿，信源在凸显，专业媒体被解构。

此外，目前我国的网络监管机制仍有不足[①]。一是网络技术本身的限制，在海量信息中，相关监管部门对信息的监督管理操作难度大；二是加强网络管理可能与保护网民的言论自由权产生冲突；三是我国的网络法律法规存在空白，既没有网络基本法，也没有通信法或媒体法，为实践中的网络监管带来难度，也使得新闻事件在新媒体传播中管理缺失。

江歌案可以说是新闻传播进入新时代后发出的一次带有典型意义的报道，既有传统媒体神助攻，又有网络自媒体推波助澜。网络大V与各自媒体在该案真相未明的时候选择介入，真相与事实一旦诞生了热度就会消减，是非混淆不明带来了极高的热度，而恩怨的不断叠加促使其成为狂潮，引起了社会广泛关注和热议。

那么，本文关心的问题是：该案发生在2016年，为什么一年后才引发热议？为什么在新京报的局面的25条视频播出后才引发舆论狂潮？为什么大家异口同声把案件焦点集中在证人刘鑫而非杀人凶手陈世峰？

本文试图以江歌案为例，综合分析媒体报道在该案传播过程中呈现的议程设置方式和叙事策略，最终回归到媒体报道的专业化上来，即如何在媒体被解构的信息环境中去重塑话语规范，更好地让媒体报道发挥控制舆情导向的作用。

二、概念界定

1968年，马尔科姆·麦肯姆斯（Maxwell Mc Combs）和唐纳

① 李艳萍、翟明杰．新媒体时代网络舆论的非理性表达．新媒体研究，2018(7)：89.

德·肖（Donald Shaw）提出“议程设置”这一概念，书中认为在传统大众媒介作为主要传播渠道的背景下，新闻媒介无法决定受众对报道事件的看法，但可以通过提供信息、安排相关议题，有效地去左右人们对报道事件的判断[①]。

而在新媒体环境下，专业媒体的议程设置功能逐渐弱化[②]。以移动互联网为代表的新技术飞速发展，为公众分享话语权提供了技术支持；网民可以自由选择信息、表达观点，既是信息的接受者，又是信息的传递者；同时，实时更新的讯息充斥网络空间，以头版或者头条的方式凸显专业媒体的议程设置已不那么明显；再者，网络空间的开放性，使公众可以看到专业媒体报道以外的信息。

三、从传播策略中看媒体议程设置

如果说煽动公众情绪、建立情感连接是自媒体获取公众关注的法宝的话，那么“江歌遇害法律案件”演变成了“江歌刘鑫道德事件”，可以说自媒体抓住其中“戏剧性”的情节将“道德批判”发挥到了极致。从案件发展的传播过程来看，媒体的议程设置方式主要体现在以下四个方面。

（一）碎片化传播产生马太效应

新媒体技术的快速发展，使信息传播和接收更加便捷，碎片化的信息容易模糊阐述，使传播过程本身对事态发展产生影响。当客观事实不及情感和立场宣泄带来的影响时，就会促使公众将自己的

---

① 马克斯韦尔·麦库姆斯著，郭镇之、徐培喜译：《议程设置：大众媒介与舆论》，北京大学出版社 2008 年版，第 1—3 页。

② 赵青青：《新媒体格局下传统媒介话语权的消解》，《新闻研究导刊》2016 年第 3 期。

感知与接收到的信息产生混淆，对案件的印象先入为主，产生偏见。

该案引起广泛关注并非长久以来的状态，案件伊始，专业媒体关注焦点仍是案件的进展，与警方调查路径基本一致，舆情在该阶段没有大幅涌现。案发四个月后，江歌母亲发起“为被害独女讨公道，单亲妈妈众筹赴日”线上活动并在社交平台发布《泣血的呐喊：刘鑫，江歌的冤魂喊你出来作证！》文章，“独女”“单亲”“闺密”等身份信息在这个阶段进入大众视野，伴随着刘鑫“享受生活”的个人行踪及其父亲“大言不惭”的电话录音曝光，一时之间，关注焦点从案件发展转向个人。而新闻个人化容易使人们与发生在远处的事情产生情感关联并找到自己在案件中的相关性。

新京报通过微博平台发布的25个视频是此案舆论发酵的原始动力。在镜头下，被质问者的懦弱恐惧和质问者的愤怒绝望都被放大，压低的帽子、无处安放的双手、速效救心丸和紧缩的眉头，诸如此类的细节也被真实地记录并呈现在公众眼前，透过屏幕仿佛亲眼见证了双方再次见面的场景，让公众产生代入感的同时，也强化了最初对案件的判断。

虽然整个视频报道的采访本着公正、克制的态度，但节目上线之后，舆论的观点却与报道的初衷发生偏离，甚至背道而驰。

究其原因，一方面，完整事件被分成了25个视频陆续发布，不一定人人都能把所有视频看完再给出客观评价，往往矛盾冲突越激烈的视频得到的关注越多，形成马太效应，最具有情绪性的、被讨论最多的片段被广传。新媒体环境下，习惯快阅读的公众往往从热门评论和片段视频中获取案件的真相，缺少对信息的考证，反而增加了情感的共鸣，再加上移动互联网的回声室效应，导致一致的观点无限放大，形成“再部落化”式的传播，最终使公众沉浸在碎片化的真相中群体极化。

另一方面，在真相未明之时，视频报道的主题聚焦在江歌的母亲和刘鑫两人的关系上，从舆论的角度来看，这已经形成了某种程度的预判，成为促使自媒体与网民的预设立场的刺激因素之一。虽然该视频节目报道了案件的部分真相，引起了社会的广泛关注，但也因为选题立场偏颇，信息不够全面，间接导致“舆论审判”。

（二）故事性叙述带来煽情效果

在案件传播过程中情绪比真相更有感染力和传播力，江歌案在一年后再次引发舆论关注，很大程度上是由于社交媒体中各种情绪的积累和爆发。戏剧最鲜明的特点是冲突，而该案的导火索始于男女感情问题，中间涉及亲情、友情、道德和人性等多重矛盾。事件中的角色包括在异国遇害的女留学生，悲情而坚强维权的母亲，背信弃义的闺密，偏执变态的闺密前男友兼凶手。案件的这些组成元素相较于法律专业层面门槛更低，适合一般人的讨论和参与。加之自媒体充分运用了戏剧化的手法，对事件发展过程加工和润色，产生了注意力效应，带动了话题讨论热度。

大量自媒体将江歌、刘鑫、江歌母亲作为“故事”人物进行叙事性呈现，煽动的情感及细节描写充斥文章的字里行间，掩盖了案件的侦查进展，甚至淹没了对凶手陈世峰的关注。

为了挑动情绪，还有的作者不惜脑补加戏，比如“她刊”的《江歌，你替刘鑫死去的100天，她买了新包包染了新头发》一文，作者就调用了想象力，来描述尚不确定的现场状况——“外面尖叫声，撕扯声混成一片，江歌喊着救命，喊着报警，而刘鑫关紧了门”。在庭审当天，一篇《刘鑫，你还是撒谎了！江歌案开庭揭露骇人真相》瞬间突破10万+，以陈世峰方的庭上主张当作事实进行传播，以此评判刘鑫先前所述是否真实。文章中的观点和情感表达不再是一种主观信息，而是混淆在信息中，成为事实进行二次传播，在这个意义上说，这些观点表达和情感立场就是新闻真相的一部分。至此，案件话题的主要焦点依旧停留在对刘鑫的声讨，在舆论中模糊了核心事实的呈现。

为了避免失焦的话题狂欢，让公众的注意力“迷途知返”，专业媒体报道集中在该案法理、人性、道德等深层次问题的反思和追问。比如在日本方面即将对凶手陈世峰进行审判时，人民日报微信公众号，央视新闻发表评论试图厘清该案法律与道德的界限；在网友集中讨论江歌母亲和刘鑫等话题时，封面新闻、南方都市报等部分媒体将关注焦点转向犯罪嫌疑人陈世峰，希望引导公众关注事实本身和案件真相；澎湃新闻通过社论探讨江歌母亲应不应该公布刘鑫隐私；检察日报从法律层面分析江母发起签名是否有意义，江歌案是否只能在日本审判。

对比自媒体的道德批判和专业媒体的理性报道可以看出，专业媒体聚焦的矛盾与问题常常并不具备戏剧特点，而自媒体报道中的戏剧性情节却成为公众津津乐道的谈资。与案件核心脱节的细节和不相关的论点被反复提及，鼓动公众的情绪，信息选择异常丰富的媒介传播环境，最终导致案件的讨论焦点被模糊、被偏离。

（三）贴标签式戏谑聚集关注

刻板成见是指人们对特定事物往往带有主观的评价和好恶的情感，形成固定化的观念和印象[①]。以贴标签的新闻报道方式，唤醒公众的刻板成见，就相当于对公众的认知前置了框架、设定了理解路径，一方面能够帮助公众快速获取信息，另一方面也使公众产生偏见，而无暇在喧嚣的舆论场内关注事件的真相和背后深层次的

① 沃尔特·李普曼著，阎克文、江红译：《公众舆论》，上海人民出版社2006年版。

原因。

在新京报把“江歌之死”再次推到公众视野后，许多自媒体捕捉到这一案件的热点价值，前仆后继地涌向与此相关的舆论旋涡之中，其奉行的生存法则泛化了标签化报道，带血的馄饨、人血馒头、命短、毒闺密、无耻的帮凶、精致的利己主义者、自私婊、白眼狼、农夫与蛇的翻版等令人触目惊心的字眼直接出现在报道标题之中。

在整个后真相氛围的影响和趋利心理的推动下，部分专业媒体也不可避免地使用了许多情绪化的语言，比如澎湃新闻《这一句“不恨”，颠覆了多少中国人的爱恨情仇观》；凤凰网《江歌案：吃人血馒头，吃相这么难看的还是头一个》《江歌案杀人嫌犯陈世峰，那个像影子一样的人》，给舆论指责的对象贴上具有侮辱性的标签；新京报《江歌案：一场遗憾的受害人“相煎何急”》脱离了针对案件本身的讨论，以戏谑的语言对这一悲剧进行调侃，博人眼球。

在这种情况下，媒体或是自媒体在选择报道的切入角度时，放大了其中的冲突性因素，通过贴标签的方式对案件或个人进行定性，分散公众注意力，自行搭建叙事舞台，促使新闻事件在“引导脑补”与“被脑补”中一步步走向失焦。采用“审判对象标签化”的报道方式来“包装”新闻无疑会使其更具吸引力，但这在很大程度上是对新闻事实的曲解和重塑。

在情绪化表达和戏谑式狂欢更能带来阅读量的背景下，新闻事实让位于情感诉求。处在罗生门之中，公众失去控制感，而吸睛的标题新闻提供了建立控制感的幻觉，于是他们相信并且分享。根据人民网新媒体智库统计，该案在微博平台上的热度也异常火爆，截至 11 月 14 日 14 时，＃东京女留学生遇害案＃的话题阅读数高达 21.8 亿，＃局面专访＃的话题阅读数高达 19 亿。＃东京女留学生遇害＃、＃江歌＃等微博话题的阅读数也在千万之上。江歌的妈妈

11月11日发布的长篇博文《感恩》，截至11月14日网页阅读数达1066万+，转评数5.2万+，点赞数9万+。从新浪微博印象中可以看出，在微博舆论场内，网友普遍表示出对江歌母亲的同情和对其现在发起的签名请愿活动的支持；在声讨凶手的同时，网友们也表达了对刘鑫冷漠自私行为的批评。在案件进展的不同阶段，当信息太多而浏览时间有限时，网友快速地“站队”表达自己的观点，非理性的声音使事实真相的传达显得更困难。

（四）专业性解读引领表达规范

后真相氛围下，新闻生产和传播所依赖的社会共识本就趋于瓦解，新闻媒体碎片化、不完整的传播以及趋利的泛标签化报道，更加速了公众的不信任，激化公众的情绪化表达。

区别于庭审前义愤填膺、群情激愤的媒体报道，在江歌案审判期间，媒体恪守新闻专业主义，以完善新闻事实性描述为主，导向遵守新闻正面、真实、客观等原则，减少了大众脱离事实的想象空间，主动控制了舆论走向，做出了有深度有特色的报道。

凤凰卫视以派驻东京的首席记者李淼为代表的专业团队对案件进行实时直播报道，据统计，江歌案中风直播全网观看量达到5000万人次。随后，凤凰网风视频画重点、找关键，及时制成短视频在全网进行二次传播，成为其他媒体争相引用的内容。据统计，风视频制作的江歌案短视频在全网曝光量超2亿次。澎湃新闻以图解的形式，对江歌案庭审首日控辩双方的七大分歧进行详细梳理。腾讯新闻联合局面主持人@王志安、日本一桥大学刑事法教授@王云海在每日庭审结束后对重要信息进行复盘和深度解读，力求呈现最全面、最权威的报道。腾讯新闻的公众号@今日话题，对现代庭审的知识和经验做出翔实科普，指出庭审就是接近真相和正义的法律过程。

首先，以凤凰为代表的江歌案庭审报道表现再次说明，在新媒体时代，只有坚守新闻专业主义，才是真正的媒体最有效的重夺话语权和主导权的方式。除了专业，在移动互联网时代还要有与时俱进的表达工具，比如直播和短视频。这些表达工具不仅适应新媒体时代网络用户的消费习惯，还充分利用自身短频快的特点，为新闻信息的快递加速度，无疑具有旺盛的生命力。

其次，尽管几家媒体在江歌案庭审的报道中有所差异，但这都说明了江歌案绝不是媒体追求流量的“人血馒头”，仍然存在一些媒体、媒体人践行着“内容为王”的标准。专业媒体为公众提供真正有价值的江歌案庭审信息和专业性解读，充分体现了媒体对待新闻理性有度的专业素养。

四、对新媒体时代舆论引导的反思

江歌案传播过程体现的最大特征是：传统的专业媒体不再牢牢掌握议程的设置和把关权，这一方面让参与和表达变得更加民主，另一方面也让民意、注意力成为被利用、被“变现”的资源，让公共讨论面临着更多的威胁，也使得新闻业面临“危机”。迎合公众口味还是影响公众观点、重塑事实还是挖掘真相，对新闻媒体来说是一个刻不容缓的待解命题。在此，笔者认为在媒体被解构的信息环境中去重塑话语规范，加强专业媒体的议程设置和舆情引导功能尤为重要。结合上述分析媒体报道在该案传播过程中呈现的议程设置方式和叙事策略，得出以下三个建议。

（一）明确角色定位，回归新闻专业主义

围绕江歌案，自媒体、专业媒体、公众所形成的舆论场截然不同。专业媒体在评价这个案件的时候，基本坚持了最起码的专业原

则。然而，在自媒体舆论场上，不乏打着正义旗号，使用“西方黄色新闻”手法大玩吸睛套路者。一方面，导致了刘鑫和罪犯陈世峰的隐私信息不断被曝光，影响到了其周边人的生活；另一方面也促成了公众舆论场情绪的集体喷发，公众的讨论出现了失焦和走偏。

在这种多元话语表达的环境下，专业媒体没有权利去制止任何一个权利主体表达自己的看法，但应该找准自己的定位，明确自己的职责。虽然在新闻的时效性和灵敏度方面不占优势，但可以进行内容深耕，确保新闻报道的真实性和准确性，在海量信息中发挥舆论导向作用，凸显新闻价值。

分清事实与观点，在案件还没定论之时，媒体要以克制与冷静的姿态介入。在对江歌案的报道初期，只有新京报进行了大量一手资料的采集，为公众呈现了一系列专访视频。但由于选题立场偏颇，试图以“调停人”的角色连接刘鑫和江歌母亲的关系，有媒体预判之嫌，导致公众被固定立场，舆论方向与报道初心背道而驰。可以设想，如果在该案审判之后，细节信息更加完备的情况下推出，传播效果可能会更好，也更能体现媒体传播的正面力量。

应当明确区分事实与观点，不应以猜测和推断妄加评论，甚至借机煽动公众情绪，博取关注。案件报道初期，大多数媒体报道是在新京报发布的报道基础上，以转发、梳理和评论的形式发布的。在案件真相未显现之前，媒体报道应该保持客观中立，而不是使用煽动性词句，以随意贴标签的方式，聚集关注。比如，该案件庭审阶段，媒体报道内容选择就事论事，用事实、法律进行深度全面地报道，充分体现了媒体对待新闻理性有度的专业素养，也获得了较强的议程设置反馈效果，完成了舆论修复。

（二）加强全媒深融，遵循平台传播规律

信息技术的更新带来了传播形态的变化，也参与了后真相语境

的形塑。江歌案传播初期，新京报就该案发布的25个短视频，强烈的视觉冲击和情感带入重新引发了公众对该案的关注，碎片化视频报道产生了链式反应，催化了公众的愤怒情绪。而庭审期间，专业媒体借用图片、短视频、直播等多媒体形式，适应了时代要求，拓展了自身的传播力、影响力，也取得了较好的反馈效果。

由此可见，在新的传播形态下，想要保持法制类新闻报道的独立性与合法性，新闻机构必须遵循平台传播规律，尝试探索新的媒体组织模式和新的生产流程，做好新媒体、新技术与专业媒体的报道内容深度融合，实现新闻传播的多样化，建构一个更为平衡的舆论环境。

一是组织机构融合。加强与其他媒体的沟通交流，减小报道成本，提高报道质效；二是形式融合。专业媒体应适当借助短视频、图片、动画等多种新媒体工具，与文字报道形成差异化互补传播，让严肃的法制报道变得亲切，通俗易懂；三是渠道融合。打通报纸和网站、微博、微信、APP 等媒体发布平台，实行横向对接，打造网状工作结构，强化全媒体融合报道方式，提高舆论引导力；四是内容融合。发布于不同平台的内容要有不同特点，以用户为主导，推出符合用户的需求的信息内容，增强报道影响力[①]。

（三）警惕新闻侵权，平衡舆论监督与司法独立

江歌案与其他案件不同的是，案件的发生和审判在日本，而舆论风暴却发生于中国。虽然案件的判决结果没有受到“舆论审判”影响，但也给媒体报道敲响警钟。比如该案舆论走向里，出现了倾向化严重的文章报道，煽动情绪、宣扬伦理，它是迎合舆论，再导

① 梁炜：《从“江歌案”看部分传统媒体新闻专业主义的缺失》，《新闻研究导刊》2018年第2期。

向舆论。这并不是靠近真实，而是预判真实。从该案的媒体报道中，可以看出我国新闻媒体在新闻法治和伦理规范方面的不足。

对比自媒体，专业媒体在此次舆论风暴中的作用甚微。比如人民日报公众号、官微，央视新闻公众号等仅在舆论爆发一两天后发布了报道，内容多是选取法律角度进行评论，然而这些报道的影响力远不如阅读量十万+的自媒体文章。

专业媒体本应在舆论引导中，营造一个舆论监督与司法独立平衡的传播环境。但处在舆论旋涡中，海量信息奔涌而出，声讨群情激愤，基调已定，专业媒体想要发挥新闻价值，进行舆论引导已经为时甚晚。

不可否认，社交网络的扁平化交往使人们的信任感倾向于个人化，不再依赖自上而下式的共识体系①。在争夺受众的过程中，如何运用合适的话语唤起网民心中的道德感和同情心，聚焦网民的注意力，是每一个话语表征者努力的方向，尤其是新媒体平台这样一个情绪更易传染的场域，网民的情感是脆弱的。基于此，专业媒体应尝试从网民的认知态度和认知行为中做出判断和区分，通过网民的反馈，适时调整报道角度和报道方式，从而对舆论情绪做出正确的导向和感染更多公众。

此外，职业新闻生产者一方面要提高法律素养，厘清媒介与司法的界限，警惕新闻侵权与媒介审判；另一方面要提高媒介素养，加强身份认知，梳理新闻伦理和正确的价值观，维系好舆论监督与司法独立的关系。专业媒体应慎用媒体“权力”，杜绝报道立场偏颇，避免选词用句的娱乐化倾向，提高专业媒体的公信力，以便在跟自媒体的博弈中重新夺回议程设置的主导权。

---

① 全燕．“后真相”时代社交网络的信任异化现象研究．南京社会科学，2017(7)：33.

论新媒体时代新闻照片的著作权保护

周灿华　蔡浩明

【摘 要】 在司法实践中，对新闻照片著作权侵权的抗辩理由主要有二：一是合理使用，二是涉案照片为时事新闻（单纯事实消息）。对此，法院在审判实践中应把握好以下几点：一是新闻照片和相关文字新闻的区别原则；二是认定清楚是报道还是转载；三是在个案中判断新闻照片的创造性。

【关键词】 新媒体；新闻照片；著作权；司法保护；合理使用；时事新闻

一、问题的提出

1839 年，法国人达盖尔成功地发明了银版照相法，自此，摄影便以其客观记录的真实性特质风靡社会。近 200 年来，随着人们摄影实践的不断丰富和发展，摄影已经从当初单纯的记录演变为现今最为普及的一种艺术创作手段。从 1842 年世界上第一张新闻照片诞生到今天的读图时代，新闻摄影愈发成为人们迅速了解事件的重要媒介，其视觉表现力和冲击力往往比文字更能撞击读者的心灵。

新媒体是一个相对的、动态的概念，也是目前传播学体系中的一个常识性话语。当前新媒体的具体形态是以数字技术和互联网技术为基础的各种媒体和媒体组合，具有即时性、互动性、个性化、移动化、网络化和数字化的特点。不断发展的新兴的数字传媒技术已经构成了现代人生活的一部分。与此同时，技术的发展也为他人复制、传播或使用享有版权的新闻照片提供了更便利的条件，频频上演的侵权故事，使我们似乎进入了一个“偷图的时代”。2017年1月，国务院印发《“十三五”国家知识产权保护和运用规划》。《规划》明确提出要研究新媒体条件下的新闻作品版权保护。其中，新闻照片可版权性与合理使用的司法认定是其中很重要的一个问题。

笔者通过检索中国裁判文书网数据库和中国知识产权裁判文书网数据库，包含“新闻照片”关键词的裁判文书有108件，这些案例大致可分为著作权确权纠纷和著作权侵权纠纷。著作权侵权纠纷的案件，对涉及作品独创性和著作权保护的限制与例外方面的抗辩理由列表比较如下：

序号	案例名称	案号	抗辩理由
1	正途知识产权代理（上海）有限公司诉广州市潮客品牌策划有限公司侵害作品信息网络传播权纠纷案	一审：广东省广州市天河区人民法院（2015）穗天法知民初字第317号民事判决书 二审：广州知识产权法院（2015）粤知法著民终字第568号民事判决书	为报道时事新闻的合理使用
2	陈瑛诉广州网易计算机系统有限公司（以下简称网易公司）著作权侵权纠纷一案	一审：广东省广州市天河区人民法院（2014）穗天法知民初字第473、474、475号民事判决书	涉案新闻图片属于时事新闻 为报道该事件不可避免地再现该图片

3	陈瑛诉广州市交互式信息网络有限公司著作权侵权纠纷案	一审：广东省广州市越秀区人民法院（2014）穗越法知民初字第355、356号民事判决 二审：广东省广州市中级人民法院（2014）穗中法知民终字第1089、1090号	图片属于时事新闻，转载行为属于合理使用
4	陈瑛诉广州市交互式信息网络有限公司著作权侵权纠纷案	一审：广东省广州市越秀区人民法院（2014）穗越法知民初字第752、753、754号 二审：广州知识产权法院（2015）粤知法著民终字第161、162、163号	涉案图片属于时事新闻，转载属于合理使用
5	乔天富诉佛山珠江传媒信息有限公司侵害著作权纠纷案	一审：广东省佛山市禅城区人民法院（2014）佛城法知民初字第76号民事判决书 二审：广东省佛山市中级人民法院（2014）佛中法知民终字第93号民事判决书	涉案新闻图片属于时事新闻 为报道时事新闻不可避免地再现或者引用已经发表的作品
6	乔天富与深圳报业集团著作权权属、侵权纠纷案	一审：广东省深圳市福田区人民法院（2013）深福法知民初字第971—1045号	属于向公众提供在新闻网络上已经发表的关于政治、经济问题的时事性文章的合理使用
7	乔天富诉重庆华龙网新闻传媒有限公司侵害著作权纠纷案	一审：重庆市第一中级人民法院（2013）渝一中法民初字第579号 二审：重庆市高级人民法院（2013）渝高法民终字第261号	为报道时事新闻而合理使用
8	侯建江诉南通日报社侵害著作权纠纷案	一审：北京市朝阳区人民法院（2016）京0105民初57478号民事判决书	涉案图片是一种以新闻照片形式呈现的时事新闻

9	侯建江与被告北京日报社侵害作品信息网络传播权纠纷案	一审：北京市东城区人民法院（2016）京 0101 民初 10643 号民事判决书	涉案图片及文章系不可分割的整体，属于时事新闻
10	上海富昱特图像技术有限公司诉广州羊城地铁报报业有限责任公司、微梦创科网络技术有限公司侵害作品信息网络传播权纠纷案	一审：广州市越秀区人民法院（2015）穗越法知民初字第 449 号民事判决书 二审：广州知识产权法院（2015）粤知法著民终字第 786 号民事判决书	系合理使用涉案图片进行新闻报道 被控侵权图片权利图片无法比对
11	上海弓禾文化传播有限公司诉北京酷粉网络科技有限公司侵犯著作财产权纠纷案	一审：北京市朝阳区人民法院（2011）朝民初字第 16761 号民事判决书	报道时事新闻的合理使用
12	上海弓禾文化传播有限公司与北京酷我科技有限公司侵犯著作权纠纷案	一审：北京市海淀区人民法院（2011）海民初字第 11870 号	涉案照片属于时事新闻
13	颜安诉沂州集团有限公司、山东沂蒙晚报传媒有限公司等侵害作品复制权纠纷案	一审：山东省临沂市中级人民法院（2013）临民三初字第 93 号民事判决 二审：山东省高级人民法院（2014）鲁民三终字第 231 号民事判决书	涉案照片没有独创性，不是著作权法意义上的作品

分析以上判决发现，在司法实践中，对新闻照片著作权侵权的抗辩理由主要有四种：一是使用涉案照片的行为构成合理使用，包括为报道时事新闻的合理使用和转载时事性文章的合理使用两种情形。二是涉案照片为时事新闻，不受著作权法保护，包括涉案照片本身是时事新闻和涉案图片及文章系不可分割的时事新闻整体两种情形。三是涉案照片没有独创性，不是著作权法意义上的作品。四是涉案照片与权利照片非同一作品。上述四种情况凸显了新闻照片著作权侵权案件司法裁判所需解决的两个核心问题：①涉案新闻照片是否可以获得版权保护，即可版权性。②对涉案新闻照片的使用可否构成合理使用。

二、新闻照片的可版权性

可版权性（Copyrightability），即可受版权保护性。[1] 如果对象可以受版权保护，即具有可版权性。根据版权理论，要构成作品，对象应当是对思想的具有独创性的表达，可以被有形复制，不属于法律明确排除保护或者另有规定可以以其他法律给予保护。一张新闻照片满足这三点，就可以构成作品，因而具有可版权性。承认新闻照片的可版权性，即是承认其可以作为独立的作品受版权保护。

传统制造之物由物权法确定产权人进行保护，创造之物则需要知识产权法衡量其创造性给予不同程度的保护。之所以要保护知识产权，从根本上来说，是要保护人类知识创造的积极性。而不同的知识产权的创造性标准，在各国知识产权法中又有不同的“质”与“量”的考察。

（一）关于“创造性”的“质”

人类社会需要技术和思想创新，技术的永久垄断可能导致社会发展的停滞，思想的垄断更可能导致创作障碍，导致不效率和言论自由的限制，所以思想应当处于公有的自由状态。不同知识产权类型的法律保护出发点是不同的，美国版权法关注艺术表达的创新。而版权法理论上一般将受版权法保护需要满足一定的条件称之为可版权性（Copyright ability）。在可版权性要件之中，最为核心的部分是原创性，实质上也是指的创造性。1971 年的 Miller 诉 Universal CityStudios，Inc．一案中，法官是这样评价原创性要求

① Helen Han 编著：《英汉知识产权词典》，知识产权出版社 2006 年版，第 64 页。

的："版权法可被看作是一部在作者、出版者权利和使用者权利之间寻求平衡的系统。版权法中的许多问题——从宪法对版权垄断性的限制，到'作品''作者'及'创造性'，都会影响到这个平衡点的取得……'创造性'作为版权保护的标准，是'可版权性'的核心问题。对这一标准的界定或修改，将对版权体系产生重大影响。提高或降低这一标准，可受版权保护的作品数量和种类也会改变。因此，定义或修改'创造性'会使版权权利人及用户之间的基本平衡受到威胁。"[①] 在美国版权法中，思想与表达两分法（the idea－expression dichotomy ）是最基本的法律原则，也被《伯尔尼公约》所接受。按照《伯尔尼公约指南》的解释："思想本身是不受版权保护的。……这一思想一旦被阐述或表达出来，就存在对借以表现这一思想的文字、符号、线条等的版权保护。换句话说，能受到保护的是表现形式而不是思想本身。"思想与表达两分法的基本含义是创造性的评价目标是表现形式（expression)，不是思想、想法（idea)，版权法只保护思想的表达而不保护思想本身。Baker 诉 Selden 案中，思想与表达两分法被第一次提出。思想与表达两分法根源于司法实践并在其中丰富和完善，最终上升为成文法。要正确适用思想表达两分原则，需要区分思想与表达，这种区分方法基本上有内容形式区分法、减除测试法、抽象测试法、Whelan 功能目的测试法、抽象－过滤－对比测试法等。[②] Morrissey 诉 Procter &Gamble 案中，适用了合并原则或者说情景原则，合并原则是思想与表达两分法的合理内核或延伸。

---

① Miller v. Universal City Studios , Inc. , 650F. 2d (5thCir. 1981), pp. 1365－1369.

② 参见卢海君：《版权客体论》，北京：知识产权出版社 2011 年版，第 104 页。

（二）关于“创造性”的“量”

英国法系则从实用主义角度出发，对于摄影作品独创性的要求降到了无以复加的地步，很小程度的个性表达就可以满足独创性的要求。[①]

美国知识产权法对不同的知识产权所要求的创造性有不同的量化标准，这些量化标准在司法活动中已经发展为一系列的操作规范。相对于专利所要求的“巨大的、显而易见创新”标准，美国版权法采取了“少量创造性”的标准。美国 1909 年《著作权法》提出了作品创造性的要求，但是并没有对创造性进行具体的解释。司法实践中，1903 年在 Bleistein 案中，法院首次对创造性进行了定义：只要一件作品是由作者独立完成的，它就具有创造性。在 1991 年 Feist 案以前，法官更倾向于采纳以投入的劳动多少作为判断创造性的标准，如著名的“额头出汗”标准（sweat of the brow）。但是在 Feist 案中，“额头出汗”标准被最高法院推翻，法官提出了新的“原创性”的判定标准，即仅仅投入劳动并不能使作品具备创造性，而要求这种投入必须具备少量的创造性（modicum of creativity）。自此，原创性的标准被引入了美国版权创造性的判定中，使美国在版权创造性的判断上更接近于大陆法系的标准。对于创造性标准的演变，也有学者认为“自 1909 年美国颁布第一部综合性的版权法以来，其作品‘原创性’内涵中就含有‘创造性’要素。该要素尽管曾经被某些下级法院误解和忽略，但却在更大的范围、更高的立法和司法层面得以不断强化”。事实上不管现在的原创性标准是对美国宪法立法精神的回归，还是对最初版权法本意的强

---

① 参见蔡明诚：《论著作权之原创性与创作性要件》，台湾：《台大法学论丛》第 26 卷第 1 期，第 10 页。

化，还是对时代发展、公众要求的积极回应，都有合理的地方，也都能找到印证的理论和实施，但又总是不全面的，最后走入悖论的窠臼。究其根本，是由于在版权法体系内，版权保护的出发点是“公众”，而不是“作者”，因此，从这个意义上讲，要从“公众”的角度来评价“作者”作品，本身就是分裂的。对镜像的解读，犹如水中望月月非月，雾里看花花非花，客观上造成了“创造性”的本质与内涵上的解释飘忽不定和捉摸不定。美国版权法从本质上来讲是实践性的，对本质上是实践性的体系，任何试图对其本质进行哲学和历史的角度的解构努力，都注定是徒劳的。“制定法有关原创性的规定，加上判例中有关原创性的解释，两者有机结合共同构成了版权创造性的法律制度”，所以，对“原创性”的标准把握，应坚持主要从判例法的实践角度出发，而不是成文法的逻辑角度。并且，如果试图通过分析几个典型案例来达到对“创造性”标准的全面掌握，也将注定是片面的。因为版权作品的类型之多、创新点之丰富，不是可以穷尽列举的，而且创新本身是不能预见的，今天的人们不可能对未来的创新做出限定。所以，对原创性的理解同时也面临现实与未来之间的悖论。因此，在坚持“以判例法为主，成文法为辅”的理念来解释创造性标准的话，如果非要给出一个标准的话，与其给出“原创性是指作品不是被复制的；创造性是指作品具有某种程度的自己的观点、想法”这样的文义解释的话，还不如说原创性的标准就是“独创”，也许，正是如此，立法者才选择了沉默是金，1976 年《版权法》才故意没有对“作者创作的创造性作品”进行定义，也没有将众多司法中所确立的创造性标准纳入 1976 年《版权法》之中。《版权法》中试图将创造性标准成文化的努力是不现实的，但是在判例和成文法的基础上，可以总结一些操作性的一般标准。当然，这些标准不是唯一和孤立的，必须在整个《版权法》的体系中去考量，否则就是支离破碎。

英国采取“投入技巧、劳动或判断”的标准，其有两个基本原则：一是该作品并非对他人作品的抄袭，二是该作品必须投入了个人的技巧、劳动或者判断，英国人认为如果为进行选择所投入的劳动或技巧是可以忽略的，那么就不产生著作权。

以法国为代表大陆法系国家多采取“反映作者个性”的标准，法国强调著作权的人格权性质，所以它使用的是 Author ’ sright，而非 Copyright，独创性最早被最高法院解释为“表现在作者所创作作品上的反映作者个性的标记”。这些标准之间的差别有时微乎其微，在有些个案中又会显得非常之大。这主要是不同的逻辑起点造成的，尽管从经验出发和从理性出发，会有交集，但是根本的出发点和落脚点都是不同的。

而德国对摄影作品的独创性要求较高，只有那些通过对题材的选择、灯光阴影的映衬、润色、剪辑或者艺术处理工具的使用，表达了摄影师的艺术观点与创造力的照片，才能作为摄影作品受到保护。同时，德国采用两分法的保护模式，将摄影作品作为著作权的保护客体，将普通照片作为邻接权的保护客体。[①]

我国《著作权法》将时事新闻排除在著作权法的保护范围之外，他人转载时事新闻一般不构成著作权侵权。《著作权法实施条例》第 5 条第 1 项规定：“时事新闻，是指通过报纸、期刊、广播电台、电视台等媒体报道的单纯事实消息。”在我国的司法实践中，通常认定新闻照片是著作权保护的对象。在陈瑛与广州网易计算机系统有限公司著作权侵权系列纠纷案中，一审中被告辩称，原告享有著作权的涉案新闻图片属于时事新闻，根据法律相关规定，《中华人民共和国著作权法》不适用于本案，被告亦不应当承担侵权责

① 参见［德］M. 雷炳德：《著作权法》，张恩民译，法律出版社 2004 年版，第 151 页。

任。法院认为：《中华人民共和国著作权法实施条例》第二条及第四条第（十）项规定，著作权法所称作品是指文学、艺术和科学领域内具有独创性并能以某种有形形式复制的智力成果，摄影作品是指借助器械在感光材料或者其他介质上记录客观物体形象的艺术作品。陈瑛主张权利的涉案图片是其对江面上漂着零星的死鱼、周边居民收购死鱼、渔民驾小船到河面打捞死鱼的场景进行拍摄创作的作品，该作品在构图、角度、光线等方面均包含作者创造性劳动，属于我国著作权法所保护的摄影作品。《中华人民共和国著作权法实施条例》第五条第（一）项规定，著作权法和该条例中的是指通过报纸、期刊、广播电台、电视台等媒体报道单纯事实消息，其重点在于所报道事实的客观性和时效性，涉案图片显然不属于单纯事实消息，而是在构图、角度、光线等方面均包含作者创造性劳动的摄影作品，故其不属于《中华人民共和国著作权法》规定的范畴。网易公司抗辩该作品属于时事新闻因而本案不适用《中华人民共和国著作权法》缺乏依据。[①]

在原告侯建江与被告北京日报社侵害作品信息网络传播权纠纷一案中，法院认为：摄影作品是指借助器械在感光材料或者其他介质上记录客观物体形象的艺术作品。本案中的涉案作品系作者借助照相机对解放军部队训练场景进行选取和拍摄而形成的能够客观记录和再现相关景物形象的数码文件，符合上述定义，属于著作权法上的摄影作品，应受到著作权法保护。关于被告辩称涉案作品及其所配文章系不可分割的整体，属于时事新闻，不受著作权法保护，法院认为，著作权法第五条第（二）项规定的时事新闻是指通过报纸、期刊、广播电台、电视台等媒体报道的单纯事实消息，因其旨

① 广东省广州市天河区人民法院民事判决书，（2014）穗天法知民初字第475号/474号/473号。

在反映基本的客观事实，表达方式有限，独创性较低或者不具有独创性，故著作权法将其排除于作品范畴之外，本案中，涉案作品所配文字并非原告主张权利之对象，在此不予评述，就涉案作品而言，其虽反映一定的新闻事实和主题，但其并非该等新闻事实和主题唯一、固定的表达方式，以致达到表达有限的程度，涉案作品在具体画面的选取、景物的搭配及光线的控制等方面均存在一定创作空间，体现了作者独创性的智力劳动，应属于著作权法保护的作品。[①]

笔者认为，时事新闻是指通过各种媒体（如报纸、电视台、电台、网络）等公开报道的仅由“5个W”新闻要素组成的单纯事实报道。显而易见，著作权法中不受法律保护的时事新闻，与新闻照片根本就是不同的两个概念。新闻照片（包括图片新闻和新闻配图）不是时事新闻，因此在满足独创性的前提下，完全可以受到著作权法保护。正是因为这一原因，重庆市高级人民法院在“飞行表演新闻图片案”中指出，新闻图片虽然也具备传递新闻的功能，但不等同于时事新闻，只要可以体现摄影记者个性化构思的表达，也可以构成作品，除非其画面构成唯一性表达。又如，在“陈慧琳照片案”中，广州知识产权法院同样指出，反映明星生活的新闻照片本身不属于时事新闻，不同媒体在报道采访时完全可以自行拍摄，而不是必须要“引用”他人已经拍摄的作品，因为这并不属于“必须引用的内容”。

尽管在司法实践中，对于时事新闻的认定存在一定的自由裁量空间，但一般来说所认定的时事新闻往往是对政治、经济、文化、社会事件等的客观报道，包括时间、地点、人物、内容、结果等要素，而且此前被认定的时事新闻基本为文字新闻。随着互联网通讯

---

① 北京市东城区人民法院民事判决书，（2016）京0101民初10643号。

的发达及新闻媒体的创新，现在诸多媒体，尤其是互联网媒体除文字新闻外，许多时候会以图片新闻的形式进行新闻报道，如凤凰网的图片新闻、网易的图片新闻，等等。这类新闻形式往往配以一系列具有代表性的图片，同时辅之以少量文字对某事件进行报道，由于具有较强的视觉效果，符合现在社会快速读取的特点，图片新闻在互联网为媒介的新闻浏览中占有举足轻重的地位。那么对于该类图片新闻能否被认定为我国《著作权法》所规定的“时事新闻”呢？

图片新闻不能简单理解为新闻图片。新闻图片往往是在文字新闻报道中的插图，在一篇文字新闻中占有很小的比例，而且如果拿掉该插图，一般不会影响到新闻报道的效果；但图片新闻本身即是新闻报道的主要或重要部分，图片与配图上的文字共同组成了该完整的新闻报道，新闻事件的诸多信息是直接通过图片来向受众展示的，如果去掉系列图片，该新闻就是非完整、不可读的。因此，对于该类新闻不能简单套用新闻图片的著作权判定原则。

在重庆市高级人民法院审理的“乔天富与重庆华龙网新闻传媒有限公司侵害著作权纠纷上诉案”中，一审与二审法院就对涉案图片新闻是否属于时事新闻作出了不同的认定。对于涉案图片新闻中所使用的图片，一审法院认定由于该篇新闻报道是对特定新闻事件的报道，属于时事新闻，因此其中图片也构成时事新闻的组成部分，不受著作权法保护。[①] 但二审法院在审理时对于如何判定图片新闻是否属于时事新闻确立了两项原则：一，《著作权法》上的时事新闻一般是指文字新闻，在认定图片新闻构成时事新闻时应当采取较文字新闻更为严格的标准；二，图片新闻是否构成时事新闻，不应以其同时配发的文字信息是否属于单纯的事实消息为标准进行

① 重庆市第一中级人民法院（013）渝一中法民初字第579号。

判断，而应同时考察图片本身的独创性。即便同时配发的文字信息构成时事新闻，也不排除图片本身仍然构成作品，受著作权法保护。[①] 笔者认为，著作权法之所以不保护时事新闻，除了基于传播信息的考虑外，同时也主要是基于对于单纯的事实报道来说，表达是有限的，在有限表达的前提下人们不必或不可能付出创造性的劳动改变其表达，当然也不能因使用他人的表达获得对价。但对于图片新闻来说，由于摄影本身的艺术特性，不同的人在摄制同样的报道图片时，由于本身的摄影水平、审美等差异，所形成的图片可能会产生差异，反映作者不同的人格特性，因而应当具体判断所涉图片是否具有独创性，应否脱离文字事实报道受我国著作权法保护。

三、对新闻照片的合理使用

美国学者 William F. Patry 将合理使用称为一项“理性的公平正义原则”，认为“该规则充满公平正义观念并具有弹性而无法定义”。[②] 合理使用是美国版权法对版权的最重要的限制。《美国法典》第 17 编第 107 条规定了版权侵权行为的合理使用抗辩，因此，合理使用其实也是法定抗辩的一种。但是，相较于其他法定抗辩，其具有更多的原则性和法理性，发展与变动也更大一些。美国法院在决定某个案例是否属于合理使用时，通常会使用四要素判断标准，即法院在判断该使用的合法性时会考虑四个因素：一是使用的目的和性质；二是被使用作品的性质；三是使用作品的数量和程度；四是对被使用作品价值的影响。新作品没有创新而只是照搬原作品，并且用于个人营利，那么该作品就只是原作的衍生作品，不

---

① 重庆市高级人民法院（2013）渝高法民终字第 261 号。

② 邵伊晴：“美国商标法中关于描述性商标的合理使用原则”，《中华商标》2007 年第 3 期，第 46 页。

应受合理使用原则保护。不过，有创新并有利于公众利益的作品与单纯的衍生作品之间的界限通常并不那么分明。合理适用的四要素看起来简单，但它所引发的争议却居于版权法所有限制规定之首。[①]

根据我国《著作权法》，对新闻照片的合理使用存在两种情形，即第二十二条第一款第三项规定的："为报道时事新闻不可避免地再现或者引用已经发表的作品"和第二十二条第一款第四项规定的："报纸、期刊、广播电台、电视台等媒体刊登或者播放其他报纸、期刊、广播电台、电视台等媒体已经发表的关于政治、经济、宗教问题的时事性文章。"

(1) 对时事性文章的合理使用

新闻照片有没有可能在司法实践当中被认定为《著作权法》第二十二条第一款第四项规定的"时事性文章"从而构成合理使用。在乔天富与深圳报业集团著作权权属、侵权纠纷一案中，原告诉称被告未经原告许可，在其经营的网站上登载了原告的涉案 73 幅摄影作品，未支付报酬，侵犯了原告对涉案 73 幅摄影作品所享有的信息网络传播权和相应的获得报酬的权利，应当承担相应的法律责任。被告辩称其转载被控侵权图片属于向公众提供在新闻网络上已经发表的关于政治、经济问题的时事性文章，为合理使用，不构成侵权。一审法院认为，涉案作品为摄影作品，不属于时事性文章的范畴，故被告的使用行为不属于合理使用的情形。[②]

(2) 为报道时事新闻而合理使用

同样的，新闻照片有没有可能在司法实践当中被认定为第二十

① 参见李明德：《美国知识产权法》，北京：法律出版社 2003 年版，第 35—38 页。
② 广东省深圳市福田区人民法院，(2013) 深福法知民初字第 971—1045 号。

二条第一款第三项规定“为报道时事新闻目的”从而构成合理使用。在上海弓禾文化传播有限公司与北京酷粉网络科技有限公司侵犯著作权纠纷一案中，被告酷粉网络公司对其网站使用原告拥有著作权的涉案摄影作品的事实不持异议，但认为其对涉案摄影作品的使用属于报道时事新闻的合理使用。法院认为，根据我国法律规定，时事新闻是指通过报纸、期刊、广播电台、电视台等媒体报道单纯事实消息，其重点在于所报道事实的客观性和时效性。就本案酷粉网络公司对涉案摄影作品的使用方式而言，其反映内容显然不是明星范冰冰、黄少祺已经结婚的事实，相关文字仅仅是对涉案摄影作品所展现内容的描述，而且并不具备时效性特点。故不属于著作权法所规定的时事新闻范畴，亦不适用著作权法关于时事新闻合理使用的规定。[①]

结　语

笔者认为，一般的新闻照片都构成摄影作品，不会像时事新闻那样失去时效性。在我国司法实践中，只要作者在拍摄过程中根据所拍摄对象的不同特性，选取不同的场景、角度、光线和拍摄手法，体现了作者的创造性劳动而不是简单的机械动作，就可以构成摄影作品。对于一般的新闻照片而言，为了能够配合新闻报道，拍摄者往往会截取最能体现新闻事实的典型镜头抓拍，而这种抓拍对拍摄时机的选取要求极高，体现了人的性格、情绪和审美习惯等个性化因素，理应构成作品。对于新闻照片的合理使用的认定则应该严格遵循合理使用的判断标准。

① 北京市朝阳区人民法院民事判决书，2011 朝民初字第 16761 号。

新媒体环境下的媒体诚信探究
——以网络传播过程中的道德失范以及传媒侵权问题为例

周　欣

【摘　要】　通过对新媒体传播中诚信缺失的个案分析，笔者认为，在新媒体环境下的媒体诚信缺失主要表现为媒体传播过程中的道德失范及传播侵权问题。论文总结了当前新媒体在传播过程中表现出的“标题党”现象、传播侵权现象以及虚假宣传现象三个方面的诚信缺失问题。并通过分析得出，媒体诚信缺失的原因主要体现在：行业自律性差、法律制度约束少、市场利益面前不正当竞争普遍存在等因素。最后针对以上存在的问题以及分析所得出的原因，对媒体诚信发展问题从制度法规层面、外部市场规范管理层面以及内部工作者层面提出了发展对策以及问题解决措施。

【关键词】　新媒体；媒体诚信；道德失范；传播侵权

自古以来，“诚信”就作为中国传统道德中的一项基本准则，是一种为人之道，立身处世之本，在社会交往以及威信确立方面都发挥着重要作用。媒体作为信息传递的载体，在拥有市场经济属性的同时也拥有精神文化的属性。是人与人之间交流意见、沟通思想所依靠的中介物；同时也作为党和政府的喉舌，是党和人民群众沟通交流的桥梁和纽带。因此，诚信对于媒体而言，同诚信对人的重要性一样，不仅是安身立命的基础更是发展进步的动力。如果媒体说的话言不由衷，或者话语与人们生活常识相悖，就没有诚信可言。一个媒体如果没有了诚信，那么它作为媒体所具有的价值与意义也就不复存在，更没有长远发展的可能性。随着传播技术的发展以及信息需求的增加，及时、海量的信息传播要求使得新媒体在信息传播过程中发挥着越来越重要的地位，但传播过程中的道德失范问题以及传播侵权问题也是普遍存在，使得媒体诚信问题面临严峻挑战。在新媒体环境下，要规范媒体的发展，增强媒体的公信力，加强媒体诚信建设无疑是一项最基本的要求。

一、关于媒体诚信的概述

（一）媒体诚信的研究历程

媒体诚信并非是随着新媒体的出现才受到重视的，早在多年前，中西方的学者、专家就已经对媒体诚信进行了大量的研究。对于媒体诚信的研究最早出现在美国，至今已有八十多年的历史，他们最早提出的是“公信力”一词，把公信力视为是媒体本身的一种属性，而其核心就是媒体的“诚信”二字。① 在当时随着媒体诚信这一新名词的出现，引起了广大传播学学者的研究兴趣，传播学奠基人之一拉斯韦尔在《社会传播的结构与功能》中将传播的功能概括为环境监视、社会协调和社会遗产传承三个方面，并进一步指出发挥好这些功能，媒体必须奉行诚信的职业道德准则。② 在我国真正意义上的媒体诚信建设始于19世纪中叶，它是伴随着以报刊为主的传媒业在中国的发展而发展的。在辛亥革命之前，中国媒体诚信建设主要是继承历史传统，即史学家的“史德”传统，在“五

① 谢萌．和谐视野下的媒体诚信建设研究［D］．长春工业大学，2011：1—2.

② 郭庆光．传播学教程（第二版）［M］．北京：中国人民大学出版社，2011：101.

四”运动以后开始借鉴西方的新闻传媒自律道德规范。随后在20世纪80年代中期以后，对于媒体诚信的研究主要出现在一些调查问卷中涉及媒体诚信的数据采集这一问题，对于媒体诚信的研究还停留在一种简单地提及和使用层面上。[①] 后来随着媒体的进一步发展，这一概念才逐渐较多地被大陆媒体所提及。中国人民大学的新闻与社会发展研究中心主任郑保卫在《新闻传媒与和谐社会建设》一书中写道“任何有失诚信的个体传播行为都会直接或间接使人们对我国传媒事业乃至党和政府的信誉产生怀疑，从而影响社会和谐进而阻碍和谐社会的构建”。[②] 他认为媒体诚信缺失对构建和谐社会的影响是全方位的。随着理论研究的增多与深入，2003年对于“非典”信息的失实报道导致民众对政府发布信息产生不信任和恐慌心理的问题使得媒体诚信问题进一步进入媒体以及学者的视野，在此之后媒体诚信与和谐社会这一问题成为我国学界研究的热点。

（二）媒体诚信的定义

随着对媒体诚信的广泛研究，使得媒体诚信的概念变得更加具体。所谓的媒体诚信就是指媒体及其从业人员在信息传播过程中所遵奉的真心实意、开诚布公、认真负责、讲究信誉等的道德规范。它是从业人员在采访写作、加工制作和传播发行传媒作品过程中，应当遵行的基本行为准则，即传媒及其从业人员对国家、对社会、对集体、对受众所应当承担的义务和所应恪守的行为准则以及道德规范。[③] 从这一定义中我们可以看出媒体诚信并非是刚性的法律、法规和纪律，而是一种内在的自律、自省、自警的规范。在传媒领

① 谢萌．和谐视野下的媒体诚信建设研究［D］．长春工业大学，2011：4.

② 郑保卫．新闻传媒与和谐社会建设［M］．北京：中国人民大学出版社，2006.

③ 谢萌．和谐视野下的媒体诚信建设研究［D］．长春工业大学，2011：3.

域中属于普遍性道德的表现，也是一般社会伦理道德在此领域的应用，具有调整媒体及其从业人员在传播活动中与社会和个人之间关系的功能。媒体诚信的实质其实简单概括就是一种承诺，是对媒体乃至社会、公民的发展所担负的一种诺言与责任，而对于媒体自身的发展来说不仅作为一种约束规范，更是一种无形的坚守与追求。

（三）媒体诚信的价值

在新媒体环境下的今天，信息化浪潮冲击着当今社会的每个角落，网络、手机、数字电视等新媒体成了传播和引导舆论的重要媒体，对整个人们的社会生活都担负着一份不可推卸的社会责任，诚信作为媒体本身所具有的一种内在力量，对于媒体功能与意义的实现发挥着重要作用。提高媒体诚信不仅有利于党的执政能力建设，也对我国的社会主义事业发展起到促进作用。

首先，“大众传播事业是党、政府和人民的耳目喉舌和联系的桥梁和纽带，这就决定了社会主义国家的一切媒介都必须坚定不移地为党和国家的事业服务，为广大人民服务”。[①] 在目前，媒体不仅只是党和政府进行舆论引导的工具，也是公众表达意愿和心声的途径，然而媒体诚信的高低直接决定着媒体舆论引导力的高低，因此要想发挥媒体的舆论引导以及充分行使媒体的沟通与监督功能就必须加强媒体诚信建设。

其次，媒体诚信的建设也是媒体自身生存与发展的需要。在当今激烈的媒体市场竞争中，除了经营策略的竞争，媒体诚信的打造也是一个媒体在竞争中取胜的重要优势。只有诚信的媒体才能赢得受众的信赖，才能给受众提供真实客观的新闻报道。一个媒体如果没有了诚信，将会失去广大受众的支持与关注，那么也就失去了提

---

① 张国良．传播学原理［M］．北京：人民出版社，2003：169、177.

高经济效益与竞争力的有力武器，更谈不上长远发展。

随着社会的发展，传媒技术的进步，使得新媒体在新技术的支撑下，不断丰富着人们多元化的交往空间，更为人们低成本获取信息创造了渠道。但在这个借助新媒体信息飞速发展的时代，媒体在传播信息的过程中，往往也使得海量信息裹挟着媒体道德失范问题以及传播侵权等问题不断涌入人们的视野中，在此过程中媒体出现的问题对媒体诚信提出了挑战，加强媒体诚信建设已成为一个迫切需要解决的问题。

二、新媒体环境下媒体诚信缺失的主要表现

（一）以夸大事实吸引眼球的“标题党”现象

随着新媒体新技术的运用与发展，当今大多数人对信息的接收，来源于新媒体新设备，快节奏与高速化的信息传播模式，使得新闻标题在信息呈现方面变得只追求标题的吸引力，而往往忽视内容的真实与客观。因此单纯为了吸引注意力，增加文章的点击率，事实难辨、夸张暴力、戏谑嘲讽的标题现象时有出现，并且在媒介报道中屡禁不止。对公众获知真实信息方面造成欺骗与误解，丧失媒体基本的诚信。2016 年 7 月 28 日，凤凰科技在转载新华网《我国公民建设网络强国的时间表和路线图》报道时，将标题改为《中国将成为网络强国：2050 年世界无敌》，在信息的传播过程中擅自修改标题内容，为了吸引眼球，以夸大事实的方式，无中生有。在传播过程中，扭曲了事实真相的同时使受众对信息形成误解，甚至以虚假信息欺骗受众，从而使得受众对媒体的信任不复存在，媒体诚信岌岌可危。

（二）信息传播过程中的传播侵权现象

近年来，新媒体在信息传播过程中逐渐占据重要地位，在新技术的支持下，新媒体在信息传播过程中以更及时、更全面的特性为人们提供海量的信息内容。但也正是因为自身所具有的及时、全面的特性，使得在信息传播过程中为了抢占头条或是为了大量地吸引受众眼球，往往在信息的收集与传播过程中，稍有信息波动便不假思索地对未经核实的信息进行传播。不完整信息的传播，往往使得一些莫须有的假新闻以及一些似是而非的报道，呈现在受众眼前，对当事人造成名誉以及隐私等权利的侵害。2014 年 4 月 17 日，搜狐财经频道中“要闻快报”栏目中刊登了标题为《中石化在美被告索赔 51 亿美元一审全面胜诉》一文，标注来源为“中国经济网”，文中提到孙天罡 2005 年因涉嫌刑事犯罪被拘捕。随后中石化官微称孙天罡状告中国石化侵权案在美国一审败诉，加州中心区法院作出裁定，驳回孙天罡的全部诉讼请求。并在文中对该诉讼始末做了报道，还提供了孙天罡的相关阅读。孙天罡称，文中提到的 2005 年的刑事犯罪，检察院最终撤回起诉；美国法院以起诉未达成和缺少管辖权为由驳回了起诉，而非驳回全部诉讼请求。还称曾向搜狐寄送了律师函要求删除新闻并作澄清，但搜狐没有删除。在此事件中，搜狐在未完全了解信息事实的情况下，转载并传播信息，构成报道严重失实的同时侵犯了孙天罡的名誉权。像这样的案件在新媒体传播过程中比比皆是，同样的还有一些关于隐私侵权，著作版权侵权，侮辱、诽谤等事件也是经常发生。

（三）基于市场利益的虚假宣传现象

技术的进步推动新媒体迅速发展，人们日益增长的信息文化需求使得新媒体纷纷出现，在市场利益的指引下，使得虚假宣传现象在市场竞争中不断出现。虚假宣传是指在商业活动中经营者利用广告和其他方法对商品或者服务做出与实际内容不相符的虚假信息，导致客户和消费者误解的行为，这种行为违反诚信原则，违反公认的商业原则，是一种严重的不正当竞争行为。2016 年 12 月 8 日，北京西城区人民法院开庭审理了北京奇虎科技有限公司诉北京搜狐科技发展有限公司、北京搜狐信息服务有限公司虚假宣传，不正当竞争纠纷一案。两者均是从事互联网技术服务的相关企业，奇虎公司近期发现搜狐公司利用搜狐浏览器、搜狐搜索等产品针对搜狐公司实施了虚假宣传等一系列的不正当竞争行为，包括在搜狐高速浏览器当中撰写了“搜狐浏览器上网最快的浏览器”相关内容，并通过网站标题及搜索引擎等方式宣传前述内容。奇虎认为，搜狐公司的上述内容构成虚假宣传，属于不正当竞争，减少了奇虎公司的交易机会，违背诚实信用原则和公认的商业道德，请求法院判令该公司停止虚假宣传行为，并赔偿经济损失 1000 万元。从这个案例中我们发现，虚假宣传行为不仅在市场竞争中有违正当竞争的规范，并且这种虚假的宣传行为是对受众的一种欺骗行为，严重损害媒体诚信。

三、新媒体环境下媒体诚信缺失现状的原因分析

（一）社会责任感差，行业自律名存实亡

社会责任与行业自律是各行业的普遍要求，媒体诚信是行业自律的根本所在，在各行各业的自律里诚信的建设处于一个核心的地位。随着人们信息需求的增加以及新媒体技术的发展，使得我国传媒业在近年来呈现飞速发展的态势，但由于市场准入要求低以及市场竞争的原因，使得一些传媒公司仍处于规模小、人才匮乏、行业

自律性差的一个阶段。一些传媒工作者甚至传媒企业社会道德意识薄弱，职业素养不高，往往为了达到任务和指标，放弃自身作为传媒人所具有的传播事实的责任。并且在实践中往往受限于个人私利的苛求之中，表现出急功近利，仅为吸引受众眼球，变成单纯猎取异常事实的猎手。例如，2016 年发生的关于凤凰科技转载信息过程中修改标题夸大事实的“标题党”现象，就是一种社会责任和行业自律缺失的问题。在信息的转载与传播过程中为了达到吸引受众，获得高点击率的目的，以夸大事实，甚至无中生有的方式欺骗受众。在这一过程中媒体诚信缺失的原因不仅仅是由于市场竞争造成的，从更深入的层面来看，完全是一种社会责任感差、行业自律要求低所造成的。在信息的传播过程中只重视利益收入，忽视传播过程中的内容质量以及媒体规范的管理，从而在行业发展过程中背弃最基本的职业操守和社会责任，违背媒体诚信。

(二) 法律以及制度性约束寥寥可数

目前，我国对媒体及其从业人员的职业行为约束和规范，还主要是政策、行政规范为主的行政管理。通常来说，就是政府通过既定的行政途径和行政手段，以国家的（主要是政府的）名义对媒体的行为进行相应的规范和控制。[①] 虽然早在之前新闻出版总署就出台过一项惩治假新闻以及造假者的规定，但由于在规定中并未对事件中的人或事做具体的规定，因此虚假宣传以及假新闻现象并未得到规范与治理。正因为缺乏一个宏观的、理论化的、细致化的规定，才使得在信息传播过程中无视信息传播的侵权性与规范性，从而导致媒体侵权现象频频出现。在 2014 年搜狐财经频道侵犯孙天罡名誉权的行为过程中，在未完全了解事实的情况下就转载信息进

① 谢萌．和谐视野下的媒体诚信建设研究［D］．长春工业大学，2011：14.

行发布，造成名誉侵权，正是由于没有具体的法律来对违反规定的失范行为和违法行为做出严厉的处罚，才使得媒体在信息传播过程中以违反成本较低而无视媒体规范，肆意传播一些有违媒体诚信的内容。

（三）市场经济竞争的负面影响

随着市场化的发展越来越快，媒体之间的竞争也越来越激烈，从而使得媒体在发展过程中越来越看中自身发展的经济效益。在市场竞争过程中，有很大一部分媒体在发展过程中漠视传播事实的社会责任，热衷于传播大量有吸引力的娱乐信息节目。为了眼前的经济效益，不惜降低格调和品味，迎合一些受众的低级趣味，甚至为了能够在市场竞争中获益，大肆夸张宣传一些不负责任的信息，或者搞擦边球，搞一些形似新闻的“软广告”。正如施拉姆所说：“新闻事业是一种双重性格的事业，站在为公众提供普及教育的立场来说，大众传播是一个学校，但是，站在为投资者赚钱的目的来说，大众媒介是一个企业。任何传播媒介的负责人，受这种双重性格的影响，一方面要尽校长之职，另一方面要尽经理之职，这两种职务有很多时候是相互矛盾的。”[①] 所谓的“媒体商业化”就是媒体在产业化过程中不顾社会效益，过分追求商业利益的过程。在这种不正当竞争行为中，使得虚假信息时常出现，影响人们获知事实的同时削弱受众对媒体的信任，降低媒体公信力以及市场竞争力。2016年12月，奇虎科技有限公司诉搜狐科技有限公司虚假宣传一案就属于不正当竞争。虽然该案件还在继续审理中，但搜狐科技有限公司在信息宣传过程中说“搜狐浏览器上网最快的浏览器”，该描述

---

① ［美］威尔伯·施拉姆. 大众传播的责任［M］. 台湾：台湾远流出版社公司，1992.

有违2015年新《广告法》的规定,[①] 是一种不正当竞争行为，违背诚实信用原则和公认的商业道德。

四、新媒体环境下媒体诚信的构建思路

(一) 建立健全媒体诚信制度法规

遏制新闻失实，打造诚信媒体，从根本上讲还需要依靠健全的制度法规。在我国，虽然新闻出版总署已经颁布了《虚假失实新闻处理办法》《报刊管理暂行规定》等一些针对虚假新闻，失实报道的处罚条例，但这些规定还主要是政策、行政规范为主的行政管理手段。对于媒体诚信的建立以及媒体诚信缺失的管理还缺少一个宏观性、理论性的制度性约束。对于在媒体报道中，哪些内容是不得报道的，哪些行为是有违媒体诚信原则的，违背诚信原则应根据哪些不同程度的行为给予不同程度的处罚等内容没有一个准确清晰的定位与解释。因此，对于媒体诚信问题的探索中，应该建立健全关于媒体诚信的制度法规，对于媒体诚信问题的规范应以法律规定的形式体现出来，同时还应对于媒体失信的具体行为进行严格的惩处。使得媒体诚信的道德内容法律化，通过强制力保障实施的手段来规范媒体的行为。只有对媒体诚信有了明确的规范以及对媒体诚信缺失现象有了严格的惩戒，才能使媒体工作者在新闻报道中有章法可依，并在严格惩罚的约束下更好地规范自己的行为，做诚信报道。

---

① 2015年9月1日，新《广告法》规定，在广告中不得使用“国家级”“最高级”“最佳”等用语并把广告中使用极限用语的处罚由原来的退一赔三变更为罚款二十万元起。

（二）加强行业自律以及媒体工作者责任意识

媒体诚信作为一种道德规范内容，在他律约束的规范下，更需要通过媒体以及新闻工作者的自律来规范。新闻媒体的自律是新闻媒体及其工作者对所从事的新闻传播进行自我限制和自我约束的一种行为，通过建立一定的组织和制定新闻道德自律信条来实现。[①]

加强媒体行业自律，既需要客观的和可量化的标准，也需要根据各大媒体的特点制定细化的规范。首先，需要树立诚信的职业发展理念。在新闻报道过程中坚持真实性原则确保公众所接收到的消息是准确的，不仅要做到单个事件的真实准确，还要注意善于在总体上和本质上把握事物的真实性。其次，作为为受众提供信息的一个组织机构，加强行业自律的过程中必须接受受众的监督，让受众参与到媒体发展的监督过程中，增加媒体的工作透明度，从而规范和避免行业在工作中的不诚信或不公正的行为。最后，媒体的工作还是主要由媒体工作者来完成，因此加强媒体诚信建设必须重视新闻媒体的队伍建设，媒体公信力的建设，要靠一支“政治强、业务精、纪律严、作风正”的高素质队伍来建设。从而使得新闻媒体不论在专业理念还是伦理道德方面都能够更好地促进媒体诚信的建设。

（三）规范市场秩序，抵制不正当竞争行为

随着媒体数量的增加以及媒体实施企业化管理，自负盈亏以来，各媒体为了生存发展，竞争成为不可避免的一种形势。虽然竞争有益于企业的发展，但媒体之间需要的是良性竞争，而不是恶意

① 邱璞：论市场经济条件下新闻传媒的自律［J］.《广西社会科学》2001 年第 5 期.

的竞争。哪里有商机哪里就有竞争，对于这种商业活动本身自带的逐利性就需要规范市场秩序，将这种逐利性控制在有形的力量之下，根据《反不正当竞争法》等规定，对市场竞争中违背正当竞争的行为给予严厉的惩罚。同时提高市场的准入门槛，对那些职业道德与职业技能未到达专业标准的媒体设置限制，保证市场领域内行业的专业性。作为媒体也要树立正确的竞争观，在市场竞争中，以提高自身的技术含量、改善组织理念、为公众提供高质量的信息服务来增强自身的竞争力，杜绝以自身利益为主而侵犯同行利益的不正当竞争行为。从而在规范的市场秩序下，媒体能够以更高的标准要求自己，从而保证媒体诚信的实现与发展。

结　语

新闻媒体作为一种特殊的社会企业，不论从市场经济角度还是社会服务角度来看，媒体诚信的建立对于媒体的存在与发展都发挥着重要的作用。新媒体环境下的媒体发展中的各种道德失范问题以及传播侵权现象已严重危害了媒体诚信的建立与发展，使得媒体公信力在受众面前荡然无存。作为新闻工作者，要时刻保持高度的社会责任感，在社会工作中要义不容辞地率先当好“诚信”的身体力行者和忠实捍卫者，同时，新闻媒体要时刻把诚信作为自己生存下去的原则，并且以健全的媒体机制保障媒体的发展。